国家社会科学基金项目：14BJY104

经济管理学术文库·管理类

# 农村信用社金融服务能力提升策略研究
## ——基于公司治理视角

Research on the Strategy of Improving the Financial Service
Capability of Rural Credit Cooperatives
——Based on Corporate Governance Perspective

王文莉／著

经济管理出版社
ECONOMY & MANAGEMENT PUBLISHING HOUSE

**图书在版编目（CIP）数据**

农村信用社金融服务能力提升策略研究——基于公司治理视角/王文莉著 . —北京：经济管理出版社，2019.8

ISBN 978 – 7 – 5096 – 6822 – 1

Ⅰ. ①农…　Ⅱ. ①王…　Ⅲ. ①农村信用社—商业服务—研究—中国　Ⅳ. ①F832. 35

中国版本图书馆 CIP 数据核字（2019）第 165949 号

组稿编辑：杨国强
责任编辑：杨国强　张瑞军
责任印制：梁植睿
责任校对：赵天宇

出版发行：经济管理出版社
　　　　　（北京市海淀区北蜂窝 8 号中雅大厦 A 座 11 层　100038）
网　　址：www. E – mp. com. cn
电　　话：（010）51915602
印　　刷：三河市延风印装有限公司
经　　销：新华书店
开　　本：720mm × 1000mm/16
印　　张：19. 25
字　　数：367 千字
版　　次：2019 年 11 月第 1 版　2019 年 11 月第 1 次印刷
书　　号：ISBN 978 – 7 – 5096 – 6822 – 1
定　　价：88. 00 元

# 前　言

　　近年来，党中央、国务院就金融服务乡村振兴工作做出了全面的部署安排、出台了多项政策措施。2018 年中央农村工作会议进一步提出要强化金融支农，明确提出到 2020 年，农村金融服务要持续改善，涉农金融机构公司治理和支农能力要明显提升。农村信用社①作为农村金融市场的主力军，肩负着支持"三农"、支持小微企业的历史重任，是助力实现乡村振兴的核心力量。自 20 世纪 50 年代初期以来，农村信用社就其产权制度和管理体制进行了多次改革，已搭建出完整的公司治理框架体系，金融服务能力也得到了很大的提升，在支持县域经济发展方面发挥了举足轻重的作用。但是，已有研究和本书调研均发现，农村信用社当前金融服务能力已不能满足县域经济主体多样化的金融需求，其政策性支农任务与内在盈利性要求之间的矛盾日益突出。究其原因，农村信用社公司治理机制不完善，委托代理成本高、激励机制不健全等问题严重制约了农村信用社金融服务能力的提升。2018 年银保监会联合农村金融相关部门提出，要进一步优化农村信用社公司治理，提升其服务实体经济的能力，再一次强调了完善公司治理对于提升农村信用社金融服务能力的重要性。然而从已有文献看，学者们主要围绕公司治理与金融机构绩效之间的关系展开研究，专门研究公司治理与农村信用社金融服务能力关系的文献相对较少，而且相关研究在公司治理特征指标的选取上不够全面，金融服务能力评估指标体系的构建也并未结合农村信用社的实际情况，需要进一步展开深入研究。因此，本书在分析和评估农村信用社金融服务能力的基础上，从公司治理角度出发，研究其对农村信用社金融服务能力影响的机理与路径，并依据实证检验的结果提出完善农村信用社公司治理、提升其金融服务能力的策略及保障措施。

　　本书的研究内容及研究结论主要体现在四个方面：

---

　　①　目前农村信用社存在三种组织形式：未改制完成的农村信用社、处于改制过渡形式的农村合作银行及已改制完成的农村商业银行。本书重点研究未改制完成的农村信用社和已改制完成的农村商业银行。在正文论述过程中"农村信用社*"代表未改制完成的农村信用社，"农村信用社"则表示包括以上三种形式在内的农村信用社整体。

### 一、农村信用社金融服务能力现状调查及综合评价

农村信用社作为县域地区主要的金融机构，首先要保持自身在县域地区的长期稳定地位，才有能力进一步为低收入人口及小微企业提供金融服务；其次要不断扩大普遍惠及的范围，并将金融服务的目标真正定位到提升其服务人群的生活水平、促进当地经济发展；最后要保证其金融服务完成的有效性与规范性。因此，本书将农村信用社金融服务能力界定为：农村信用社在保障自身可持续发展的基础上，不断扩大农村金融服务包容度，提升农村金融服务质量，满足农村经济主体多元化金融服务需求的能力。为了准确把握农村信用社金融服务能力现状，为策略制定提供现实、科学的依据，这一部分对农村信用社金融服务能力进行了现状调查和综合评价。

（1）在农村信用社金融服务能力现状调查部分。首先，梳理了农村信用社发展历程。其次，从县域经济发展现状和农村信用社支持县域经济发展的服务现状两方面，分析了农村信用社服务县域经济的状况。最后，分别从盈利性、安全性和流动性三方面分析了农村信用社的可持续性；从服务广度（指农村信用社服务范围的大小，即接受服务对象的多少，·也就是从金融服务供给角度分析服务包容性）和服务深度（指已接受农村信用社金融服务的对象得到金融服务的多寡，也就是从金融服务需求角度反映服务包容性）两方面，分析了农村信用社的包容性；从硬环境满意度、软环境满意度和业务内容满意度三方面分析了农村信用社的服务质量。调研发现：在可持续性方面，农村信用社*盈利性虽然有所提高，但仍低于改制后的农村商业银行，农村信用社*的安全性存在较大隐患；在包容性方面，农村信用社主要存在总量不平衡、结构不平衡和环境制约三大问题；在服务质量方面，客户对于农村信用社*和农村商业银行的硬、软环境及业务内容方面的满意度整体不是很高，但对农村商业银行的满意度稍高于农村信用社*的满意度。这些结论说明，农村信用社*改制为农村商业银行的方向是正确的，但农村信用社*与农村商业银行的金融服务能力均有待提升。

（2）在农村信用社金融服务能力综合评价部分。按照科学性、全面性、层次性和可比性的原则，从资产规模、盈利性、流动性、安全性、成长性和人才资源六个方面设定农村信用社可持续性指标；从有形性、可靠性、响应性、保证性、移情性和产品与价格六个方面设定农村信用社服务质量指标；从地理渗透性、产品接触性和使用效用性三个方面设定农村信用社服务包容性指标；选用层次分析法测度农村信用社金融服务能力水平。通过对未改制的农村信用社*与改制完成的农村商业银行两个不同"方案"综合评价的测度比较，结果显示：整体来看，可持续性对农村信用社金融服务能力的贡献度最大；农村商业银行的金

融服务能力整体上要高于农村信用社\*。其中，农村商业银行在可持续性与服务质量方面优于农村信用社\*，但包容性方面却不及农村信用社\*。这一结论恰是对"农村信用社金融服务能力现状调查"的定量佐证，进一步说明农村信用社\*向农村商银行改制的方向是正确的，但改制后的农村商业银行在服务包容性方面仍显不足，尤其在支农支小方面还有很大的提升空间。农村信用社金融服务能力综合评价为分析农村信用社改制的效果和改制方向提供了重要依据。

**二、基于公司治理视角的农村信用社金融服务能力提升策略制定基础研究**

从公司治理视角下农村信用社金融服务能力提升策略制定的要求出发，首先实证分析公司治理对农村信用社金融服务能力的影响，然后探讨公司治理机制对农村信用社金融服务能力影响的路径。本部分的研究为公司治理视角下农村信用社金融服务能力提升策略的制定提供了重要支撑。

（1）实证分析了公司治理特征对农村信用社金融服务能力的影响。以天津、山东、河南、陕西四省的 32 家农村信用社 2009～2015 年的统计数据为原始数据库，实证分析了股权结构、董事会特征、监事会特征、市场竞争机制和中介机构对反映农村信用社金融服务能力的财务绩效（ROA、ROE 和运营成本）和金融服务水平（平均贷款余额、信贷客户数和分支机构数）的影响。实证结果显示，农村信用社前五大股东持股比例存在一个最优值，这个最优值有利于 ROA、ROE、运营成本和分支机构数量的优化；目前农村信社这种双重监管模式中，独立董事基本处于"花瓶"地位，真正起到监管作用的是监事会；外部监管中市场竞争越充分，越能够促进农村信用社提升其金融服务能力。这说明，农村信用社在股东持股比例、监管模式及外部治理环境等方面尚有改进空间。完善农村信用社公司治理，应着力从积极探索适度的股权集中度、协调好独立董事与监事会两者之间的关系、完善外部竞争环境等方面来提升其金融服务能力。

（2）研究了高管激励对农村信用社金融服务能力影响。以陕西 10 地市的 52 家农村信用社（36 家农村信用联社和 16 家农村商业银行）2010～2015 年的统计数据为原始数据库，实证分析了高管货币薪酬、高管持股比例和高管在职消费对农村信用社支农效率、盈利能力和经营风险的影响，进一步讨论了股权集中度和股权制衡度在高管激励对农村信用社金融服务能力影响过程中的调节作用。实证结果显示：在股权集中度较高和股权制衡度较高的情况下，货币薪酬激励和在职消费激励等短期激励手段对农村信用社服务能力提升是有效的，而股权激励这种长效激励手段对农村信用社服务能力提升是无效的，这一结论在西北地区有一定代表性，但中东部地区还需在数据可得性及样本扩大的基础上进一步验证。上述结论说明，高管激励机制的实施有利于农村信用社提升金融服务能力，但不同的激励手段在不同的股权集中度和股权制衡度调节作用下，产生的作用效果是有差异的。因此，针对不同的农村信用社，应采取差异化的高管激励措施，并积极探索有效的长期激励方式。

（3）分析公司治理对农村信用社金融服务能力影响的路径。从股东投资回报保障、治理主体关系协调和抗风险能力提高三个方面，分析了内部治理对农村信用社金融服务能力影响的直接路径；从激励机制、监督机制和竞争机制三个方面，分析了外部治理对农村信用社金融服务能力影响的间接路径；从股权结构失衡、监事会治理不完善、高管激励方式不合理和外部治理机制不健全四个方面，分析了公司治理对农村信用社金融服务能力的制约路径。分析结果显示：农村信用社内部治理可以通过保障股东投资回报、协调农村信用社内部利益集团关系、提高农村信用社抗风险能力三条途径，影响农村信用社的金融服务能力；外部治理可以通过激励机制、监管机制和竞争机制三条路径间接影响农村信用社金融服务能力；农村信用社的"双头监管"模式导致"双不管"现象、高管激励机制不完善、农村金融市场控制权不发达使得农村信用社面临的市场约束等，是农村信用社金融服务能力提升的主要制约因素。这说明，不同的公司治理手段及治理手段的实施过程会对农村信用社金融服务能力产生不同的影响。因此，农村信用社应结合自身特点及所处环境选择差异化的治理方式。

### 三、基于公司治理视角的农村信用社金融服务能力提升策略制定

本部分从策略制定的目标、策略制定的原则、策略制定的依据和构成出发，有针对性地讨论了优化股权结构策略、优化董监事会策略、优化高管激励方式策略，以及优化外部治理策略需解决的问题、策略重点及具体的优化策略。

（1）优化股权结构，提升服务"三农"动力策略。针对农村信用社改制前后股权集中度不佳、股权制衡效果不明显、第一大股东为国有性质的农村商业银行发展状况相对较差等问题，提出优化股权结构的策略重点应从把握最优股权集中度、构建合理的股权制衡局面、解决大股东"掏空"三个方面出发。在股权集中度方面，适当提高农村信用社*第一大股东持股比例、合理分散前五大股东持股比例、适当减少农村商业银行大股东持股比例或吸纳新股东以稀释大股东股权；在股权制衡度方面，增加股权稳定性和多样性、建立股权流通平台，确保股权制衡机制发挥作用；在股权性质方面，减持第一大股东性质为国有股的比例、引入更多民营资本、优化国有股东行为模式。

（2）优化董监事会，提升服务"三农"决策监督有效性策略。针对农村信用社董监事会职能发挥不充分的问题，提出优化董监事会的策略重点应从提高董监事会会议效率、合理设置董监事会规模、充分发挥女性监事和外部监事的作

用、合理发挥"双重监管"职能几个方面出发。在确保董监事会会议有效方面，合理安排董事会会议的召开时间、扩大董事会的会议商讨范围、完善董事会决议执行的反馈机制、有效增加监事会会议次数等；在确定合理的董监事会规模方面，构建科学的选聘机制、合理化安排董事会成员、适度缩小监事会规模；在完善董事会专门委员会设置方面，设立审计委员会、风险管理委员会、"三农"金融发展委员会；在协调独立董事和监事会关系方面，细化监事会与独立董事的职能范围、确定监事会与独立董事监督职能的主次、建立监事会和独立董事的磋商协作机制等。

（3）优化高管激励方式，提升服务"三农"经营效率策略。针对农村信用社高管持股比例不合理的问题，提出优化高管激励方式的策略重点应从提高高管长期激励方式同农村信用社经营绩效的联动关系出发。具体的策略为：在突出考核高管的风险控制水平基础上，探索实施更适合的长期激励方式（如高管绩效薪酬延期支付等），同时，结合高管在职消费和货币薪酬等短期激励方式对农村信用社高管实施综合激励。

（4）优化外部治理，提升服务"三农"质量策略。针对农村信用社外部治理缺乏健全的市场机制问题，提出优化外部治理的策略重点应从提高外部市场化程度、避免地方政府对农村信用社过度干预两个方面出发。在提高外部市场化程度方面，健全农村金融市场产品竞争机制、建立农村金融机构经理人市场；在避免政府对农村信用社过度干预方面，创新政府的监管理念及监管方式，监管理念要从合规监管转向风险监管，监管方式应引进多元化、差异化的手段，采用先进的科学监督机制，以提高监管措施的及时性和真实性。

**四、基于公司治理视角的农村信用社金融服务能力提升策略实施保障**

在完善公司治理提升农村信用社金融服务能力策略的保障措施部分，从构建良好的内外部治理环境出发，提出应从构建完善的法律制度体系、建立健全内外部激励约束机制、鼓励发挥利益相关者的作用、加快推进金融生态环境建设等方面为金融服务能力提升策略提供保障。

（1）在构建完善的法律制度体系方面，需要加快推进农村信用社法律体系建设、健全金融消费者权益保护法律体系、完善农村信用社及金融消费者的文明诚信法律体系建设。

（2）在建立健全内外部激励约束机制方面，需要建立完善的内部激励机制来调动员工的工作积极性、发挥激励政策引导农村信用社服务"三农"的作用、强化内部监管部门对农村信用社的有效监督、加大监管主体和市场对农村信用社的外部监管力度。

（3）在鼓励发挥利益相关者的作用方面，保障农村信用社股东积极行使权力、加强董事会监管作用的发挥、有效发挥内部员工的监督作用、努力发挥债权人和其他客户的作用、借助中介机构获得专业建议。

（4）在加快推进金融生态环境建设方面，需要夯实农村金融生态环境的经济基础、加强农村金融的信用体系建设、发挥政府在农村金融生态环境中的主导作用、提高社会公众的金融素养等。

本书从公司治理角度提出农村信用社金融服务能力提升策略，一方面能够丰富农村金融机构的治理理论，另一方面为农村信用社提高自身的金融服务能力指明方向，促使其实现服务"三农"和维持自身可持续性的双重目标，更好地支农支小，推进县域经济的不断发展，实现乡村振兴战略目标。

# 目　录

# 第一章 导论

## 第一节 研究背景及意义

中央"一号文件"连续 13 年高度关注农村金融改革问题，解决好农村金融问题成为建设新农村、消除城乡差异、构建和谐社会的重中之重。其中，2009 年中央"一号文件"明确提出要"增强农村金融服务能力"；2014 年国务院发布的《关于金融服务"三农"发展的若干意见》中指出，要"进一步提升农村金融服务的能力和水平，实现农村金融与'三农'的共赢发展"；2017 年中央"一号文件"再次强调，通过"加快农村金融创新"提升农村金融的服务能力。可见，提升农村金融服务能力，是县域政府及农村金融服务机构当下的工作重点之一。

随着我国经济的稳定发展，县域经济表现出强劲的发展势头，这种强劲的发展势头增加了农村金融服务的需求。但是，从目前农村金融服务支持县域经济发展的状况看，农村金融的服务能力仍然不尽如人意。存在着农村金融组织体系单一、缺乏竞争力，涉农贷款产品与农村资金需求不匹配，贷款门槛高、担保难、抵押难，农村信用环境差，农村组织创新不足，民间借贷监管不力等问题。这一系列现实情况对农村金融服务能力的提升提出了迫切的要求。在农村金融体系中，与农户关联最多、在农村经济发展中有着不可估量作用的是农村信用社。农村信用社作为农村金融体系中的正规金融机构，其网点遍布各乡镇和县域，对"三农"的发展、城乡差距的缩小等发挥着极其重要的作用。因此，提升农村金融服务能力的关键在于提升农村信用社的金融服务能力。

农村信用社作为地方性金融机构，"盈利"是其持续经营的前提，只有持续经营方能谈及金融服务能力的提升。但是，由于农村信用社面临的客户是缺乏抵押品的农户或经营能力较弱的中小微企业，这使得农村信用社面临一个两难选择。若对这些潜在客户大量提供金融服务，则农村信用社自身可能会因为信用评估方法低效、服务成本过高等因素的制约而面临高风险，甚至影响其可持续经营能力；若不对这些农村经济体提供足够的金融服务，则又违背农村信用社服务"三农"、服务"小微"的市场定位，进而影响其金融服务能力的提升。农村信用社要想逃出这种两难困境，需要在现有经济背景下从自身寻找发展契机。曹廷求等（2011）① 指出，"农村信用社改革与稳健发展的关键在于完善其公司治理"，并且银保监会特别强调2018年是农村商业银行的公司治理年，倡导着力强化农村信用社及农村商业银行公司治理。公司治理的完善有利于农村信用社金融服务能力的提升，这一观点已经得到了各界广泛认同，同时也为农村信用社如何提升金融服务能力提供了一个新的视角。

　　基于上述背景，本课题组在前人研究的基础上，结合农村信用社的特点，通过调研数据的收集与整理，拟从公司治理视角考证农村信用社金融服务能力现状、影响因素及影响机理，最终提出农村信用社金融服务能力的提升策略及保障措施，具有一定的理论意义和现实意义。就理论意义而言，一方面，国内外学者目前关于农村信用社金融服务能力的研究较为微观，并且主要集中于对金融服务能力的测度，在指标的选取上大多借用国外现成的指标体系，缺乏适用性，本书将结合我国农村信用社的实际情况，构建农村信用社金融服务能力综合评价体系，能够有针对性地对我国农村金融机构金融服务能力进行测度；另一方面，针对公司治理这一热点话题，现有文献基本上都是选择上市公司或上市商业银行作为研究主体，很少有文献对农村金融机构的公司治理问题进行深入研究，本书以农村信用社作为研究对象，试图从公司治理视角找出影响农村信用社金融服务能力的机理与路径，可在一定程度上丰富农村金融机构的治理理论。就现实意义而言，本书从公司治理角度提出农村信用社金融服务能力提升策略，为农村信用社提高自身的金融服务能力指明方向，促使其实现服务"三农"和维持自身可持续性的双重目标，更好地支农支小，推进县域经济的不断发展，实现乡村振兴战略目标。

# 第二节　国内外研究综述

## 一、关于金融服务及服务能力概念的研究

　　在广泛讨论金融服务能力以前，国内外学者首先对金融服务进行了定义，主要从狭义的金融服务、广义的金融服务、金融服务的本质及金融服务的范围四个

---

① 王倩，曹廷求. 中小金融机构董事会特征与经营绩效研究——基于农村信用社的实证分析［J］. 现代管理科学，2011（04）：25－27.

方面讨论了什么是金融服务。早期英国学者亚瑟·梅丹（2000）将金融服务定义为"利用货币交易手段进行有价物品的融通，进而向金融消费者提供符合他们预期的金融活动"，这是一种狭义的金融服务。① 之后，世界贸易组织从政府视角出发对金融服务进行了定义，即"金融服务是金融服务提供者为金融服务消费者提供的一切与金融相关的服务，包括人寿保险、直接保险和保险中介等"，这是一种广义的金融服务。我国学者朱发理（2008）在世贸组织关于金融服务定义的基础上，指出金融服务的本质是"一国政府在制定政策法规的前提下，使用金融服务手段，最终对消费者产生促进经济、调节生产为目的的一种经济活动"②。威廉·齐克蒙德则认为，金融服务一般由三部分构成，包括金融劳务服务、金融商品服务及金融辅助服务。③ 其中，金融劳务服务是指金融机构人员通过各种劳动来满足客户多样化的金融需求；金融商品服务是指金融机构所能够提供的各种金融产品；金融辅助服务是指伴随这一金融服务活动过程所使用的设施和设备。基于以上金融服务的概念，较为一致的金融服务能力的内涵：金融服务能力是指金融服务提供者利用一系列设备、设施或信息，为金融消费者提供产品和劳务以满足金融消费者各种需求的能力。2005 年后，国内外学者开始将"普惠"的概念引入金融服务能力，对金融服务能力的内涵主要从普遍惠及的服务、消除金融排斥及小额信贷等方面做出了诠释，具体如表 1 - 1 所示。

表 1-1　关于金融服务能力概念的研究

| 机构/学者 | 观　点 |
|---|---|
| 世界银行<br>（2005） | Inclusive Financial System：让每一个人在有金融需求时，都能以合适的价格享受到及时的、有尊严的、方便的、高质量的金融服务 |
| 联合国 - 蓝皮书<br>（2006） | 普惠金融的目标：在健全的政策、法律和监管框架下，每一个发展中国家都应有一套完整的金融机构体系，共同为所有层面的人提供合适的金融产品和服务 |
| 中国小额信贷联盟<br>白澄宇（2005） | 普惠金融有明确而强烈的政策倾向——扶贫。普惠金融是一个完整的金融生态体系，宏观层面包括法律、政策和监管制度，中观层面包括基础设施和配套制度，微观层面包括金融机构及其提供的金融产品 |
| 焦瑾璞 | 提倡"金融公平"。普惠金融体系可以为任何人提供公平的借贷机会和融资渠道，进一步消除金融歧视，满足人们的有效需求 |
| 杜晓山 | 普惠金融的核心理念是服务中低收入群体和贫困群体，强调一切有金融服务需求的群体都应享有金融服务的平等机会 |

① ［英］亚瑟·梅丹. 金融服务营销学［M］. 北京：人民大学出版社，2000.
② 朱发理. 提升金融服务水平的分析与思考［J］. 当代经济，2008（01）.
③ ［美］威廉·齐克蒙德. 客户关系管理［M］. 北京：人民大学出版社，2010.

但是，针对不同主体，不同金融机构的金融服务能力有不完全一致的内涵。

对于"小型金融机构金融服务能力"的内涵可概括为以下两种：①小型金融机构的金融服务能力是为低收入人口、贫困人口及微型企业提供金融服务的能力（焦瑾璞，2010）①；②小型金融机构的服务能力主要指其服务范围的大小，包括服务的深度和广度（Valentina Hartarska，2005）②。

对于"农村金融服务能力"的内涵可概括为以下两种：①农村金融的服务能力就是支农能力（吴珍、王德岭，2004）③；②农村金融的服务能力就是为县及以下地区提供各种金融服务的能力（杨君玲，2010）④，具体表现为提供与农村经济的金融需求相适应的金融服务能力，包括金融的基础服务设施情况（金融机构的硬、软件设施）和金融服务的基本功能表现（储蓄、信贷、支付结算、保险、投资理财等功能）（中国人民银行清远市中心支行课题组，2012）⑤。

基于以上文献的整理，本书以农村信用社的金融服务能力为研究对象，结合其双重目标的特点，将农村信用社金融服务能力定义为：在保障自身可持续发展的基础上，为适应农村经济体的多元化金融服务需求，不断扩大农村金融服务包容度、提升农村金融服务质量，最终使普惠金融得以实现。

**二、关于农村金融机构金融服务能力现状及评价的研究**

（一）关于农村金融机构金融服务能力现状的研究

学者从不同角度对农村金融机构金融服务能力现状进行研究，现有文献主要集中在支农服务能力、竞争力、效率及社会责任四个方面。

1. 关于农村信用社支农服务能力的研究

农村信用社从成立之初就以"服务三农"为根本宗旨，与一般商业银行相比，农村信用社最大的特点是它的支农性。因此，现有研究多认为农村信用社的金融服务能力就是支农服务能力。农村信用社支农服务能力存在以下突出问题。

（1）支农力度不足。随着农村经济的快速增长，农村产业结构发展呈多元化发展趋势，农户和涉农企业的金融服务需求不断增多，而目前农村信用社支农信贷资金不足、金融产品和功能相对比较单一、贷款期限不合理、部分资金外

① 焦瑾璞. 推动微型金融持续发展，提高金融服务能力 [J]. 今日财富（金融发展与监管），2010 (06)：10 - 13.

② Valentina Hartarska. Governance and Performance of Micrifinance Institution in Central and Eastern Europe and the Newly Independent States. World Development, 2005, 10 (33)：1627 - 1643.

③ 吴珍，王德岭. 对提升农村信用社服务能力的研究 [J]. 现代金融，2004 (07)：13 - 14.

④ 杨君玲. 关于增强农村金融服务能力的研究 [J]. 财经界（学术版），2010 (03)：16.

⑤ 中国人民银行清远市中心支行课题组. 县域金融服务水平评估体系设计及应用研究 [J]. 三农金融，2012 (07)：46 - 50.

流、支农服务能力滞后（吴珍、王德岭，2004；王文莉、罗新刚，2013；耿利剑，2015）①②。

（2）支农服务存在较高的信贷风险。由于农村信用社作为服务"三农"的主力军，历史包袱沉重，且以涉农贷款为主，而农业贷款周期相对较长，风险较难预测，风险控制方式较为落后，从而导致贷款回收率比较低（段小红、王维坡，2013）③。

（3）人力资本不足。目前，农村信用社从业人员的整体素质较低，其专业知识不足、技能较低，严重制约了其金融服务能力的提升（张大中，江筱莹，2013）④。

2. 关于农村信用社竞争力的研究

随着我国农村金融市场开放程度的不断提高，作为支农"主力军"的农村信用社面临良好发展机遇的同时也面临着严峻的挑战。王文莉等（2016）提出，随着金融体系的逐步健全，中国邮政储蓄银行、村镇银行及农业发展银行等金融机构在县域的金融服务功能日益增强，打破了农村信用社在农村金融服务方面的垄断地位，在当前激烈的竞争形势下，农村信用社若不进一步明确自身定位、作出相应的创新调整，势必面临竞争力下滑的局面。⑤ 邵泽玲（2016）分析了影响农村信用社竞争力的主要因素，认为农村信用社需要不断加强风险控制能力、强化金融产品创新能力、不断提升服务质效，方能在市场竞争中保持优势。⑥ 农村信用社是直接面向"三农"的金融服务主体，如何按照业务发展的需要，尽快提升其核心竞争力，真正确立农村金融主力军的地位，是其当前要考虑的重要问题。

3. 关于农村信用社效率的研究

部分学者指出，农村信用社金融服务能力的标准可以用效率的高低来评价。从现实看，农村信用社首要先要以服务"三农"为己任，承担政策性功能，师荣蓉等（2013）对农村信用社支农效率进行了研究，指出改革之后农村信用社支农效率逐年稳步上升⑦。此外，农村信用社还要实现兼顾商业性运营原则的可持续

---

① 王文莉，罗新刚. 农村信用社支农服务问题及其改革路径研究［J］. 宏观经济研究，2013（11）：60－68.

② 耿利剑. 农村信用社支农服务问题及改进措施思考［J］. 现代经济信息，2015（10）：357－374.

③ 段小红，王维坡. 如何增强农村信用社信贷支农的作用［J］. 金融经济，2013（02）：142－144.

④ 张大中，江筱莹. 农村信用社支农问题的思考［J］. 中国商贸，2013（15）：102－103.

⑤ 王文莉，张娜，孙倩. 农村信用社竞争力评价指标体系研究——以陕西省数据为例［J］. 生产力研究，2016（03）.

⑥ 邵泽玲. 提升农村信用社竞争力的措施研究［J］. 中国管理信息化，2016（13）.

⑦ 师荣蓉，徐璋勇. 农村信用社支农效率组合评价研究［J］. 统计与决策，2013（05）：64－66.

发展，以取得良好的经营效率和利润效率，因此有学者从经营效率角度出发研究农村信用社的服务现状。张元红（2001）对中西部两省六县调研发现，目前农村信用社盈利能力较低、资产结构简单、资产质量不容乐观且监管不到位。① 褚保金、张兰等（2007）采用 DEA 方法对苏北地区 14 家县联社改革前后的效率演变进行分析，结果显示，目前农村信用社的效率处于一个较低水平，这与其自身经营管理水平、外部经济环境、市场竞争及改革政策有很大关系。② 谢志忠等（2011）采用 DEA 方法对福建省农村信用社进行分析之后得出相似结论：目前农村信用社纯技术效率较低（即内部管理水平较差），同时存在人浮于事、员工效率不高的现象③。然而，目前较少有学者对农村信用社的财务绩效与社会绩效进行综合评价，缺乏全面评价指标体系的构建。

4. 关于农村信用社社会责任的研究

农村信用社在坚持服务"三农"这一根本宗旨的前提下，不仅要取得良好的业绩，还要践行其社会责任。郑海荣（2011）认为，社会责任能力是农村信用社在新时期提升金融服务能力的一个重要方面。目前我国农村信用社在其社会责任方面，存在社会责任信息披露不够全面充分、农村金融服务体系不完善及自身利益与社会责任统筹兼顾不力等问题④，今后农村信用社在社会责任方面应致力于解决上述问题。

（二）关于金融机构金融服务能力评价指标的研究

现有文献主要从以下几个方面评价金融机构金融服务能力：可及性指标体系、排斥度指标体系、服务质量指标体系等，而关于农村金融机构金融服务能力的评价尚无成形的体系。

1. 金融服务可及性指标

金融服务可及性是指在一个经济体中，每一位成员都能以可负担的成本，以公正的方式接触、获得并有效使用金融产品和金融服务的一种过程和状态⑤。Morduch 等（1999）较早提出以可靠性、便利性、连续性和弹性四个维度来评价金融服务可及性，但他提出的指标都不能量化。⑥ 随后，Beck 等（2007）用每平

① 张元红. 贫困地区农村信用社的经营状况与效率［J］. 中国农村观察，2001（04）：2 - 12.

② 褚保金，张兰，王娟. 中国农村信用社运行效率及其影响因素分析——以苏北地区为例［J］. 中国农村观察，2007（01）：11 - 23.

③ 谢志忠，刘海明，赵莹，黄初升. 福建省农村信用社经营效率变动的测度评价分析［J］. 农业技术经济，2011（06）：62 - 69.

④ 郑海荣. 新时期提升企业社会责任能力的路径选择探讨［J］. 中国集体经济，2011（36）：9 - 11.

⑤ SARRMA M, PAIS J. Financial Inclusion and Development［J］. Journal oi International Development, 2011, 23（05）：613 - 628.

⑥ Morduch, Jonathan. "Does Microfinance Really Help the Poor? New Evidence from Flagship Programs in Bangladesh［D］." Princeton University, Department of Economics, Princeton, 1998.

方千米银行分支机构数、每十万人拥有银行分支机构数、每平方千米 ATM 机数、每十万人拥有 ATM 机数，结合每千人占有贷款额、贷款相对 GDP 比重、每千人占有存款额、存款相对 GDP 比重作为金融服务可及性的指标，对金融机构的金融服务能力进行测度。[1] 此后很长一段时间，学者测度金融服务可及性主要是从银行机构覆盖面、存贷款水平、拥有银行账户的人数等维度展开（Sarma Mandira，2008；The World Bank，2010；Beck et al.，2009）[2][3]。

国内学者主要从三方面测度农村金融的可及性，包括金融服务基础设施、金融服务产品可获得性和金融服务覆盖范围。金融服务基础设施包括万人金融服务网点数和万人金融服务人员；金融服务产品可获得性包括存贷款服务和保险服务；金融服务覆盖范围包括获得贷款的农户比例和企业比例（杜伟，2011；徐敏，2013）[4][5]。之后，中国人民银行清远市中心支行课题组（2012）将金融服务效率、金融服务质量和金融服务创新三个指标加入农村金融的可及性评价指标体系中。

2. 金融服务排斥度指标

与金融可及性相对应的是金融排斥度，即"金融排斥度 = 1 - 可及性水平"，是反向说明金融服务能力的指标，用于指社会中某些弱势群体没有能力获得金融服务的程度。金融排斥度的研究始于 20 世纪 90 年代初，当时的研究主要局限于地理排斥。随后，Kempson 和 Whyley（1999）定义了金融排斥的六大维度，包括地理排斥、可及性排斥、条件排斥、价格排斥、市场排斥和自我排斥。[6] 在该维度设置的基础上，Cebulla（1999）又将金融排斥划分为结构排斥和主体排斥。[7] Peachery 和 Roe（2006）指出，人们对金融排斥的关注点和关注程度是不同的，不仅包括区域，还包括企业和个人，发展中国家的金融排斥度要远远高于发达

① Beck Thorsten, Asli Demirgu – Kunt, and Maria Soledad Martinez Peria. Reaching Out: Access to and Use of Banking Services across Countries [J]. Journal of Financial Economics, 2007, 85 (01): 234 – 266.

② Sarma Mandira. Index of Financial Inclusion, Indian Council for Research on International Economic Relations, Working Paper, No. 215, 2008.

③ Beck Thorsten, Demirgü – Kunt, A. & Honohan Patrick. Access to Financial Services: Measurement, Impact, and Policies [J]. The World Bank Research Observer, 2009 (24): 119 – 145.

④ 杜伟，熊学平，石礼娟. 农村金融服务水平评价指标体系探讨 [J]. 中国农村金融，2011 (1): 48 – 50.

⑤ 徐敏. 农村金融服务水平的区域差异及影响因素分析 [J]. 西部金融，2013 (03): 59 – 63.

⑥ Kempson, E. & Whyley C. Kept out or Opted out? Understanding and Combating Financial Exclusion [M]. The Policy Press, 1999: 1 – 56.

⑦ Cebulla, A. A Geography of Insurance Exclusion: Perceptions of Unemployment Risk and Actuarial Risk Assessment [J]. Area, 1999, 31 (02): 111 – 121.

国家。①

国内学者测算金融排斥度时，主要采用 Kempson 和 Whyley 提出的金融排斥六大维度。研究认为，我国农村地区一直存在金融排斥，而且各地区之间存在明显的差异（高沛星，2011；王修华、贺小金、徐晶，2012）②③。县域居民和县域企业大部分都存在不同程度的金融排斥问题，其中，农村地区贫困农户或企业办理贷款的手续繁杂是金融排斥的一个重要原因（许圣道、田霖，2008）④。

3. 金融服务质量指标

金融服务质量是指金融服务提供者借助金融服务满足金融服务消费者各种需求的程度。目前，评价金融服务质量最常用的方法是 SEVQUAL 模型和 SERVPERF 模型。SEVQUAL 模型是一个包含有形性、可靠性、反应性、保证性、移情性五大维度，22 个测量项目的评价方法（Parasuraman，Zeithaml，Berry，1988）⑤。但 Brown，Churchill 和 Peter、Cronin 和 Taylor 等学者对其提出质疑，认为该模型金融服务质量的测度和消费者的认知、期望有极大的重叠性，因此限制了测度效果。为了克服 SERVQUAL 模型的缺陷，1992 年 Cronin 和 Taylor 提出了 SERVPERF 模型。但 SERVPERF 模型除了预测能力外，其他的表现并不比 SERVQUAL 模型好，基于信息的丰富性，还是应该采用 SERVQUAL 方法（Pitt and Watson，1994）⑥。除此之外，还有一些学者提出从顾客心理层面（Fishbein，1963）或者动态视角（Boulding et al.，1993）测度金融服务质量，但都因为所选指标无法很好地量化而没有得到广泛应用。因此，在评价研究方法的选择及维度选取的过程也要考虑其实用性（Malhotra，1994）。

我国学者在测度金融服务质量方面起步较晚。罗小舟等（2009）⑦指出，农村金融服务质量应该从硬环境、软环境、产品、价格和便利性这五个维度去测度。之后也有学者提出，金融服务质量也可以反映普惠金融的发展。焦瑾璞等

① Roe. Recording Mining Landscapes in the Yorkshire Dales：The Contribution of the Northern Mine Research Society ［J］. Industrial Archaeology Review，2006，28（2）.

② 高沛星. 我国农村金融排斥的区域差异与影响因素 ［J］. 农业技术经济，2011（04）：93 – 102.

③ 王修华，贺小金，徐晶. 中国农村金融排斥：总体评价、地区差异及影响因素研究 ［J］. 西部金融，2012（01）：75 – 83.

④ 许圣道，田霖. 我国农村地区金融排斥研究 ［J］. 金融研究，2008（07）：195 – 206.

⑤ Parasuraman，A. L. L. Berry and V. A. Zeithmal Servqual：A Multiple – Item Scale for measuring consumer Perceptions of Service ［J］. Journal of Retailing，1988（64）：12 – 40.

⑥ Pitt，L. F.，and Watson，R. T. Longitudinal Measurement of Service Quality in Information System：A Case Study ［J］. Proceedings of the Fifteenth International Conference on Information Systems，1994（1）：419 – 428.

⑦ 罗小舟，康玉俍. 乡村银行金融服务质量现状与建议 ［J］. 中国金融，2009（09）：138 – 139.

(2015)① 结合中国农村的特点，选取个人、企业信用档案建档率及金融服务投诉率作为金融服务质量的衡量指标。也有一些学者认为，金融服务质量的评价应该拓宽到网上银行这一范围，具体而言包括保障网上银行的安全性、提升在线咨询服务质量及向客户提供便捷的操作指导与金融产品介绍服务等（潘博，2014)②。目前，关于农村信用社金融服务质量指标的选取还没有形成确定性的结论，关于这一方面的研究还有很大的空间。

### 三、关于公司治理对金融机构金融服务能力影响的研究

公司治理一般分为内部治理和外部治理。现有文献主要从股权结构、董事会特征、监事会特征、高级管理层激励的内部治理，以及外部审计、评级及监管等方面的外部治理角度研究了公司治理对金融机构绩效的影响，而专门研究农村金融机构金融服务能力与公司治理关系的文献相对较少。

（一）关于股权结构对金融机构金融服务能力影响的研究

现有文献关于股权结构对金融机构金融服务能力影响的研究主要从股权集中度、股权制衡度和股权性质三个视角展开。

1. 关于股权集中度与金融机构金融服务能力

Caprio 等（2007）通过对银行数据的分析，发现银行的股权集中是一个较为普遍的现象③。股权集中对银行经营管理的影响有正有负。一方面，股权集中符合"利益协调假说"，即股东（委托人）采用一定的公司治理结构和公司治理机制来约束经营者（代理人）的行为，以保证经营者按照股东的委托行事，确保股东的利益最大化；另一方面，股权集中符合大股东"掏空"假说，也就是说，大股东在股权集中的银行中会更加追求个人利益的实现，而不顾其他中小股东的利益，导致中小股东的利益受到损害。目前，关于股权集中度和绩效之间关系的研究结论主要有以下四种观点：

第一种观点，认为股权集中度越高越有利于银行业绩的提升，即二者是正相关关系。李维安和曹廷求（2004）通过研究发现，股权集中度与经营绩效显著正向相关，即大股东的存在使得公司高管层的治理行为更加有效，从而降低所有者和管理者之间的代理成本。④ 王文莉、赵芸（2014）的研究结果支持了上述观点，她们以陕西 2006～2010 年 51 家农村信用社的调查数据发现，第一大股东持

---

① 焦瑾璞，黄亭亭. 中国普惠金融发展进程及实证研究 [J]. 上海金融，2015（04）.

② 潘博. 浅谈如何提升我国商业银行金融服务能力 [J]. 北方经贸，2014（02）：80.

③ Caprio, G., L Laeven and R. Levine. Governance and Bank Valuatio [J]. Journal of Financial Intermedation, 2007（16）：584 –617.

④ 李维安，曹廷求. 股权结构、治理机制与城市银行绩效——来自山东、河南两省的调查证据 [J]. 经济研究，2004（12）：4 –15.

股比例和前十大股东持股比例的提高，会正向影响农村信用社的绩效。①

第二种观点，认为股权集中度的提高会负向影响银行的经营业绩。曹廷求、段玲玲（2005）采用山东 133 家农村信用联社的样本数据，研究发现，山东省农村信用社的股权集中度与绩效负相关。② Haw 等（2010）通过实证分析 22 家东亚和西欧 1990～1996 年上市银行的数据，发现股权集中度的提高会降低这 22 家上市银行的经营业绩和效率，他们认为之所以出现这样的结果是因为部分上市银行符合家族企业的特征，这就会为大股东的"掏空"行为创造机会，损害其他股东利益，降低银行业绩。③ 之后，赵尚梅（2012）、祝继高等（2012）以我国城市商业银行为样本，也得出了相同的结论。④⑤

第三种观点，认为股权集中度与绩效之间存在一种非线性关系。李维安等（2004）通过实证研究发现，股权集中度存在一个最优值，在最优值以下，银行绩效随着股权集中度的提高而提高；在最优值以上，银行绩效随着股权集中度的提高而下降。也就是说，股权集中度与银行绩效呈倒"U"型关系。此后，章小萍（2012）运用上市公司的数据进行研究，也得出同上述研究一样的结论，并根据结论提出银行要形成适度集权、多股制衡的局面。⑥ 与此相反，Pinto 和 Augusto（2014）以 4163 家葡萄牙中小企业为研究对象，实证结果发现，股权集中度与银行绩效间不是倒"U"型关系，而是存在着"U"型关系，具体而言，当股权集中度较低时，股权集中度与绩效负相关，大股东与中小股东之间的代理冲突占主要地位，会产生"搭便车"行为；当股权集中度较高时，股权集中度与绩效正相关，大股东对管理层的监督效应发挥作用。⑦

第四种观点，认为股权集中度与绩效之间无相关性。Demsetz（1983）认为，股权结构的安排是对公司成本进行衡量之后的结果，是使企业处于均衡模式的一

① 王文莉，赵芸. 农村信用社内部公司治理对绩效影响的研究——以陕西省调研数据为例 [J]. 宏观经济研究，2014（08）：91－99.

② 曹廷求，段玲玲. 治理机制、高管特征与农村信用社经营绩效——以山东省为例的实证分析 [J]. 南开管理评论，2005（04）：51－54，57.

③ Haw, I., S. S. M. Ho, B. Hu, D. Wu. Concentrated Control, Institutions, and Banking Sector: An International Study [J]. Journal of Banking and Finance, 2010（34）：485－497.

④ 赵尚梅. 城市商业银行股权结构与绩效关系及作用机制研究 [J]. 财贸经济，2012（07）：39－48.

⑤ 祝继高，饶品贵，鲍明明. 股权结构、信贷行为与银行绩效——基于我国城市商业银行数据的实证研究 [J]. 金融研究，2012（07）：48－62.

⑥ 章小萍. 商业银行股权结构与绩效的实证研究——基于我国上市银行的分析 [J]. 商场现代化，2012（15）：93－95.

⑦ Pinto, A. P. S. & Augusto, M. G. Are There Non－linear Relationships between Ownership Structure and Operational Performance? Empirical Evidence from Portuguese SMEs Using Dynamic Panel Data. International Journal of Business Administration, 2014, 5（03）：162.

种制度安排，并不会对企业的经营绩效产生影响。① 之后，宋秋红（2007）采用股份制商业银行的数据，发现第一大股东持股比例的提高或降低并不会对银行的经营绩效产生显著影响。② 胡艳华（2010）对中小银行的研究结论也支持上述观点。③

关于股权集中对绩效的影响难以产生一致结论的原因，一方面在于各学者选取的研究对象有所不同，不同性质的企业有不同的经营规则；另一方面在于衡量股权集中的指标选取的不同，有学者仅选取第一大股东持股比例，也有学者选取前五大或前十大股东持股比例。基于此，本书尝试以农村信用社为研究对象，结合其特殊性及实际情况选择恰当的股权集中衡量指标来探讨股权集中度与农村信用社金融服务能力之间的关系。

2. 关于股权制衡度与金融机构金融服务能力

股权制衡度是指股东之间相互制衡、相互制约的程度，该指标可以反映股权和控制权间的均衡程度。

一方面，有学者认为，股权制衡度越高，越能够有效地监督管理层，越能够形成利益制衡机制，减弱对小股东的侵害，有利于绩效的提升。王文莉、孙倩等（2015）研究表明，股东之间适度的制衡关系有利于农村信用社经营能力的提升，可以在一定程度上防止大股东和经理人之间合谋局面的形成，有利于保护中小股东的利益④。周月书、韩乔（2016）使用江苏51家农村商业银行样本数据，研究表明，股权制衡度对农村商业银行经营绩效有正向影响⑤。

另一方面，部分学者提出了不同的观点，认为股权制衡度的提高不仅不会使绩效提高，反而会使绩效下降。这是因为各大股东的剩余索取权各不相同，大股东出于对个人利益的考虑会进行讨价还价，进而使得成本增加，不利于绩效的提升。朱红军、汪辉（2004）通过对民营企业数据的分析发现，股权制衡度高的企业，会促使大股东产生"掏空"行为，进而造成公司业绩的下降⑥。但该观点并未在农村金融机构中得到验证。

① Demsetz, Harold. The Structure of Ownership and the Theory of the Firm [J]. Journal of Law and Economics, 1983 (26): 375-390.
② 宋秋红. 股份制商业银行的股权结构与银行绩效的实证研究 [J]. 企业家天地, 2007 (03): 79-80.
③ 胡艳华. 中小投资者利益保护与股权结构的关系研究 [D]. 浙江理工大学博士学位论文, 2010.
④ 王文莉, 孙倩, 胡平仿. 农村信用社最优股权结构问题研究——基于双重委托代理理论的实证分析 [J]. 宏观经济研究, 2015 (11): 93-105.
⑤ 周月书, 韩乔. 农村商业银行股权结构、信贷行为与经营绩效——以江苏省为例 [J]. 中国农村观察, 2016 (01): 51-62.
⑥ 朱红军, 汪辉. "股权制衡"可以改善公司治理吗？——宏智科技股份有限公司控制权之争的案例研究 [J]. 管理世界, 2004 (10): 114-123, 140-156.

3. 关于股权性质与金融机构金融服务能力

关于股权性质的研究，大多数学者都会考虑到政府持股的特殊现象。而对于上市公司来说，外资持股也是较为常见的现象，因此也有部分学者探究了外资持股对企业经营绩效的影响。

在政府持股方面，La Porta（2002）认为，有两种观点可以解释政府持股更容易出现在低发展水平、欠发达地区国家的原因。第一种观点是发展观，这种观点的支持者认为：金融机构中政府持有股票将有利于引导该金融机构的发展，进而有利于促进该地区的金融发展和经济增长。第二种观点是政治观，这种观点的支持者认为：政府持有股票只是出于政治目的（如利用银行向政府的支持者提供就业机会、补贴和其他福利），而对金融机构自身的发展并无好处[1]。目前的研究大多支持政治观。Levine（2003）和 Berger 等（2005）通过研究指出，政府在银行中持有股票会导致银行的效率变差[2][3]。Micco 等（2007）发现，在大选年份，私有银行的绩效明显高于国有商业银行，这种现象在发展中国家尤为显著[4]。巴曙松、刘孝红等（2005）认为，地方政府的持股不仅会降低当地银行的运营效率，而且会增加银行的道德风险[5]。

在外资持股方面，大多数学者认为，外资持股有利于银行业绩的提高，因为外资股的引入不仅面临较少的监管约束，而且有利于银行自身管理水平的提升。Khanna（2000）发现，在发展中国家，外资股的引入使得金融机构产生更大的管理动机，促使它们努力提升自身的经营效率和业绩，保障股东的投资回报率[6]。刘元等（2005）对我国的城市商业银行进行分析，发现外资股的引入会带来先进的管理经验，增强城市商业银行的创新性[7]。与上述观点不同的是，刘家松、聂宝平（2016）对 2007～2015 年商业银行的数据进行分析后发现，外资股

① La Porta, R, F. Lope - de - Silanes and A. Shleifer. Government Ownership of Banks [J]. Journal of Finance, 2002 (57): 265 - 30.

② Levine, R. The Corporate Governance of Banks: A Concise Discussion of Concepts and Evidence [D]. Working Paper, 2003.

③ Berger A. N., G. R. G. Clarke, R. Cull, L. Klapper and G. F. Udell. Corporate Governance and Bank Performance: A Joint Analysis of the Static, Selection, and Dynamic Effects of Domestic, Foreign, and State Ownership [J]. Journal of Banking and Finance, 2005 (29): 2179 - 2221.

④ Micco, A., U. Panizza and M. Yanez. Bank Ownership and Performance: Does Politics Matter? [J]. Journal of Banking and Finance, 2007 (31): 219 - 241.

⑤ 巴曙松, 刘孝红, 牛播坤. 转型时期中国金融体系中的地方治理与银行改革的互动研究 [J]. 金融研究, 2005 (05): 25 - 37.

⑥ Khanna, T. Business Groups and Social Welfare in Emerging Markets: Existing Evidence and Unanswered Questions [J]. European Economic Review, 2000 (44): 748 - 761.

⑦ 刘元, 黎涛, 甘煜. 城市商业银行的战略转型与定位回归 [J]. 中国金融, 2005 (21): 37 - 39.

与商业银行的业绩之间是倒"U"型关系,也就是说,外资股的比例存在一个最优值。当外资股股东持股比例较低时,相应的股东红利也较少,此时外资股股东就是短期的财务投机者,这将不利于银行业绩的提升;当外资股股东持股比例过高时,外资股股东就成为长期财务投机者,这种情况也不利于银行业绩的提升①。

具体到农村信用社,由于大多农村信用社地处经济不发达的县域及村镇,外资持股的情况较少,而政府持股的现象较为明显,因此现有关于股权性质与农村信用社绩效关系的研究大多集中在对政府持股的研究(黄晓梅,2012)②。然而农村信用社有其特殊性,既要维持自身可持续发展,又要坚持服务三农,对股权性质的研究不应仅仅局限于政府持股,更要考虑高管、农户及大型农业企业等股东持股的影响(何靖等,2015;王文莉等,2018)③④。

(二)关于董、监事会特征对金融机构金融服务能力影响的研究

1. 关于董事会特征对金融机构金融服务能力影响的研究

对于董事会特征的研究,现有文献大多是从董事会的构成、组织、行为、激励及素质这五类特征着手的。

就董事会规模与金融机构绩效之间的关系而言,国内外得出的研究结论可分为四种:董事会规模较小有利观(Lipton et al.,1992;张露,2014)⑤⑥、董事会规模较大有利观(Ruhul Salim,2016;席艳玲、吴英英,2012)⑦⑧、存在董事会规模最优(Jensen,1993;王瑞平,2013⑨)和董事会规模无关论(Toru Yoshikawa et al.,2003)⑩。农村信用社作为金融机构之一,关于其董事会规模对绩效的

① 刘家松,聂宝平. 商业银行境外引资、股权结构与经营绩效——基于 2007~2015 年 62 家商业银行的经验证据[J]. 会计研究,2016(10):34-41.

② 黄晓梅. 农村信用社股权结构对绩效影响的实证分析[J]. 开发研究,2012(06).

③ 何靖,何广文. 农村商业银行股权结构与其经营风险、经营绩效关系研究[J]. 农业经济问题,2015(12).

④ 王文莉,王秀萍. 高管激励与农村信用社绩效关系研究——基于股权集中度的调节作用[J]. 经济论坛,2018(10).

⑤ Lipton, M, Lorsch, J. A Modest Proposal for Improved Corporate Governance[J]. Business Lawyer,1992,48(1):59-77.

⑥ 张露. 商业银行的公司治理能改善银行绩效吗?[D]. 华东交通大学硕士学位论文,2014.

⑦ Ruhul Salim. Does corporate governance affect Australian banks' performance?[J]. Journal of International Financial Markets, Institutions and Money,2016(43):113-125.

⑧ 席艳玲,吴英英. 董事会特征、公司治理与银行绩效——基于我国 14 家商业银行面板数据的实证分析[J]. 现代管理科学,2012(09):47-50.

⑨ 王瑞平. 董事会特征对农村商业银行业绩影响的实证研究——基于 2009~2011 年 17 家农村商业银行数据[D]. 西南财经大学硕士学位论文,2013.

⑩ Toru Yoshikawa, Phillip H. Phan. The Performance Implications of Ownership—Driven Governance Reform[J]. European Management Journal,2003,21(06):698-706.

影响，一部分学者认为，规模越大越能够分担董事会的工作压力，提高工作质量，有助于金融服务能力的提升（王倩、曹廷求，2011）[①]；另一部分学者认为，董事会规模的扩大并不会提升农村信用社的决策效率，反而使得经营混乱、决策效率低下（王文莉、赵芸，2014）[②]。

关于董事会会议频次与农村信用社绩效间关系的研究，学者们主要形成了两派观点，一部分学者认为，董事会会议次数是董事履职的保障，其次数越多，越有利于提高农村信用社的绩效（王倩、曹廷求，2011）；另一部分学者则认为，目前农村信用社董事会会议的作用十分有限，对农村信用社的绩效影响不显著（王文莉、赵芸，2014）。

在独立董事方面的研究，国外学者发现，独立董事的比例越高，越有利于提高其经营效率（Parimal S. Bhagat；Jerome D. Williams，2002；Hartarska，2005）[③]，而国内学者大多是从理论角度分析独立董事对农村信用社的影响（明洋、郑伟，2011）[④]，少有实证分析，且没有发现独立董事与农村信用社绩效之间有显著的关系（王倩、曹廷求，2011）。

还有学者在上述研究的基础上，添加新的董事会特征因素（如女性董事的占比、董事会专门委员会设置等）来研究其对企业或金融机构绩效的影响。在研究女性董事方面，存在两种相反的观点。一部分学者认为，女性董事的存在有利于公司绩效的提高（Perrault，2015）[⑤]；另一部分学者认为，女性董事不利于企业的发展。Chapple 和 Humphrey（2014）[⑥] 指出，董事会性别多元化会导致董事会在面临紧急问题时难以得出一致结论，从而影响公司治理效率。我国学者王明杰等（2010）通过实证同样发现，女性董事占比与公司绩效呈显著负相关关系。[⑦]在研究董事会专门委员会方面，大部分学者都认为设置合理的董事会专门委员会

① 王倩，曹廷求. 中小金融机构董事会特征与经营绩效研究——基于农村信用社的实证分析 [J]. 现代管理科学，2011（04）：25 – 27.

② 王文莉，赵芸. 农村信用社内部公司治理对绩效影响的研究——以陕西省调研数据为例 [J]. 宏观经济研究，2014（08）：91 – 99.

③ Parimal S. Bhagat；Jerome D. Williams. Leveraging Relationships in Marketing, Journal of Relationship Marketing，2002（06）.

④ 明洋，郑伟. 农村信用社股份制改革中的产权、治理和管理体制分析 [J]. 西南金融，2011（08）.

⑤ Perrault E., Why Does Board Gender Diversity Matter and How Do We Get There? The Role of Shareholder Activism in Deinstitutionalizing Old Boys' Networks [J]. Journal of Business Ethics，2015，128（1）：149 – 165.

⑥ Chapple L., Humphrey J. E. Does Board Gender Diversity Have a Financial Impact? Evidence Using Stock Portfolio Performance [J]. Journal of Business Ethics，2014，122（4）：709 – 723.

⑦ 王明杰，朱如意. 上市公司女性董事对公司绩效影响研究 [J]. 统计与决策，2010：145 – 147.

有利于企业绩效的提升（李维安等，2009）①。他们认为设立专门委员会能减少财务报告中的失误和虚假内容，提高公司的信用度，并且企业如果设置了审计、薪酬和提名三大委员会，企业的经营业绩会有显著的提升。由于我国仍是发展中国家且农村商业银行正处于改制过程当中，董事会专门委员会制度的效果还不明显，与此相关的实证研究也较少。

现有关于董事会特征对企业绩效的研究颇多，但研究结论并未达成一致，尤其是在董事会规模与金融机构绩效方面的研究中更是有上文中提到的四种结论。关于董事会特征与农村信用社绩效关系的研究有待进一步深入。

2. 关于监事会特征对金融机构金融服务能力影响的研究

在监事会方面，由于国外公司和金融机构均没有设置监事会，因而国外关于监事会的研究甚少。但个别国外学者以中国上市公司为例，对其监事会的治理作用进行了考察，结果发现，我国公司的监事会对其绩效水平产生了消极影响（Noel W. Leung et al.，2013）②。

国内学者对监事会的研究大多集中在监事会的规模、会议次数外部监事占比等特征。其中，关于监事会规模与银行绩效之间的关系，国内学者的主流观点是：监事会规模的增大有助于银行业绩的提升，但其正向作用并不显著（李维安、张双亚，2002③；张诗奕，2009）；还有学者以农村信用社为研究对象，发现监事会规模的变化并没有对农村信用社的绩效产生显著的影响（许廉甫，2013）④。关于监事会会议频次的研究，王文莉、赵芸（2014）研究认为，农村信用社绩效会随着监事会会议次数增加而下降，而高雷、宋顺林（2013）则认为，监事会会议频次能够有效地降低代理成本⑤。关于外部监事占比的研究，张兰（2007）认为，外部监事占比与农村信用社治理效率间不存在显著相关性，而王文莉、赵芸（2014）则发现，外部监事占比与农村信用社绩效之间存在显著的负相关关系⑥。

还有学者从监事会持股比例和监事会报酬角度来研究监事会特征。张振新等（2011）研究表明，监事会持股比例的增加能够激励监事会成员监督上市公司管

① 李维安，牛建波，宋笑扬. 董事会治理研究的理论根源及研究脉络评析［J］. 南开管理评论，2009（01）.

② Noel W. Leung, Mei - Ai Cheng. Corporate governance and firm value: Evidence from Chinese state - controlled listed firms［J］. China Journal of Accounting Research，2013，6（02）：89 - 112.

③ 李维安，张双亚. 如何构造适合国情的公司治理监督机制——论我国监事会的功能定位［J］. 当代经济科学，2002（03）：43 - 47.

④ 许廉甫. 农村商业银行公司治理问题研究［J］. 武汉金融，2013（01）：47 - 49.

⑤ 高雷，宋顺林. 公司治理与公司透明度［J］. 金融研究，2007（11）：28 - 44.

⑥ 张兰. 农村信用社公司治理改革与效率研究［D］. 南京农业大学博士学位论文，2007.

理层提高监督效率[①]。刘名旭（2007）研究表明，监事会的报酬与公司业绩存在不显著的负相关关系[②]。目前，关于农村信用社监事会特征的研究还未从这两个角度展开，未来可尝试从这方面展开研究。

（三）关于高管激励对金融机构金融服务能力影响的研究

目前关于高管激励对农村信用社的研究大多集中在高管持股比例对农村信用社盈利能力及经营风险的影响。关于高管持股比例对农村信用社盈利能力的研究，有学者认为，管理层持股对农村信用社总资产收益率的影响不显著（曹廷求、段玲玲，2005；王文莉、赵芸，2014）；但也有学者指出，农村信用社经理人持股比例对其盈利能力有正向影响（汪三贵等，2004）[③]。关于高管持股比例对农村信用社经营风险的影响，有学者研究表明，农村信用社高管持股对不良贷款率有负向影响（马宇等，2009）[④]。也有学者（何婧、何广文，2015）实证表明，农村商业银行管理层持股比例越高，越容易采取激进策略，在提升农村商业银行盈利能力的同时增加了经营风险[⑤]。由此可见，学者关于高管持股比例对农村信用社盈利能力及经营风险的影响并未达成一致。一方面，由于各学者的研究边界不同，选取的指标不尽相同；另一方面，由于各学者对研究样本和回归模型的选择不同，横截面数据或者时间序列数据也会对研究结论产生影响。

目前，关于高管激励与农村信用社金融服务能力关系的研究还存在一些缺陷：一方面，高管激励不仅仅局限于高管持股比例这一单一影响因素，还包括高管货币薪酬和高管在职消费等影响；另一方面，关于高管激励对农村信用社绩效的影响，大多数学者仅关注了盈利能力这一方面，而忽视了对服务包容性、服务质量等的影响，因此未来在做进一步研究的过程中可以考虑加入综合性的金融服务能力评价指标。

（四）关于外部治理对金融机构金融服务能力影响的研究

在梳理文献的过程中，发现国内关于金融机构外部治理的相关研究较少，而国外关于 MIF——小型金融机构的外部治理研究已经成熟。在经营模式上，我国农村信用社与国外的小型金融机构有很大的相似性，本书将对小型金融机构的外

① 张振新，杜光文，王振山. 监事会、董事会特征与信息披露质量［J］. 财经问题研究，2011（10）：60－67.

② 刘名旭. 监事会、公司治理与公司绩效——基于民营上市公司的研究［J］. 华东经济管理，2007（10）：95－98.

③ 汪三贵，李莹星. 中国西部地区农村信用社的治理结构、行为与业绩研究［J］. 农业经济问题，2004（06）：38－42.

④ 马宇，许晓阳，韩存，张广现. 经营环境、治理机制与农村信用社经营绩效——来自安徽省亳州市的证据［J］. 金融研究，2009（07）：185－196.

⑤ 何婧，何广文. 农村商业银行股权结构与其经营风险、经营绩效关系研究［J］. 农业经济问题，2015（12）：65－74.

部治理与金融服务能力间的关系做一梳理。

1. 外部审计对小型金融机构的影响

利益相关者是否能够有效地监管经营者，取决于他们所能获得的信息是否完整、准确。外部审计恰好能够提供这种信息。因此，比较普遍的观点认为，小型金融机构的外部审计可以帮助加强市场约束。但是，由于外部审计容易受到活跃的投资者驱动，因此其质量也是至关重要的（Ashbaugh and Warfield, 2003）[1]。加入股权集中度因素考虑外部审计的作用时，出现了两种截然不同的观点：一部分学者认为，如果小型金融机构的股权较为集中，那么拥有实质性股权的利益相关者，将会对小型金融机构提供足够的监管，这时外部审计的好处就没那么明显；另一部分学者则认为，股权集中度高的情况下外部审计的作用才会显现出来，因为大股东可能会与管理者勾结从事一些不利于债权人和存款人的高风险活动（Leutz and Verrecchia, 2000）[2]。

2. 外部评级对小型金融机构的影响

关于外部评级对小型金融机构的影响主要有三类观点：外部评级有效论、外部评级风险论和外部评级条件论。

外部评级有效论旨在强调外部评级的有效性，该理论认为，在系统风险增加时，外部评级机构是有能力区分各种基本信用风险的（Kuhner, 2001）[3]。因此，外部评级结果可以通过影响股票价格来影响潜在的股份持有者、捐赠人和债权人对小型金融机构的投资行为（De Young et al., 2001）[4]。

外部评级风险论侧重关注评级机构自身的道德风险和评级引发的道德风险问题。Boot等（2004）认为，外部评级这种信用发现机制为评级机构和金融机构两者提供了相互勾结的机会，评级机构与面临信用等级改变的金融机构管理层有签署隐性合约的风险。金融机构同征信机构间的交易，使得金融机构有机会采用一定的行动来缓和将要恶化的信用等级。当投资者依据评级结果来做金融决策时，这种评级激励和隐性合同激励就会结合在一起[5]。Mukhopadhyay（2003）认为，评级会引发道德风险，获得较高评级的金融机构的资金是有保障的，因此经

① Ashbaugh H. and Warfield, T. Audit as a Corporate Governance Mechanism：Evidencefrom the German Market ［J］. Journal of International Accounting Research, 2003（2）：1 – 21.

② Leutz, C. and Verrecchia, R., The Economic Consequences of Increased Disclosure ［J］. Journal of Accounting Research, 2000（38）：91 – 135.

③ Kuhner, C., Financial Rating Agencies：Are They Credible? —Insight into the Reporting Incentives of Rating Agencies in Times of Enhanced Credit Risk ［J］. Schmalenbach BusinessReview, 2001（53）：2 – 26.

④ De Young, R., Flannery, M., Lang, W., and Sorescu, S., The Information Content of Bankexam Ratings and Subordinated Debt Prices ［J］. Journal of Money, Credit and Banking, 2001（33）.

⑤ Boot, A., Milbourn, T. and Schmeits, A. Credit Ratings as Coordination Mechanism ［D］. Working Paper, Tinbergen Institute, Amsterdam, 2004.

理人将没有动力继续努力工作。但是，如果以债务的预期回报为基础支付经理人绩效工资则可以减少这种道德风险①。

外部评级条件论支持者认为，外部评级有效性的发挥是有条件的，即只有评级体系可以提供市场已知信息之外的信息时，评级才是有意义的（Valentina Hartarska，2009）②。

目前，关于我国农村信用社外部评级的研究成果较少，仅王建军等（2006）③提到农村信用评级体系不健全，存在社会参与不充分致使评级权威受挑战、信用材料难采集致使评级进展受挑战等问题。还没有学者就农村信用社自身与评级机构间的关系做出研究。

3. 政府管制对小型金融机构的影响

早期的研究主张将小型金融机构改革成接受管制的机构或对其进行规范化管理，或是使用银行理论对小型金融机构实施监管（Chaves and Gonzalez - Vega，1994；Rhyne，2001）④⑤。其主要观点包括：①政府监管可以代表存款人对银行实施有效的管理，监管机构的作用是制定相应的条件，在这些条件下可以确保股东对银行的控制权，同时确保当股份被偿付时其控制权也将丧失（Dewatripontand Tirole，1994）⑥；②只要吸收公众存款的金融机构就要接受监管，而不从公众处吸收存款的机构不用接受监管（Van Greuning et al.，1999；Hardy et al.，2003）⑦⑧。

但一篇关于"监管俘获"研究的文献中提出了对监管的反面意见。"监管俘获"理论认为，对一个行业进行监管会引起企业讨好监管机构的在位者，从而引

① Mukhopadhyay, B., Moral Hazard with Rating Agency: An Incentive Contract Approach [D]. Working Paper, Management Development Institute, New Delhi, 2003.

② Valentina Hartarska. The Impact of Outside Control in Microfinance [J]. Managerial Finance, 2009, 12 (35): 975 - 989.

③ 王建军，岳崇. 农村信用体系建设的思考 [J]. 金融实务，2006 (4): 114 - 115.

④ Chaves, R. and Gonzalez - Vega, C. Principles of Regulation and Prudential Supervision and Their Relevance for Microenterprise Finance Organizations", in Otero, M. and Rhyne, E. (Eds), The New World of Microenterprise Finance: Building Healthy Financial Institutions for the Poor [M]. Kumarian Press, West Hartford, CT, 1994: 55 - 75.

⑤ Rhyne, E., Mainstreaming Microfinance: How Lending to the Poor Began, Grew and Came of Age in Bolivia [M]. Kumarian Press, Hartford, CT, 2001.

⑥ Dewatripont, M. and Tirole, J., The Prudential Regulation of Banks [M]. MIT Press, Cambridge, MA, 1994.

⑦ Van Greuning, H., Galardo, J. and Randhawa, B. A Framework for Regulating Microfinance Institutions [D]. The World Bank Policy Research Working Paper No. 2061, TheWorld Bank, Washington, DC, 1999.

⑧ Hardy, D., Holden, P. and Prokopenko, V. Microfinance Institutions and Public Policy [J]. Journal of Policy Reform, 2003 (06) 147 - 158.

发寻租行为，同时阻止新的竞争者进入该行业（Stigler，1971）①。此外，监管的存在使监管者成为小型金融机构治理结构中追加的强势利益相关者，此时，如果从业者一味地满足监管机构的要求有可能使视线从"服务穷人"这一点上转移，也可能阻碍这种以"为更穷的借款者提供贷款"为源动力的贷款技术的改革创新（Dichter，1997）②。西顺、朱锋、王萍（2012）通过对山东省农村信用社2003年以来的改革发展实证研究，认为过多的外部行政干预将不利于农村信用社金融服务能力的提高③。

还有学者根据世界银行业的调查数据对政府管制与银行效率之间的关系进行研究，结果显示，政府监管的强度对银行效率及其市值没有影响（Barth et al.，2004；Valentina Hartarska，2009）④⑤，但私人性质的监管机构所形成的银行监管制度对银行效率是有积极影响的（Barth et al.，2004）。

目前，关于政府管制对我国小型金融机构效率的影响尚存争议。具体到农村信用社，政府管制一方面有助于引导农村信用社坚持服务"三农"，但另一方面政府的压制使得农村信用社为迎合政府政绩而不得不放弃利润最大化的追求。因此，关于政府管制与农村信用社金融服务能力的关系还需进一步深入研究。

## 第三节　研究内容

第一，关于"农村信用社金融服务能力"的研究（见图1-1）。这一部分包括"农村信用社金融服务能力现状调查分析"和"农村信用社金融服务能力综合评价"两章内容。"农村信用社金融服务能力现状调查分析"部分，首先从农村信用社发展概况、农村信用社服务县域经济状况两个方面分析了农村信用社金融服务现状；然后从盈利性、安全性和流动性三个方面对农村信用社进行可持续

① Stigler, G. The Economic Theory of Regulation [J]. Bell Journal of Economics and Management Science, 1971 (2): 3-21.

② Dichter, T. W. Appeasing the Gods of Sustainability: The Future of International NGOs Inmicrofinance [C]. in Hulme, D. and Michael, E. (Eds), NGOs, States and Donors: Too Close for Comfort?, International Political Economy Series, St. Martin's Press in Association with Save the Children [M]. New York, NY, 1997.

③ 西顺，朱锋，王萍. 农村信用社改革发展的回顾与展望——以山东省为例 [J]. 山东社会科学，2012 (01): 127-130.

④ Barth, J. R., Caprio, G. and Levine, R. Bank Regulation and Supervision: What Works best? [J]. Journal of Financial Intermediation, 2004 (13): 205-207.

⑤ Valentina Hartarska. The Impact of Outside Control in Microfinance [J]. Managerial Finance, 2009, 12 (35): 975-989.

性分析；其次从金融服务广度、金融服务深度和农村信用社服务包容性存在的问题三个角度对农村信用社的服务能力进行了调查分析；最后从硬环境、软环境和业务内容满意度三个方面对农村信用社进行服务质量调查。"农村信用社金融服务能力综合评价"部分，通过构建农村信用社金融服务能力的评价指标体系，定量分析农村信用社金融服务能力水平，并运用层次分析法测度了农村信用社金融服务能力各维度指标对其贡献度的具体权重，对比分析了未改制的农村信用社与改制后的农村商业银行两者的金融服务能力水平。

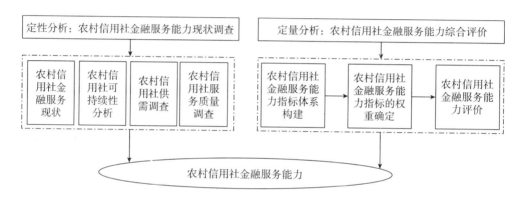

图 1 - 1　农村信用社金融服务能力的研究内容

第二，关于"公司治理对农村信用社金融服务能力影响"的研究（见图 1 - 2）。这一部分在"理论框架"构建的基础上用"公司治理对农村信用社金融服务能力影响的实证分析"和"公司治理对农村信用社金融服务能力影响的路径及制约"两章内容进行了分析研究。"公司治理对农村信用社金融服务能力影响的实证分析"部分，由于指标及样本的不同，共完成两个实证：实证一以天津、山东、河南、陕西 4 省的 32 家农村信用社近 7 年的统计数据为原始数据库，实证分析了股权结构、董事会特征、监事会特征、市场竞争机制和中介机构对农村信用社金融服务能力的影响；实证二以农村信用社绩效作为农村信用社金融服务能力的显性变量，同时为了深入了解高管激励这一治理手段的作用，在自变量中加入了高管激励指标，通过 2010 ~ 2015 年陕西 10 个市 52 家农村信用社（36 家农村信用联社和 16 家农村商业银行）的有效数据，分析了高管激励对农村信用社金融服务能力的影响。"公司治理对农村信用社金融服务能力影响的路径及制约"部分，首先从内部治理和外部治理两个方面归纳总结了公司治理对农村信用社金融服务能力影响的路径；然后分析了公司治理对农村信用社金融服务能力的制约。

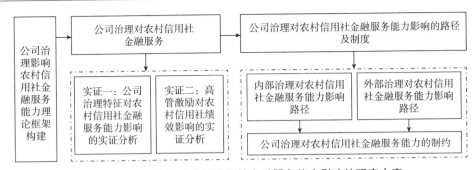

**图1-2 公司治理对农村信用社金融服务能力影响的研究内容**

第三，"基于公司治理的农村信用社金融服务能力提升策略"的研究（见图1-3）。这一部分包括"完善公司治理提升农村信用社金融服务能力策略"和"提升农村信用社金融服务能力策略的实施保障措施"两章内容。"完善公司治理提升农村信用社金融服务能力策略"部分通过分析策略制定的目标、策略制定的原则、策略制定的依据及构成，分别从优化股权结构、董监事会、高管激励方式和外部治理等方面提出了农村信用社金融服务能力的提升策略。"提升农村信用社金融服务能力策略的实施保障措施"部分，分别从构建完善的法律制度体系、建立健全内外部激励约束机制、鼓励发挥利益相关者作用和加快推进金融生态建设四个方面提出提升农村信用社金融服务能力策略的保障措施。

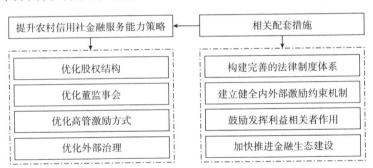

**图1-3 基于公司治理的农村信用社服务能力提升策略的研究内容**

## 第四节 研究思路与研究方法

### 一、研究思路

本书在对研究"金融服务能力"的相关文献梳理的过程中，发现鲜有文献从公司治理视角系统分析农村信用社金融服务能力提升策略。为数不多的文献在研究公司治理对农村信用社绩效、效率影响的过程中也并未探究出其具体的影响机理。因此，本书拟从公司治理对农村信用社金融服务能力的影响视角入手，研究基于公司治理视角下农村信用社金融服务能力提升策略。

首先，对农村信用社金融服务能力的现状进行调查分析与综合评价，从公司治理层面找出其对农村信用社金融服务能力的制约因素；其次，结合相关理论总结公司治理对农村信用社金融服务能力的影响机理并提出研究假设，构建公司治理对农村信用社金融服务能力的影响模型；最后，进行实证检验，验证股权结构、董事会特征、监事会特征及外部治理等因素对农村信用社金融服务能力的影响机理。在此基础上，进一步深入研究完善公司治理、提升农村信用社金融服务能力的具体策略，并提出了策略实施的保障措施。

**二、研究方法**

（1）规范分析法。首先，通过梳理、阐述农村信用社金融服务能力的定义、农村信用社金融服务能力的评价方法及影响农村信用社金融服务能力的因素等内容，为建立公司治理视角下农村信用社金融服务能力提升的理论分析提供支持；其次，通过理论分析阐述了公司治理影响农村信用社金融服务能力的内在机理。

（2）实地调研法。通过对不同农村信用社、农户、涉农企业、非涉农企业的实地调研，深入了解农村信用社金融服务能力的广度及深度，掌握农户及县域企业对农村信用社金融服务的满意度，为发现农村信用社金融服务包容性提供数据支撑。

（3）统计分析法。通过对调研数据的统计整理分析，掌握农村信用社金融服务供需现状，并进一步利用层次分析法对农村信用社金融服务能力进行评价。

（4）实证分析法。通过数据收集和整理，对我国农村信用社公司治理与金融服务能力间的关系进行了实证考察。分析了在现有经济背景下，股权结构、董监事会特征、市场竞争机制及中介机构对农村信用社金融服务能力的影响，高管激励对农村信用社经营绩效的影响等问题。这些实证研究结论为提出农村信用社金融服务能力提升策略提供了实证依据。

# 第五节　研究框架及技术路线

本书的研究框架及技术路线如图1-4所示。

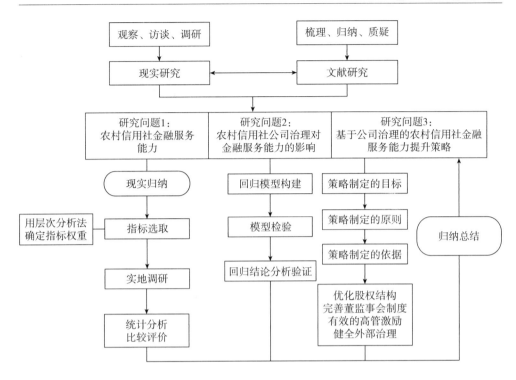

**图1-4 研究框架及技术路线**

# 第六节 研究创新点

（1）从公司治理特征出发，把握公司治理对农村信用社金融服务能力的影响这一独特视角。已有文献大多从农村信用社金融服务能力不足的表面原因出发，比如网点覆盖面、产品创新程度、信贷业务效率、信用体系建设等角度探讨其对农村信用社金融服务能力的影响及制约，本书突破现有研究视角，从公司治理这一角度研究其对农村信用社金融服务能力的影响，挖掘农村信用社金融服务能力不足的深层次原因。

（2）紧密联系农村信用社的支农支小特性，从可持续性、服务包容性、服务质量三个维度全面评价其金融服务能力。关于农村信用社金融服务能力的研究，大多数学者仅考虑到其财务绩效（可持续发展能力），仅有少数学者在理论上分析了服务包容性对其金融服务能力的重要性，却忽视了县域客户群体在金融方面的消费升级对金融服务质量提出的更高要求。本书在评价农村信用社金融服务能力时，本着科学性、全面性、层次性和可比性的原则，同时，将服务可持续性、服务包容性和服务质量纳入了金融服务能力的评估体系，这有利于得出更加客观准确的研究结论。

（3）分别从公司治理结构、公司治理机制、高管激励和外部治理等方面探究公司治理对农村信用社金融服务能力的影响。前期关于公司治理对农村信用社金融服务能力影响的讨论多集中于公司治理的某一方面，本书则较全面地讨论了公司治理结构、公司治理机制、高管激励和外部治理对农村信用社金融服务能力的影响，有利于了解公司治理对农村信用社金融服务能力影响的全貌。

（4）从优化股权结构提升服务"三农"动力、优化董监事会提升服务"三农"决策监督有效性、优化高管激励方式提升服务"三农"经营效率和优化外部治理提升服务"三农"质量四个方面，制定了基于公司治理视角农村信用社金融服务能力提升策略。这一系列策略的提出，较全面地考虑了农村信用社金融服务能力提升的动力、有效性、经营效率和服务质量，从而在多方面保证了农村信用社金融服务质量的提升。

# 第二章　理论基础

## 第一节　相关概念界定

### 一、农村信用社

（一）农村信用社的概念

农村信用社从成立至今，已经历多次整顿改革。在改革开放的前30多年中，农村信用社一直坚持走合作性的道路，但随着2003年的产权制度改革的推进及2011年以来一系列股份制改革的政策方案颁布实施，农村信用社多年的合作制宣布终结，股份制成为主导。股份制的农村信用社意味着其运营的商业化，党的十九大报告所提出的乡村振兴战略使得长期扎根于农村、服务三农的农村信用社又背负着一定的使命：大力贯彻实施乡村振兴战略，推进社会主义新农村建设。因此，在未来很长一段时间，农村信用社更要注重盈利性和支农性的结合，通过两者的有机统一和良性循环，促进农村信用社增强农村金融服务能力和商业化可持续的共赢发展。

从理论上讲，农村信用合作社是经中国人民银行批准设立，由社员入股组成，实行社员民主管理，主要为社员提供金融服务的农村合作金融组织。但现阶段农村信用社的概念已经和以往的概念有所不同，它是经中国人民银行批准设立的企业法人，在发展过程中自主经营、自负盈亏，为"三农"发展提供金融保障的农村股份制金融组织。它是农村金融市场的主力军，通过提供信贷服务等其他金融服务进而推动农村经济的发展。

（二）农村信用社的组织形式

20世纪50年代初期，中国成立了农村信用社，但在其之后的发展中，产权不清晰、股权高度分散等公司治理方面的问题制约着农村信用社的可持续经营，同时也使其服务"三农"的目标发生偏离。2003年国务院颁布的《深化农村信用社改革试点方案》拉开了农村信用社深化产权制度改革的序幕，依照此方案农村信用社可结合自身情况，自主选择产权制度和组织形式。2012 年，银监会提出逐步将全国农村信用社改制成为农村商业银行的目标。2014 年 11 月，银监会发布了《关于鼓励和引导民间资本参与农村信用社产权改革工作的通知》，要求支持民间资本与其他资本按同等条件参与农村信用社产权改革。在新政策的推动下，各地纷纷通过股份制改革将农村信用社改制为农村商业银行，但有些地区的农村信用社因为各种原因还未完成改制，所以当下我国农村信用社的组织形式也不尽相同，具体包括三种组织形式。

（1）改制之前的农村信用社*。即经中国人民银行批准设立、由社员入股组成、实行民主管理、主要为社员提供金融服务的农村合作金融机构，其主要宗旨是互助，主要任务是筹集农村闲散资金，为农业、农民和农村经济发展提供金融服务。文中用农村信用社*表示。

（2）处于改制过渡形式的农村合作银行。即由辖内农民、农村工商户、企业法人和其他经济组织入股组成的股份合作制社区性地方金融机构。农村合作银行是合作制与股份制有机结合的创新型产权制度，既保留了合作制特征，有利于对辖内的农民、农业和农村经济发展提供持续性的支持，又引进股份制有利于农合行进行规模化整合，提高盈利能力，兼具合作性与商业性，是农村信用社向农村商业银行改制过程中的一种过渡形式。

（3）已改制完成的农村商业银行。即由辖内农民、农村工商户、企业法人和其他经济组织共同入股组成的股份制地方性金融机构，其资质特征是股份制商业银行，以股权为联结，对省联社与基层法人社之间的关系产生约束，形成省联社与基层法人社的利益共同体，有效降低了农村信用社*长期存在的内部人控制问题。

本书所研究的农村信用社包括以上三种组织形式，其中改制之前的农村信用社在文中统一用农村信用社*表示，处于改制过渡中的组织形式为农村合作银行，改制完成的组织形式为农村商业银行，不做特殊说明的农村信用社则指的是涵盖以上三种组织形式的农村信用社。本书将从公司治理视角对农村信用社的三种组织形式进行研究，找出农村信用社改制过程中在公司治理方面存在的问题，以期通过完善农村信用社的公司治理机制来提升其金融服务能力。

**二、农村信用社金融服务能力**

（一）农村信用社金融服务的特点

农村信用社作为地方金融机构相较于大型国有商业银行来说具有以下特点：

（1）单笔贷款量小、抵押品不足、审贷烦琐。农村信用社服务对象定位于

"三农"、城市社区、中小企业、地方经济和社会事业发展几个方面。这些借款者往往是低收入群体，资金需求量不大，也没有足够的抵押品，使得农村信用社放贷过程中单笔贷款量小、抵押品不足、审贷程序烦琐。

（2）县域服务对象征信难度大。大型国有银行可以通过企业财务报表、公开披露的企业年报、评级机构给出的评级结果、会计师事务所给出的意见等渠道获得"大企业"的信用信息，从而做出是否提供金融服务、提供多少金融服务的决定。但对于农村信用社而言，其服务对象的资信状况难以获得且对其征信的难度也较大，所以农村信用社难以为其服务对象提供具体而多样的金融服务，从而制约了农村信用社金融服务能力的提升。

（3）创新产品易，风险控制难。农村信用社的服务对象相对特殊，所以其金融需求较为多样化。正因如此，农村信用社可以根据不同需求创造多种金融产品，使其金融服务能力不断提升。但是，每种创新金融产品都需要一套健全的风险控制措施，而风险控制措施的设计和实施远比产品创新本身难。并且，虽然针对每种创新产品的风险控制措施可以及时设计出来，但其高昂的成本可能会使创新本身变得意义不大。

（二）农村信用社金融服务能力的界定

目前，国内外学者对于金融服务能力主要从狭义和广义两个角度定义。狭义概念上的金融服务能力指金融机构利用货币交易手段进行有价物品的融通，进而向金融消费者提金融活动的能力；广义概念上的金融服务能力指金融服务提供者为金融服务消费者提供的诸如存贷款、人寿保险、保险中介等一切与金融相关的服务的能力。但是，针对不同主体，不同金融机构的金融服务能力内涵也不一致。对于小型金融机构而言，金融服务能力主要强调为低收入人口、贫困人口及微型企业提供金融服务的能力，包括服务的深度和广度。具体至农村地区小型金融机构，其金融服务能力则指为县及以下地区的企业及居民提供诸如储蓄、信贷、支付结算、保险、投资理财等各种金融服务的能力。

本书认为，农村信用社作为县域地区主要的金融机构，首先要保持自身在县域地区的长期稳定地位，才有能力进一步为低收入人口及微型企业提供金融服务；其次要不断扩大普遍惠及的范围，并将金融服务的目标真正定位到提升其服务人群的生活水平、促进当地经济发展；最后要保证其金融服务完成的有效性与规范性。因此，本书对农村信用社金融服务能力的概念界定为：农村信用社在保障自身可持续发展的基础上，不断扩大农村金融服务包容度，提升农村金融服务质量，满足农村经济主体多元化金融服务需求的能力。

因此，本书中农村信用社金融服务能力包括三个方面：可持续性、服务包容性和服务质量。其中，可持续性是农村信用社发挥金融服务能力的前提基础，指农村信用社作为一个营利性金融机构，要想一直有效地经营下去，既要确保盈利，又要有能力将不良贷款率控制在一定范围内；服务包容性是农村信用社发挥金融服务能力的过程保障，指农村信用社作为县域金融机构要努力为更多的客户群体提供更加多样化的金融服务；服务质量是农村信用社发挥金融服务能力的结果检验，指农村信用社为客户提供的金融服务要能满足顾客明确的或隐形的需要，包括客户对服务态度、服务环境、服务效率、服务硬件便利性、服务多样性等的满意度。

### 三、农村信用社公司治理

（一）公司治理的定义

公司治理这一术语在 20 世纪 80 年代正式出现在英文文献中，20 世纪 90 年代初我国学者们也开始对公司治理问题进行研究。但什么是公司治理，至今还没有一个严格统一的定义。现有文献大多从利益最大化及决策有效两方面作为企业治理目标对公司治理展开讨论。

1. 以利益最大化为目标的公司治理定义

Shleifer 和 Vishny（1997）认为，在公司陷入困境时，员工可以凭借其人力资本找到新的工作，供应商可以凭借自己的产品找到新的需求方，客户可以根据自己的需求找到新的供应商。债权人有权在注册资本范围内要求清偿债务，只有来自股东的投资是沉没成本，股东在公司陷入困境时很可能会失去全部投资资金。因此，Shleifer 和 Vishny 以"股东利益最大化"为公司的主要目标，认为"公司治理就是公司的资金提供方确保他们的投资能够获得回报的方式方法"①。

然而，还有许多学者不赞同 Shleifer 和 Vishny 的观点。Worthington（2001）认为，股东利益最大化的观点缺乏相关依据②，Ireland（1999）则认为，公司资产是集体劳动的结晶，是公共财产，不应被看作股东的私人财产③，因此，公司应综合考虑参与者或利益相关者的利益。综合这些观点，Goergen 和 Renneboog（2006）提出，"公司治理制度是一个机制的组合，目的是确保公司管理者（代理人）为一个或数个利益相关者（委托人）的权益来经营公司。这些利益相关

① Shleifer, A. and R. W. Vishny. A Survey of Corporate Governance ［J］. Journal of Finance, 1997, 52 (2): 737 - 783.

② Worthington, S. Shares and Shareholders: Property, Power and Entitlement: Part 1 ［J］. Company Lawyer 22, 258 - 266; and Worthington, S. Shares and Shareholders: Property, Power and Entitlement: Part 2 ［J］. Company Lawyer, 2001 (22): 307 - 314.

③ Ireland, P. Company Law and The Myth of Shareholder Ownership ［J］. Modern Law Review, 1999 (62): 32 - 57.

者包括股东、债权人、供应商、客户、员工以及与公司开展业务相关的合作者"①。这种观点虽然重视利益相关者权益，但事实上只有当公司所有者（股东）能够真正获益时，董事会才会考虑其他利益相关者的利益。因此，"股东利益至上原则"仍然没有被动摇。

在企业所有权与控制权集中的国家，公司治理不仅关注经理人与股东的利益，还关注大股东与小股东间的利益冲突问题。因此，更中立的、较少受政治因素影响的公司治理定义是"公司治理就是如何处理资金提供者与经理人、股东与其他利益相关者、不同类型的股东之间（大股东和小股东）的利益冲突问题，并提供阻止和缓解这些利益冲突的措施"②。该定义将公司治理的利益主体继续扩大，进一步强调公司治理中小股东利益问题，拓宽了研究视角，但公司治理的最终目标还是股东利益的最大化。

2. 以有效决策为目标的公司治理定义

1992 年，英国发布了《凯德伯瑞报告》（Cadbury Report），这是第一个关于公司治理的最佳实务准则。该报告在董事会拥有公司治理决定权的前提下提出"公司治理是管理和控制公司所依赖的系统"这一定义，进一步说明董事的重要职能是"董事会对公司的治理负责。在治理中，股东的任务是任命董事和审计员，并采取适当的治理结构和治理机制满足企业需求。董事会责任主要是制定公司战略目标、建立领导机制、监督公司管理、向股东报告等。董事会的行动受到法律、法规和参与股东大会的股东的支配"③。

3. 股东利益最大化和有效决策相结合为目标的公司治理定义

中国学者李维安等（2011）认为，公司是一个利益共同体，公司治理是利益相关者通过内部和外部机制实施共同治理，治理的目标是确保各方利益相关者利益最大化。因此，公司治理已从权力制衡发展为科学决策，从治理结构发展为治理机制④。

（二）农村信用社公司治理

从上述对公司治理定义的阐述中可以看出，公司治理的内涵在不断扩大，逐步从内部治理结构至外部治理。其治理目标也因此发生了变化，由最初的股东利益最大化与有效决策两个目标相互独立变为两者相统一协调发展。如今提到公司

① Goergn, M. and L. Renneboog. Corporate Governance and Shareholder Value ［C］//in D. Lowe and R. Leiringer（eds），Commercial Management of Projects：Defining the Discipline, Blackwell Publishing, 2006：100 – 131.

② Marc Goergn. 《公司治理》［M］. 北京：机械工业出版社，2014.

③ Cadbury, A. Report of the Committee on the Financial Aspects of Corporate Governance, London：Gee & Co. Ltd. ，1992.

④ 李维安，牛建波等.《公司治理》［M］. 北京：北京大学出版社，2011.

治理，一般都认为其包括内部治理和外部治理两部分，无论是内部治理还是外部治理，均对公司的良序运营起到了至关重要的作用。

银行业具有高杠杆、高风险、高不对称性、与社会经济发展的高关联度、对经营失败的低容忍度等特点，因而其公司治理的目标更为多样化，对内部治理和外部治理也提出了更高的要求。农村信用社作为植根于我国农村地区的金融机构，其外部经营环境、服务"三农"等属性不同于其他商业银行，因此农村信用社的公司治理在公司治理普适规则之下有更高的要求：通过不断完善公司治理机制，不仅要实现利益最大化与管理层有效决策相协调发展，还要提升农村信用社支农支小的金融服务能力，最终实现县域普惠金融的发展。

## 第二节　农村金融服务能力指标体系

农村金融服务能力一般指农村金融普惠服务能力，《金融普惠战略——参考框架》（2012年8月）中指出，金融的普惠能力指标至少应度量三个维度：可及性、使用情况和金融服务质量。

可及性指标反映金融服务范围的深度，检测可及性需要识别金融机构在提供服务和产品时面临的潜在障碍。如在供给方面，银行分支机构的渗透性或销售终端设备（POS）在农村地区的配备情况，或在需求方面，客户面临接触金融机构的障碍（如成本障碍或信息障碍）。

使用情况指标反映顾客使用金融服务的情况。例如，随着时间的推移，规律且持续使用金融服务和金融产品的情况（如平均存款余额、每个账户的交易数量、电子付款的数量）。为了使用金融产品，企业或家庭必须先得到金融产品。然而，能得到金融产品，不代表一定会使用金融产品。因此，不是每一个没有使用金融服务的公司或个人都应该归类为"金融排除"或"没有享受金融服务"的范围。同样，每个理论上能够获得金融服务的公司或个人也不能自动包括在普惠金融范围内。使用情况指标可以从需求方信息中获得，这些信息也可以反映非正式金融提供者提供的金融服务。

金融服务质量的度量反映了金融产品和金融服务与客户需求的匹配程度、客户可选服务及产品的范围、客户对金融产品的感知度和理解度。质量代理指标反映了方便性、产品适用性、透明度、安全度、消费者保护和金融功能。因此，可以从需求和供给两方面的调查中获得信息开发质量指标。然而，质量的测度要求相关调查必须包含更复杂的信息，比如详细的产品特点、合同条款、消费者意识等。

　　另外，度量普惠金融对企业和家庭的影响。普惠金融政策将受益于更加严格的影响评估，即评估干预的效果和成本效益。影响评价可能是复杂且具有挑战的，因为他们需要超金融的数据、令人信服的因果关系统计方法而非相关性分析。然而，这些评估需要了解更深层次的普惠金融对公司和家庭产出的影响，如企业绩效或人力资本投资。

　　目前被国际组织认可的评价金融普惠服务能力的指标体系主要有 GPFI 的金融服务能力指标、国际货币基金组织（IMF）的金融服务能力指标体系、普惠金融联盟（AFI）的金融服务能力指标体系、世界银行的金融服务能力指标和 Fin-Mark Trust 的金融服务能力指标等。

## 一、GPFI 的金融服务能力指标

　　2012 年，普惠金融全球合作伙伴组织（GPFI）在 20 国集团峰会上向 20 国集团领导人提供了金融包容基本指标（Basic set of Financial Inclusion Indicators，GPFI）。该指标体系包括金融可获得性（Access）和金融使用情况（Usage）两个维度，如表 2 - 1 所示。

表 2 - 1　GPFI 的金融服务能力指标

| 类　别 | 指　标 | 普惠金融测量维度 |
|---|---|---|
| 获得正规银行服务的成年人 | 在正规金融机构拥有账户的成年人比例 | 可及性、具体使用情况 |
| | 每 1000 个成年人中存款人的数量，或每 1000 个成年人中存款账户的数量 | |
| 在正规金融机构获得贷款的成年人 | 过去一年在正规金融机构至少有一次贷款的成年人比例 | 可及性、具体使用情况 |
| | 每 1000 个成年人中借款者的数量，或每 1000 个成年人中未偿贷款的数量 | |
| 获得正规金融服务的企业 | 在正规金融机构拥有账户的中小企业比例 | 可及性、具体使用情况 |
| | 有存款账户的中小企业数量/存款账户数量，或中小企业中参与存款的数量/存款者数量 | |
| 有未偿贷款的企业，或依靠正规金融机构借款的企业 | 有未偿贷款或依靠正规金融机构借款的企业比例 | 可及性、具体使用情况 |
| | 有未偿贷款的中小企业数量/有未偿贷款的企业数量，或中小企业未偿贷款的数量/未偿贷款数量 | |
| 服务网点 | 每 100000 个成年人所拥有的分支机构数量 | 可及性 |

资料来源：World Bank, Financial Inclusion Strategies Reference Framework ［R］. 2012.

## 二、国际货币基金组织（IMF）的金融服务能力指标体系

自 2004 年以来，IMF 致力于收集各类数据用于开发适用于全球的评价金融服务能力的指标体系（Financial Access Survey，FAS）。该指标体系包括金融可及性和金融实际使用情况两个维度，如表 2-2 所示。

**表 2-2　IMF 的金融服务能力指标体系**

| 金融可及性 | 金融实际使用情况 |
|---|---|
| ①每 1000 平方千米商业银行分支机构的数量<br>②每 100000 个成年人所拥有的商业银行分支机构的数量<br>③每 1000 平方千米的自动取款机数量<br>④每 100000 个成年人拥有的自动取款机数量 | ①每 1000 个成年人从商业银行获得借款的人数<br>②商业银行贷款余额占 GDP 的百分比<br>③每 1000 个成年人中是商业银行储户的数量<br>④商业银行存款余额占 GDP 的百分比 |

注：金融实际使用情况中的①③指标仅适用于 13 个国家，大部分国家不统计收集该信息。

资料来源：World Bank，Financial Inclusion Strategies Reference Framework［R］.2012.

## 三、普惠金融联盟（AFI）的金融服务能力指标体系

普惠金融联盟（AFI）的普惠金融数据工作组（FIDWG）制定了一组衡量家庭从正规金融机构获得金融服务的金融可及性指标和实际使用情况指标的核心指标体系，如表 2-3 所示。

**表 2-3　AFI 的金融服务能力指标体系**

| 金融可及性 | 金融实际使用情况 |
|---|---|
| ①某一国家或行政区域内每 10000 个成年人拥有的正规金融网点数量<br>②至少拥有一个正规金融网点的行政单位的占比<br>③生活在至少拥有一个正规金融网点的行政单位的人口与总人口之比 | ①至少有一种正规存款账户的成年人的比例（在无法得到这些数据的国家，可以使用替代指标：每 10000 个成年人的存款账户数量）<br>②至少有一种正规信用账户（借款账户）的成年人的比例（在无法得到这些数据的国家，可以使用替代指标：每 10000 个成年人的借款账户数量） |

资料来源：World Bank，Financial Inclusion Strategies Reference Framework［R］.2012.

上述指标体系中，金融可及性的数据来源于金融机构，金融实际使用情况的数据来源于全国抽样的需求调查（如果数据可得）或全国抽样的供给调查（如果数据不可得）。2011 年，该小组在 12 个国家对这一核心指标体系进行测试

（参与这项指标测试的国家有：巴西、布隆迪、危地马拉、肯尼亚、马来西亚、墨西哥、秘鲁、菲律宾、南非、泰国、乌干达和赞比亚），测试的目的是利用各测试国反馈的信息进一步优化该指标体系。基于 AFI 成员国的反馈，在未来几年，AFI 的核心指标体系将继续扩大。该小组也考虑在这一核心指标体系中是否需要加入其他指标，如获得正规保险产品的指标、获得正规储蓄和投资账户的指标及关于中小企业融资的指标。此外，需要特别注意的是，要给指标的设计以更复杂的普惠金融维度，如金融服务质量指标、金融知识指标、进入障碍指标、非正规金融机构和非银行金融机构的金融可及性和使用情况指标、有利环境指标、客户差异指标、女性所有者控制的中小企业、农业领域的中小企业和非正规企业的金融可及性等指标。

AFI 成员国关于金融包容性监管的数据将有助于弥补 AFI 核心财务指标的缺陷。这一缺陷的弥补可促使各国对其监管架构进行比较，比如具有监管能力的银行代理商、移动银行、非冗余账户、一些国家已经实现的其他监管等。

该指标体系的意义在于可以给刚开始实施普惠金融的国家一些引导。

### 四、世界银行的金融服务能力指标

全球普惠金融核心指标将从需求方为普惠金融研究提供有价值的信息，从需求方出发便于和其他国家进行比较，也便于追踪普惠金融的实施情况，确定需求的优先级，并为普惠金融的研究提供参考标准（见表 2-4）。此外，普惠金融数据具有很强的灵活性，它可以通过关键协变量（如年龄、收入水平或性别）调整普惠金融指标。

表 2-4 世界银行的金融服务能力指标体系

| 维度 | 指标 |
| --- | --- |
| 银行账户使用情况 | 在正规金融机构拥有账户的成年人比例<br>账户目的（私人用途还是商业用途）<br>交易频率（包括存款和借款）<br>服务获取方式（ATM、分支机构等） |
| 储蓄情况 | 最近 12 个月内在正规金融机构存款的成年人比例<br>最近 12 个月内在非正规存款组织或在家庭成员以外的个人处存款的成年人比例<br>最近 12 个月以其他方式存款（如存在自己家中）的成年人比例 |
| 借款情况 | 最近 12 个月内在正规金融机构借款的成年人比例<br>最近 12 个月内通过非正规金融机构渠道取得借款的成年人比例（如家庭和朋友）<br>利用外部借贷购买房屋或公寓的成年人比例 |

| 维 度 | 指 标 |
| --- | --- |
| 支付情况 | 最近 12 个月使用正规金融账户收取工资、接受政府支付的成年人比例<br>最近 12 个月使用手机进行付款、转账及收款的成年人比例<br>最近 12 个月使用正规金融账户与家庭成员进行异地汇款或收款的成年人比例 |
| 保险情况 | 为自己购买健康险的成年人比例<br>从事农、林、渔业的成年人对庄稼、降雨、家畜购买保险的比例 |

资料来源：World Bank，Financial Inclusion Strategies Reference Framework［R］.2012.

### 五、FinMark Trust 的金融服务能力指标

FinMark Trust 指标是由 FinScope 收集的数据生成的。这些从需求方得到的指标有助于一国制定政策并追踪其普惠金融的实施情况，如表 2 - 5 所示。

表 2 - 5　FinMark Trust 的金融服务能力指标体系

| 维 度 | 指 标 |
| --- | --- |
| 实际使用<br>情况指标 | ①使用金融产品、金融服务（金融机制）的成年人比例（包括正规和非正规金融）<br>②接受正规金融服务的成年人比例（指使用正规金融产品）<br>③接受银行服务的人口比例（指使用商业银行产品）<br>④接受其他正规金融机构（非银行金融机构）服务的人口占比<br>⑤接受非正规金融服务的人口占比（指使用非正规金融产品或服务）<br>⑥金融排斥（没有获得金融服务）人口占比（指没有使用任何正规、非正规金融产品或服务） |

资料来源：World Bank，Financial Inclusion Strategies Reference Framework［R］.2012.

### 六、各种金融服务能力指标体系的比较

表 2 - 6 所列的这些指标体系都是指导性的指标体系，或者叫核心指标体系，不同指标体系的测量维度不尽相同。因此，不同国家、不同机构、不同研究目的主题在使用这些指标体系时均应依据实际情况进行修正。本书在分析农村信用社金融服务能力时以这些指标体系为依据，结合农村信用社自身特点和经济发展程度从农村信用社可持续性、服务包容性、服务质量三个维度设定符合现实要求的农村信用社金融服务能力评价指标体系。

表 2-6　不同指标体系侧重点比较

| 指标体系 | 测量维度 |
| --- | --- |
| GPFI 的金融服务能力指标 | 供给视角：可及性、使用情况 |
| 国际货币基金组织（IMF）的金融服务能力指标体系 | 供给视角：可及性、使用情况 |
| 普惠金融联盟（AFI）的金融服务能力指标体系 | 供给视角：可及性、使用情况 |
| 世界银行的金融服务能力指标 | 需求视角：使用情况 |
| FinMark Trust 的金融服务能力指标 | 需求视角：使用情况 |

## 第三节　公司治理与农村信用社金融 服务能力之间的关系

本书在研究公司治理与农村信用社金融服务能力之间关系时主要从内部治理和外部治理两个方面出发。内部治理指来自企业内部的监督、激励及约束机制，主要包括股东、董事会、董事、监事会、监事及高级职员的治理。外部治理指来自企业外部的监督、激励与约束机制，包括市场竞争机制（控制权市场、产品市场、经理人市场）、政府监管、中介机构监督及社会舆论等机制。对于农村信用社来说，这些内外部治理机制有些已经健全，有些尚未完善。虽然如此，但这些内外部治理机制都将从不同角度影响农村信用社的金融服务能力。

### 一、股东所有权与股东控制权关系同农村信用社金融服务能力

企业的股东控制权与股东所有权之间的关系决定了公司及股东可能面临的利益冲突类型，从而产生不同的治理问题，不同的治理问题又会对企业的经营能力产生不同的影响。那么，对于农村信用社这样的金融机构而言，不同的治理问题会对其金融服务能力产生不同的影响，因此本书首先分析农村信用社股东所有权与股东控制权之间的关系，进而分析其对农村信用社金融服务能力的影响机制。

Goergn 将股东控制权分为强、弱两类，将股东所有权分成集中和分散两类，从而使股东控制权与股东所有权的匹配关系产生四种组合：分散的股东所有权和弱股东控制权、分散的股东所有权和强股东控制权、集中的股东所有权和弱股东控制权、集中的股东所有权和强股东控制权。

分散的股东所有权和弱股东控制权，其优势在于专业的经理人自主经营的可能性较大，主要劣势在于公司可能缺少来自分散股东的监管，容易出现管理层侵

占股东利益的问题。因此，其主要利益冲突潜在于管理层和股东之间，即面临典型的委托代理问题。

分散的股东所有权和强股东控制权，其主要优势是拥有控制权的大股东具有足够的权力，因此能够防止经理人侵占股东利益行为的发生；其劣势在于大股东侵占小股东利益的风险较大。

集中的股东所有权和弱股东控制权，这种组合相当少见，只适用于少数瑞士公司。这种公司往往实行表决权最高限额，其产生的影响是限定了单一股东在股东大会上行使投票权的最大比例。因此，即使所有权集中，其控制权也会受到限制。这种组合的优势在于有效预防了大股东对小股东利益的侵害。

集中的股东所有权和强股东控制权，其优势在于很容易形成控股股东的监督激励，其劣势在于经理人独立决策机制受限。

我国农村信用社原始股东中有农户、居民、员工、企业等各种类型，不同类型的股东其投资目的不同。县域农村信用社的原始股东大多是当地农户，这部分股东最初入股的动机是方便从农村信用社获得借款以解决短期农用资金的缺乏问题，因此每个股东持股比例不高，股权相对分散。在这种背景下，如果股东控制权较弱，农村信用社的经营会完全掌握在经理人手中，此时经理人的策略选择会具有自发性。如果经理人倾向于农户，则农村信用社的服务广度会提高；如果经理人选择经营策略时有向大企业倾斜的动机（这个动机显而易见。因为大企业具有单笔资金需求量大、担保充足、借贷风险较小等优点，这些优点能使农村信用社在经营中享受低投入、低风险、高收益的好处），则势必使得广大农户、农村小微企业很难从农村信用社获得所需资金，从而使农村信用社的服务广度受到限制。如果农村信用社存在强股东控制权，那这部分股东一般不会是农户或中小企业，而有可能是政府机构、其他大企业或机构投资者，这时经理人的策略选择会倾向于按强控制权股东的意志行事，农村信用社金融服务能力的大小也将取决于强控制权股东的偏好。

**二、董事、董事会与农村信用社金融服务能力**

董事会是执行股东大会决议的常设机构，是在股东大会休会期间代表股东对公司重要经营战略做出决策的机构，是公司治理的核心。从委托—代理角度看，在股东和董事的关系中，股东是委托人，董事是代理人；在董事与经理的关系中，董事是委托人，经理是代理人。也就是说，董事会将股东和经理层联系到一起。

不同法系国家董事会的设置是不同的，英美法系国家一般采用一元制董事会，也称单轨制，即没有独立的监事会，董事会既是决策机构，也是监督机构；

大陆法系国家一般采用二元制董事会，也称双轨制，即分别设立董事会和监事会，董事会行使决策权，监事会行使监督权。无论是单轨制还是双轨制，其治理机制设计的本质都是一致的，即：①都必须有决策、执行、监督、评价、奖惩等一系列相互制约的机制存在；②都必须具有科学、合理、完善的运作程序来实现董事会内外部有效的信息沟通，保证董事会职能的有效发挥。

我国董事会的设置一般采用双轨制，其重要职能是战略决策与管理层监督，也就是说，公司的经营管理应由高级管理人员负责，董事会应关注公司的战略目标并对管理层进行监督，而不是具体的经营管理。由此可见，农村信用社董事会职能的发挥直接影响农村信用社的金融服务能力：如果董事会的战略决策是满足农村市场的金融产品创新，那么在董事会战略决策指引及对管理层的有效监督下，农村信用社的金融创新能力必将提升；如果董事会的战略决策是满足中小微企业及个人的金融需求，那么农村信用社的金融普惠范围将扩大；如果董事会的战略决策是降低农村信用社的金融风险，那么农村信用社每笔业务必将以风险最小化为目标，此时农村信用社业务质量提升，但同时可能会缩小其服务范围。

农村信用社董事会由各种不同性质的董事构成，其决策过程一般是在董事会会议上的集体表决。由此可以看出：农村信用社董事会的决策偏好取决于诸董事的偏好，是董事会成员间博弈的结果；董事会决策效率取决于董事会会议效率；董事会会议效率又取决于对董事的任免制度、董事权利义务的设计、董事的规模、不同类型董事的占比、董事的激励约束机制、董事的保险机制、董事会会议的设计等。

（一）董事类型与农村信用社金融服务能力

董事分为董事长、执行董事、非执行董事（包括独立非执行董事）等几种类型。

执行董事是指同时担任董事和高级管理人员职务的人，也称为"内部董事"，对于农村信用社来说，主任就扮演了执行董事的角色。这部分董事直接掌握农村信用社的各种信息，他们以个人的决策偏好、效用水平为基础，以博弈能力为条件进行决策选择，对农村信用社决策效率、服务能力提升起到至关重要的作用。具体来说，如果农村信用社主任博弈能力强，则可以依据自身偏好、自身效用最大化做出决策；如果农村信用社主任博弈能力弱，则必须适度放弃自身偏好、放弃绝对效用最大化目标，形成有条件的效用最大化决策。而这个条件的形成则来源于博弈其他方的效用预期。

"外部董事"包括非执行董事和独立董事。非执行董事是指不参与公司日常活动并且不属于公司员工的董事，他们的责任仅限于准备和参加董事会会议，这些董事对公司的影响仅在于他们的投票权。独立董事是独立非执行董事的简称，是指在董事会审议过程中有独立自主判断力，并保持客观公正的态度的董事。董事会结构的优化要求非执行董事和独立董事人数按适当的比例分配，以更好地约束公司"内部人"的行为。对于农村信用社，"外部董事"设立的初衷是要更好地控制"内部人"的行为，从而提高农村信用社金融服务能力。然而，一方面，仅有投票权的非执行董事量少、权轻、农村信用社经营信息获取困难，使其很难真正对农村信用社经营效率起到实质性影响，因此，这部分董事很容易受形势左右，成为内部权势的额外支持力量，而不是促进农村信用社金融服务能力提升的力量；另一方面，独立董事由农村信用社聘请、由农村信用社提供薪资报酬，这种独立董事制度使得独立董事不独立，反而成为内部权势的又一额外支持力量。

（二）董事任免制度与农村信用社金融服务能力

董事任免制度（包括董事的资格、提名、选任和罢免）在董事会的独立性和有效性方面起着至关重要的作用。不同国家对董事任职资格的描述可分为积极资格和消极资格两类，积极资格是指明确给出担任董事必须具备的条件，消极资格是给出不得担任董事的情形，即给出的是董事的最低任职标准。我国《公司法》是按消极资格来定义董事的任职资格的。这种董事任职资格的要求，一方面给予企业更大的自主选择董事的空间，另一方面给行政干预董事的任免提供了更广阔的空间。在这种背景之下，自主性大的农村信用社其金融服务能力的大小取决于董事间的博弈；受行政干预强的农村信用社的金融服务能力则取决于政府的主导思想。

（三）董事会规模与农村信用社金融服务能力

董事会规模太小可能导致缺乏必要的技能和经验来做出更好的决策；而规模太大又会使决策制定的成本增加。因此，任何企业均需一个规模适度的董事会，从而使企业的治理效率达到最优（治理成本最小的同时绩效最大化）。影响董事会规模的因素包括公司规模、公司所在的行业、公司的财务状况、所有权、行业性质、业务模式的差异、是否发生兼并事件、董事会内部结构设置及外部压力等。因此，农村信用社应在分析其面临的各种环境基础上合理设置董事会规模。如果规模太小，其制定出来的政策可能不是最佳的政策，进而影响农村信用社金融服务能力的提升；如果规模太大，将增大董事会成员之间的沟通、协调难度及监督成本，降低决策制定的及时性，从而影响农村信用社金融服务能力的提升。

（四）董事的激励约束机制与农村信用社金融服务能力

一般董事的报酬激励可分为三类：①按出席董事会会议次数获得公司的交通补贴（车马费）；②固定报酬＋认股权，这种方式使董事的报酬和公司的经营业绩、市场价值挂钩；③依托特别报酬协议。

对董事的约束主要有外部约束和内部约束两种，外部约束主要是法律约束、公司章程约束、市场约束和社会约束；内在约束主要是职业道德约束和声誉约束。

目前，对农村信用社董事的激励机制相对健全和清晰，具有一定的可操作性；约束机制相对笼统，缺乏可执行性。这种缺乏约束的激励往往会产生更严重的寻租行为（例如，有这样一项决策：如果成功，董事将得到高额激励；如果失败，董事不需要承担责任或只需承担较小的责任。那么理性的董事一定会选择冒险行为），这将不利于董事会作用的有效发挥，进而影响到农村信用社的正常经营，同时也会制约农村信用社金融服务能力的有效发挥。

（五）董事（及经理人）的保险机制与农村信用社服务能力

董事与高级职员责任保险是西方发达国家职业责任保险的主要险种之一，主要是为企业的董事和高级管理人员对第三方的经济损失应负的责任所提供的保险。

在企业经营管理过程中，董事们的过失行为会给企业造成经济上或多或少的损失，这些损失理应由董事承担而不是企业。但是，董事、经理人面临的这种潜在风险会导致董事和经理人行事保守、缺乏创新精神，不利于企业长期发展。同时，如果董事或经理人在没有外界监管的同时过于激进，也将对企业产生不利的后果。董事和高级管理人员责任保险就是为了解决这两种矛盾而产生的。其意义在于：一方面，有利于充分发挥董事的经营潜力，激发其开拓创新的精神，借机寻找可能的发展机会，从而为公司创造最大的价值，有助于促使更多的优秀人才充实到公司董事会中，从而使董事们成为更加职业化的群体；另一方面，董事责任保险通过保险合同条款对董事行为具有一种无形的约束作用。因此，如果农村信用社引入这种保险机制则有利于发挥董事的创新能力，进而促进产品创新，最终使农村信用社的金融服务能力得到提升。

（六）董事会会议与农村信用社金融服务能力

董事会会议就是将董事聚集起来就某个问题进行的讨论。在董事会会议上，如果董事们观点不统一，这种意见的不一致性通常用投票的形式解决，如果董事会经常投票，说明董事会意见多有分歧；相反，如果董事会在决策过程中从未进行过投票，说明董事的意见高度一致，进而说明董事有合谋的可能性或者说明有"花瓶董事"的存在。不论是"分裂"还是"合谋"，都不利于农村信用社金融服务能力的提升。如果分裂趋势明显，最后的决策往往是依势力最大的董事的预期而做出；如果合谋趋势明显，则最终决策将是依全体董事效用最大化而做出，并非按农村信用社金融服务能力最大化而做出。因此，为了避免这种问题，合理规划、组织董事会会议，使董事会会议高效显得尤为重要。

### 三、监事、监事会与农村信用社金融服务能力

农村信用社的监事会是农村信用社的内部监督机构。目前，公司治理监督模式主要有两大类：一类是独立董事监督模式，以美国和英国为代表；另一类是监事会监督模式，以德国和日本为代表。我国农村信用社实施的是独立董事和监事会"双头"监督模式。该模式的实施导致农村信用社中产生了双重监管机制并存的局面。

这种双重监管机制可能导致以下几种结果：①独立董事和监事会均形同虚设，两者互相推诿责任；②独立董事和监事会均全面发挥监管职能，形成重叠监管；③独立董事和监事会通过某项规章划分责任，各司其职。如果出现第一种结果，农村信用社将处于缺乏内部监管的状态，显然不利于其金融服务能力的提升；如果出现第二种结果，农村信用社得到了双重监管，重复的监管，一方面耗费大量人力、财力，另一方面过度的监管将会限制经理人的创新，从而抑制农村信用社金融服务能力的提升；如果出现第三种结果，独立董事和监事会合起来组成一个完整的内部监管主体，只要相关规章能够保证这一监管主体内部做到各司其职，将有利于农村信用社金融服务能力的提高。

### 四、市场竞争机制与农村信用社金融服务能力

市场竞争机制包括公司控制权市场机制、产品市场机制和经理人市场机制等。这些机制有助于减少信息不对称、降低代理成本。

（一）控制权市场

企业控制权有时掌握在股东或大股东手中，有时由董事会掌握，还有可能由经理层掌握，其实现方式有股份控制方式、合同控制方式或人事连锁方式，合理配置公司控制权对公司稳健经营具有重要影响。当外部主体认为公司的潜在价值没有得到充分挖掘时，将通过各种手段争夺公司的控制权，进一步重组公司的治理安排，最大限度地发挥公司的潜在价值。其作用途径包括公司治理结构的重组、资源的重新配置等。

如果农村信用社外部存在完善的控制权市场，那么当农村信用社业绩不佳、资源配置效率低下或社会责任缺乏时，控制权市场就会发生作用：股东会通过行使投票表决权，提出更换现有的董事或经理的要求；业绩较好的公司作为并购方，会对其进行并购等。这些威胁都会激励经理层和董事提高农村信用社的经营业绩、合理配置农村信用社资源、认真履行其社会责任，从而全面提升农村信用社的金融服务能力。

（二）产品市场

产品市场提供的产品价格、销售量、市场占有率、利润等信息，可以对企业

治理效率、管理者能力等进行基本判断，并且能够反映企业生产方面的信息，可以为控制权争夺提供信息基础。同时，公司治理的最终结果必将反映在公司产品的市场竞争力上（Hart, 1983）[1]，即：公司治理完善，其产品的市场竞争力也强；公司治理不完善，其产品也将缺乏竞争力。

目前在农村金融产品市场上，农村信用社的竞争者主要有邮政储蓄银行、各大国有银行的县域分支机构及村镇银行等。如果农村信用社面临的产品市场竞争较为充分，则农村信用社的经理人员将不得不完善产品创新机制以满足不同层次市场主体的金融需求，从而保证农村信用社的市场份额，进而保证经理人自身的收益。但如果农村信用社面临的产品市场竞争不够充分，或者是垄断市场，则经理人将失去产品创新的内在动力。同时，如果农村信用社所面临的控制权市场、经理人市场都不健全，则经理人正确决策、积极创新的内在动机也就随之丧失，从而制约农村信用社的发展，限制其金融服务的供给。

（三）经理人市场

经理人市场是经理人员人力资本实现自由流动的市场。在这样的市场上，经理人业绩、对股东忠诚程度决定了其在经理人市场上的价格和就业机会。有能力、对股东负责任的经理人会被高薪雇用，其人力资本价值将得到增值；经营不好的经理人会被解雇，其人力资本就会贬值。因此，经理人市场对经营者的激励约束主要表现在两个方面：①激励现任经理努力工作，实现公司及股东利益最大化以避免因经营不善而被辞退；②激励经理人通过不断创新提升公司价值，从而提升自己的人力资本价值，使自己在经理人市场具有更强的竞争力。

综上所述，如果农村信用社拥有健全的经理人市场，经理人出于自身人力资本价值提升的目的，会努力经营农村信用社，最大限度满足股东利益，积极进行产品创新。当然，经理人市场作用的发挥也需要多个市场的配合，否则单一市场的竞争性激励对农村信用社的作用将是微乎其微的。同理，如果农村信用社的经理人都是来源于行政任命，而不是经理人市场，那么经理人努力经营农村信用社、最大限度满足股东利益、积极进行产品创新的原动力就不存在，此时，经理人更热衷于政治寻租事件、特权消费、建造个人帝国或管理防御等。

**五、政府监管与农村信用社金融服务能力**

政府在公司治理完善的过程中担当着双重角色：一方面，政府要通过法律、制度、市场体系等为公司治理提供制度框架和运作规范；另一方面，通过加强相关机构的监管来保障这些体系的正常运行。因此，如果没有政府的参与，公司治

---

① Hart, O. The Market Mechanism as an Incentive Scheme [J]. Bell Journal of Economics, 1983（14）：366 – 689.

理机制将很难有效运行。

法律法规及相关的监管机制，一方面，为公司治理的建立和运作提供了基本的框架和参考；另一方面，通过对违规行为的惩罚保证了良好公司治理的实现。具体来说，就是通过对利益相关者的保护、股权结构的规范等优化公司治理。

农村信用社是小型金融机构，其近一半业务是负债业务，如果现行约束公司治理的法律法规体系都能合理恰当地运用于农村信用社，那么债权人、股东对农村信用社的信任度就会大大提升，从而增加农村信用社的负债业务量及资本存量。农村信用社负债业务量的提升及资本存量的增加会为资产业务提供雄厚的基础，在各种监管制度健全的前提下，其金融服务能力必将有所提升。

**六、中介机构、社会舆论、社会伦理道德与农村信用社金融服务能力**

中介机构、社会舆论监督、社会伦理道德是实现良好公司治理的必要补充和运作的基础。

（一）中介机构

中介机构主要包括投资银行、证券交易所、会计师事务所等，其存在的本意是为了获取公司信息，为投资者提供服务，但其提供的信息却间接对公司具有监督的作用。独立的会计师对公司披露的信息进行核实；证券分析师将对公司的经营决策、投资决策和融资决策进行全面分析，分析公司披露的财务信息和重大行为，力求对公司前景做出准确的分析判断，同时将结果及时提供给市场或企业的投资者。这些中介组织可以自发形成强大的监测网络（崔岩，2014）[1]，从而促进公司治理的完善，更好地保护投资者利益。

由此可见，如果强制要求农村信用社定期将相关信息向中介机构进行披露，那么中介组织这张监督网就会对农村信用社的公司治理有正向激励，从而保护投资者利益、债权人利益等，进而提升农村信用社相关业务质量。

（二）社会舆论监督

社会舆论的监督方式主要是社会公众利用网络、报刊等媒体获得相关信息，同时公开发表意见，进行评价和监督。媒体越发达，其监督能力越强，越有利于将公司的发展战略引入公众需求的路径。

如果农村信用社所处的媒体环境较发达，则经理人、董事、股东等很容易从媒体中获得市场认可度信息、市场需求信息等，这促使农村信用社不断优化其公司治理，及时按市场需求调整其经营策略，从而提升农村信用社服务范围和服务质量。当然，农村信用社也不能一味地以社会舆论为导向，还需要有能力对社会

---

① 崔岩. 利用会计中介组织加强农村财务监督［J］. 伦贝尔学院学报，2014（06）：33–36.

舆论进行甄别。

（三）社会伦理道德

社会伦理是指一个国家或社会的价值准则、道德观念等。这些道德规范对公司利益相关者的影响和约束体现在企业社会文化、广泛的社会认同和潜在约束力的道德准则中。这方面的认识包括企业社会责任、专业机构和自治组织的道德劝说、社会诚信和管理人员道德等。

农村信用社作为地方性金融机构，其社会伦理道德主要在于服务"三农"、服务小微企业、促进当地经济增长等。如果股东、董事及经理人均认可这一价值标准，那么农村信用社的服务范围一定会向"三农"、小微企业倾斜。从长远来看，这势必有利于当地经济的发展，也就是说，其服务是有效率的。如果股东、董事及经理人不认可这一价值标准，但社会公众认可这一标准，那么在网络社会舆论足够发达的情况下，社会舆论也有可能将农村信用社的发展战略引入公众需求的路径。

# 第四节 农村信用社公司治理思路

## 一、农村信用社的委托代理问题

所有权与经营权相分离的经营模式中，代理人（享有经营权）接受委托人（拥有所有权）的委托履行某项具体职责。但由于信息不对称问题的普遍存在，代理人在相关合同签订以后，很可能为了追求自身利益而做出有损委托人利益最大化的行动，从而对委托人的利益造成伤害，这就是委托代理问题（道德风险）。根据委托方的不同，委托代理包括经理人与股东之间的代理问题、债权人与股东之间的代理问题和小股东利益被侵占的问题等。

解决委托代理问题的潜在方法是签订完全契约（Complete Contracts），也就是说，委托人和代理人签订包含以下内容的合约：①经理人在面对未来可能发生的每个事件所必须做的事；②每个事件中的利益分配方案。显然，这种契约不可能成功签订。因此可以断定，道德风险是必然发生的，也就是说，委托代理问题一定普遍存在。

委托代理问题的存在，增加了企业的代理成本，使得企业的服务能力下降，因此国内外众多学者致力于解决委托代理问题。委托代理成本具体包括：①委托人需承担的监督成本，该成本包括委托人对代理人行为的观察与记录成本、采取不同方式对代理人进行干预和约束，以避免不利行为发生的成本；②代理人引发或承担的约束成本，该成本指代理人为了发出对委托人利益忠诚的信号所产生的成本，例如，代理人以自有资金投资于所服务的公司；③委托人的剩余损失，该损失是指代理人不以股东利益最大化原则行事而使企业产生的剩余价值损失。

农村信用社在运营过程中也存在委托代理问题，其涉及的监督成本、约束成本和剩余损失等代理成本也是高昂的。本书的宗旨是在挖掘农村信用社各种委托代理问题的基础上，通过健全公司治理机制、提升公司治理效率，减少委托代理成本以提升农村信用社的金融服务能力。

（一）经理人与股东之间的代理问题

经理人与股东之间的代理问题主要有三种表现形式：特权消费、建造个人帝国和管理防御。

特权消费也称特别待遇或额外福利，主要由公司经理人的在职消费所引起。这种在职消费的利益由经理人享受，成本由股东承担。具体包括：利用股东资金建设豪华办公室、使用公司高档汽车/飞机、参与高档娱乐项目、公款旅游、将公司岗位分配给自己的家属而不用最优资格的候选人等。

建造个人帝国也被称为自由现金流问题，该问题由 Jensen 在 1986 年提出。在该理论下，如果经理人以提高股东利益为目标经营公司，那么只能投资于正净现值项目，留存的现金流被称为自由现金流；但如果经理人致力于建造个人帝国，则其会采取拒绝交付自由现金流、提升自身经济收益、提高自己的社会地位等行为，具体包括热衷于收购其他公司、盲目扩大公司规模等。

减轻这两类代理问题的机制主要有恶意收购的威胁、大股东的监管、优先认股权和经理人持股等。

委托代理的另一个不良后果就是管理防御。该假说最早由 Morck、Shleifer 和 Vishny（1988）[1] 正式提出。他们认为，管理防御是指经理在公司内部、外部控制机制下，选择有利于维护自身职位并追求自身效用最大化的行为。随着对管理防御的逐步认识，学者认为经理管理防御的动机主要有自利性动机、专用性人力资本、解雇成本和工作转换成本三类。

在以上三项动机下，经理采取的管理防御行为表现为应对外部并购和接管、防止内部被解雇两个方面。在资本市场和经理人市场都很完善、并购接管都很频繁和正常的情况下，经理会与公司签署一系列的合同用于自身保护、增加接管难度、阻碍接管实施，如"金色降落伞""毒丸计划""绿色邮件"等。在我国，尤其是县域地区，资本市场和经理人市场还未建成，所以外部并购接管几乎没

① Morck R, A. Shleifer, Vishny. Management Ownership and Market Valuation – An Empirical Analysis [J]. Journal of Financial Economics, 1988（20）：1 – 21.

有，经理的管理防御行为更多地表现在企业融资决策、投资决策和股利政策等方面。

经理人与股东之间的这些代理问题在农村信用社中均有体现，未来可尝试从农村信用社特权消费、建造个人帝国和管理防御三个方面出发，寻找相关的治理办法来提升农村信用社的金融服务能力。

**（二）债权人与股东之间的代理问题**

公司债权人的请求权优先于股东，这就意味着当公司的财产不足以满足所有利益相关者的求偿要求时，会优先偿付债权人。然而，债权请求权的价值上涨空间是有限的（本息和），而股票持有者（股东）的请求权是没有上限的。因此，当公司的股权融资空间很小时，股东可能会将债权人的资金投资于高风险的投资项目，项目一旦成功，其超额回报将全部归股东所有；如果失败，成本主要由债权人承担，这项成本就是债权人与股东之间的代理成本。Jensen 和 Mecking（1976）认为，由于债权和股权都有代理成本，所以，债权和股权的最佳组合结构可以最小化总代理成本并且最大化公司价值[①]。

农村信用社作为金融机构，其债权、股权在运营过程中都非常重要，因此通过分析农村信用社股权、债权现状，找到农村信用社债权和股权的最佳组合结构可以最小化农村信用社总的代理成本、最大化农村信用社价值和服务能力。

**（三）侵占小股东利益问题**

拥有大股东的公司存在两种类型的股东：大股东和小股东。大股东拥有足够的权力掌管公司事务，其主导或至少影响公司的决策过程。小股东几乎没有干预决策的能力，往往处于"搭便车"的地位，这就出现了控股股东侵占小股东利益的问题。这种侵占主要有隧道效应、转移定价（隧道效应和转移定价也被称为关联交易）、裙带关系和暗斗等形式。

（1）隧道效应。指大股东将公司的资产或利润转移到自己手中，从而剥夺小股东利益的行为。如图 2-1 所示，如果大股东从公司 A 窃取 1000 元转移至公司 B，公司 B 的总收益是 1000 元，这 1000 元的收益中有 60% 是大股东将自己的权益由公司 A 转移至公司 B，还有 40% 是大股东窃取公司 A 的小股东的利益。

（2）转移定价。指公司 A 为公司 B 所提供的服务或资产支付比市场公允价值更高的价格（见图 2-1）。此时，额外利润由大股东获得，其成本由公司 A 的小股东承担。

① Jensen, M. C. & Meckling, W. H. Theory of the Firm: Managerial Behavior, Agency Costs and Ownership Structure [J]. Journal of Financial Economics, 1976, 3 (04): 309–360.

**图 2 – 1　大股东侵占小股东利益**

（3）裙带关系。指股东指派自己家族的内部成员担任公司的最高管理职位，而不是在职业经理人市场选择最能胜任的候选人。

（4）暗斗。暗斗不一定是故意侵占小股东利益，而可能是一种对管理时间和其他公司资源的转移。

农村信用社中也有大量小股东的存在，这些小股东多是为了方便取得贷款或为了少许分红而选择入股的，可见农村信用社的服务对象中也包含一部分小股东。所以，这些小股东的利益是否得到了满足，是否被大股东侵占，就反映了农村信用社的金融服务能力。因此，本书将深入分析农村信用社小股东同大股东之间的代理现状，从而保护小股东利益、提升农村信用社金融服务能力。

**二、农村信用社公司治理问题的解决思路**

不同背景下的企业适用不同的公司治理，目前不同学者对公司治理有着不同的分类方式，各种分类方式的侧重点不同，适用的企业也不尽相同。

（一）市场主导型与银行主导型

英国经济学家 Hicks（1969）根据企业资金的主要来源将经济体制分成市场主导型经济和银行主导型经济两类。[①]　市场主导型经济依赖于发达的资本市场，公司通过发行可交易证券的方式进行融资，与此对应，该国适用市场导向型公司治理模式，即依靠资本市场机制实现公司的有效治理。银行主导型经济依赖于银行，银行贷款是公司重要的资金来源，与此对应，该国适用银行导向型公司治理模式，即依赖于提供贷款的银行对公司的合规审查实现其有效治理。Diamond（1984）认为，银行作为公司资金提供者的重要职能是创造价值，银行在监管其他公司时能够从协同效应中获益，因此，相比于公众持有的可交易证券的监督成本，银行提供监督的成本更低[②]。农村信用社是中小型金融机构，其目前的资金来源既不依赖于资本市场，也不依赖于其他银行，而依赖于广大不能参与资本市场交易的中小股东和各类储户。因此，其治理模式既不能直接采用市场导向型公

---

①　Hicks, J. A Theory of Economic History［M］. Oxford：Clarendon Press, 1969.

②　Diamond, D. W. Financial Intermediation and Delegated Monitoring［J］. Review of Economic Studies, 1984（51）：393 – 414.

司治理模式，也不能直接采用银行导向型公司治理模式，而应根据自身资金来源的渠道特点，设计符合自身需求的治理模式，或者人为改变农村信用社的资本结构。例如，2015 年我国银行业实施的混合所有制改革、员工持股计划等就是通过人为地改变资本结构来改善治理效果。

（二）内部人模式和外部人模式

Franks 和 Mayer（2001）将公司治理模式分成内部人模式和外部人模式①。内部人模式的特征是集中的控制权和复杂的所有权机构，其经理人受到大股东（大股东是公司内部人之一，通常是创立者家族）的监管，而大股东通常又是董事会成员且经常直接参与公司的经营管理，从而形成了内部人对公司的控制。同时，当收购市场、股票市场都不发达时，集中的控制权使得恶意收购基本不可能发生。因此，"恶意收购"这项预防"委托—代理问题"发生的有效手段就会失效。外部人模式的特征是分散的所有权和控制权、发达的股票市场和活跃的收购市场。在这几点满足的情况下，表现不佳的经理人会受到外部人的监管（例如，恶意收购者会时刻寻觅市场上股价大幅下跌的公司进行收购），这迫使经理人不遗余力地为股东利益最大化服务。我国农村信用社有相对集中的控制权和较为复杂的所有权结构，且收购市场和股票市场均不发达，因此很容易形成内部人模式，此时，能否有效监督就成为农村信用社公司治理中的现实问题。2016 年 1 月，巴曙松提出的以风险控制与激励机制的完善来提升公司治理中监督的有效性为解决该问题提供了一条新思路。此外，适度分散农村信用社的所有权和控制权、健全农村信用社面临的收购市场和股票市场，从而引入外部人的监管，也是提升农村信用社金融服务能力的有效途径。

（三）结构驱动型与规则驱动型

Bebchuk 和 Roe（1999）认为，企业的"过去"会影响"现在"的公司治理，因此提出了两种路径依赖的公司治理安排。② 第一种是结构驱动型路径依赖，是指初始的公司治理安排和结构对以后的公司治理结构有直接的影响。第二种是规则驱动型路径依赖，是指初始的公司治理制度对以后的公司治理制度产生影响。也就是说，强大的经济参与者可能会因有损于其自身利益而对能带来更高效率的变革产生抵制。农村信用社从始至今经历了多次变革，每次变革虽然有成效，但成效甚微，这与 Bebchuk 和 Roe 提出的路径依赖不无关系。因此，打破这种路径依赖对农村信用社公司治理的完善将具有重要的现实意义。

① Franks, J. and C. Mayer. Owership and Control of German Corporations［J］. Review of Financial Studies, 2001（14）：943 – 977.

② Lucian A. Bebchuk & Mark J. Roe, A Theory of Path Dependence in Corporate Ownership and Governance, Stanford Law Revien, Stanford Law Review［R］.1999（52）：127 – 170.

# 第三章 农村信用社金融服务
# 能力现状调查分析

厘清农村信用社①公司治理与其金融服务能力之间的理论关系后，本章将结合资料及调研数据，对农村信用社金融服务能力的现状进行分析。通过对比改制前的农村信用社*、改制过程中的农村合作银行、改制完成的农村商业银行三种组织形式的金融服务能力现状，探讨经过一系列治理机制的改革后，农村信用社整体的改制效果如何，为后文的研究提供基础及参考。根据前文的定义，农村信用社的金融服务能力包括三个方面的要素：服务的可持续性、服务的包容性和服务质量。为全面反映农村信用社金融服务能力现状，首先，阐述农村信用社的发展概况和服务县域经济的状况；其次，从盈利性、安全性和流动性三个方面来反映农村信用社的可持续发展状况；再次，通过实地调研从金融服务广度和金融服务深度两个角度来分析农村信用社的金融服务包容性；最后，通过调查客户对农村信用社硬环境、软环境及业务内容的满意度来进一步分析农村信用社的金融服务质量。

关于农村信用社金融服务能力的数据，来自于在全国面上开展的问卷调查及相关统计年鉴。关于问卷调查，组织在校生利用假期返乡进行两次调研，时间跨度为 2015~2016 年。第一次是关于农村信用社服务包容性的问卷发放，调查对象为县域地区的居民、涉农企业和非涉农企业，涉及广东、山东、河南、山西、陕西、湖南、天津、甘肃等 12 省（市），共发放问卷 1200 份（其中，县域居民发放 1040 份，回收 1001 份，有效问卷 924 份；涉农企业发放 80 份，回收 75 份，有效问卷 74 份；非涉农企业发放 80 份，回收 75 份，有效问卷 72 份），问卷有效率达到 92.98%；第二次是关于农村信用社服务质量的问卷发放，调查对象仅针对县域居民，涉及山东、河南、山西、陕西、天津等 7 省（市），共发放问卷 700 份，回收 689 份，有效问卷 620 份，问卷有效率达到 90%，保证了问卷的科学性。另外，关于农村信用社服务可持续性以及部分服务包容性数据来源于相关统计年鉴及报告，涉及《中国县域统计年鉴》《中国县（市）社会经济统计年

---

① 目前农村信用社存在三种组织形式：未改制完成的农村信用社*、处于改制过渡形式的农村合作银行及已改制完成的农村商业银行。为便于研究，不作特殊说明的农村信用社包括以上三种形式。

鉴》《中国统计年鉴》《中国金融年鉴》《中国农村金融服务报告》《中国银监会年报》《国务院关于农村金融改革发展工作情况的报告》《中国人民银行年报》等。

# 第一节　农村信用社发展及金融服务现状

## 一、农村信用社发展历程及公司治理制度变迁

农村信用合作社（Rural Credit Cooperatives），简称农村信用社，是由社员入股组成的，主要是为社员提供金融服务的集体合作性金融机构。20世纪50年代初期，中国成立了农村信用社，一直以来，农村信用社在促进社会经济发展和支持"三农"等方面发挥着不可替代的重要作用。农村信用社作为中国县域一种重要的金融组织形式，经历了一系列改革发展到逐步健全的过程。

1. 新中国成立至2003年前农村信用社发展概况

新中国成立之初，受到不同经济发展阶段及不同经济体制的影响，农村信用社的发展经历了一个较为艰难的过程。新中国成立后农村信用社的发展历程主要分为以下四个阶段：

（1）组建之初，开展农业互助合作运动（1951～1957年）。这个时期是农村信用社试办、推广和调整的阶段。在政府主导的农业合作化运动的推动下，农村信用社数量迅速扩张，基本普及到乡镇。截至1956年5月末，农村信用社发展到88000多个，覆盖了中国97.5%的乡镇。但是，在迅速扩张的过程中，部分农村信用社出现了专业人才缺乏、账目不清、管理缺位等突出问题，这些问题严重制约了农村信用社金融服务效率的进一步提高。

（2）农村信用社曲折发展阶段（1958～1977年）。这个阶段，农村信用社的管理和经营一直处于动荡变化之中。1958年农村信用社下放给人民公社，1959年又下放给生产大队，这两次下放致使其业务经营和管理方面出现了许多问题。1962年，中国人民银行向国务院提交关于农村信用社的相关报告后，农村信用社开始进入整顿期。由于这个时期的政治运动较多，导致农村信用社的管理权多次易主，其规章制度遭到严重破坏，业务发展受到限制，制约了自身的可持续发展和服务质量。

（3）农村信用社交由中国农业银行代管阶段（1978～1996年）。1978年中国开始实行改革开放政策，农村土地实施家庭联产承包责任制，农业生产方式发

生巨大变化。在此背景下，为了将农村信用社办成真正集体的金融组织，恢复其群众性、民主性及灵活性，1984年国务院提出将农村信用社交由银行管理，要求农业银行根据指示精神，承担起农村信用社管理体制改革的责任。受此影响，中国农业银行加强对农村信用社的管理控制。同时，注意采用经济手段来激励下属机构和人员提高经营效率，并在形式上建立了"三会一层"的制度。但实际上农村信用社并未获得真正意义上的"独立法人资格"，公司治理也基本无从谈起。这个时期农村信用社的网点增多，经营范围扩大，但由于管理政策不明朗，使得农村信用社逐渐失去自主经营权，成为中国农业银行的附属物，自身业务开展困难，盈利能力低下，背离了合作金融组织的特征。

（4）农村信用社交由中国人民银行代管阶段（1997~2003年）。在中国农业银行代管时期，行社一体化倾向越来越严重，农村信用社逐渐丧失了自主经营权。为解决这一问题，使农村信用社改制为合作金融组织有足够的基础和动力，2002年，中共中央指出由中国人民银行专门设立农村合作金融的监管部门，对农村信用社的经营活动进行管制。在中国人民银行管制期间，农村信用社逐步完成与中国农业银行的脱钩，实现自主经营。在此基础上，农村信用社开始逐步建立社员代表大会、董（理）事会和监事会的治理架构，资产质量与经营状况有明显好转。但改革没有涉及农村信用社产权制度的转变，未能解决长期存在的产权不清晰、股权高度分散等问题，使得农村信用社金融服务效率低下，偏离了服务"三农"的本质方向。

从新中国成立之初到2003年前，农村信用社的管理权几经易主，从最开始的农业互助社，到下放给人民公社、生产大队，再到后来的交由中国农业银行、中国人民银行代管。在不同的发展阶段，农村信用社虽然在一定程度上发挥了支持"三农"的作用，但由于历史包袱沉重、资产质量较差、管理体制不顺及治理结构不完善等问题的存在，影响了农村信用社金融服务能力的持续有效发挥，农村信用社迫切需要深入推进改革。

2. 新一轮改革阶段（2003年至今）

随着经济体制改革的不断深入，四大国有商业银行逐步从县域撤离。同时，农业生产对资金的需求越来越强烈，本应有效支持农业生产的农村信用社却因为体制、机制不健全等问题难以有效发挥其支持"三农"的作用。在此背景下，2003年新一轮农村信用社的改革在江苏省先期试点的基础上拉开序幕。

国务院于2003年6月27日出台颁布了《深化农村信用社改革试点方案》。该方案决定将江苏、浙江、山东、江西、贵州、吉林、重庆、陕西8省（市）列为改革试点单位，明确了近10年农村信用社改革的基调和方向，主要包括三个方面的内容：第一，提升农村信用社金融服务能力。农村信用社的服务对象主要是县域中的居民和企业，农村信用社要通过不断创新金融服务方式、完善金融服务功能，切实提高自身盈利水平和金融服务水平。第二，深化产权制度改革，完善法人治理结构。农村信用社可结合自身情况，自主选择产权制度和组织形式。同时，必须明确"三会一层"的运行规则和职责，建立决策、执行和监督并存的制衡机制，建立激励和约束相结合的经营机制。第三，建立新型农村信用社监督管理体制。实施省级政府依法管理、省级联社协调服务及农村信用社自我约束、自担风险的监督管理体制。

经过 10 多年的摸索，目前农村信用社金融服务能力得到了有效提升，原有产权关系已得到明晰。基本制定了"三会一层"的运行程序、规则和激励约束制度，并且确立了新型的监督管理体制。截至 2016 年末，全国农村信用社涉农贷款余额为 81902 亿元，同比增长 2.2%；涉农贷款不良余额为 4163 亿元，同比降低 0.4%；总资产收益率和净资产收益率总体呈上升趋势。由此可知，农村信用社的可持续发展能力逐步攀升，服务"三农"的能力也逐步增强。此外，农村信用社金融服务能力的改善也在一定程度上带动了当地县域经济的发展。

通过这一阶段的改革，累积已久的产权问题得到部分解决，但由于大部分农村信用社在公司治理方面只是进行了形式上的改进，内在机制并没有得到科学的改善，再加上省级联社行政化的管理和互联网金融等的冲击，导致农村信用社服务"三农"的能力提升缓慢，改革并没有完全达到预期目标，同时还暴露了一些新问题，具体表现在以下三个方面：

（1）农村信用社金融服务与县域经济的发展需求不匹配。当前，农村金融仍是中国金融体系中较为薄弱的领域，供需矛盾较为突出。首先，我国大多数的农村信用社（县级联社）规模小、网点多、决策链条短。这些特点使得农村信用社能够贴近农民，为农民提供便利的金融服务。然而，加入省级联社参与的模式无形中延长了决策链条，导致农村信用社金融服务效率降低，自身优势难以得到有效发挥。其次，随着县域经济的发展，农业生产和居民生活方式发生了翻天覆地的转变，进而县域中居民和企业的金融服务需求也发生了新变化。但是，农村信用社的金融服务却存在一定的滞后性（如产品单一、创新不足等），其金融服务的供给难以满足县域经济发展的需求变化，农村信用社的金融服务质量也有待提升。

（2）省级联社管理职能不清晰。根据改革的要求，省级政府对农村信用社实施主要管理职能，中国银监会作为国家银行监管机构承担对农村信用社的金融监管职能，省级联社具体承担对辖内农村信用社的管理、指导、协调和服务职能。但从实际运行看，省级联社成为农村信用社实际的管理主体，对农村信用社实施行政管理，而银监会和省级政府几乎没有发挥各自的管理作用。这样使得多重管理目标集于省级联社一身，导致省级联社管理职能不清晰，从而降低省级联社对农村信用社的管理效率，不利于农村信用社的可持续发展，阻碍其金融服务能力的提升。

（3）完善的公司治理结构尚未真正形成。从股东构成来看，农村信用社的股东主体是农户，大部分农户由于文化程度较低，普遍缺乏行使股东权力的能力；从股权集中度看，农村信用社股权较为分散，这会降低其面临问题做出决策的速度，同时增加了股东对经理层的监督成本；从董、监事会的规模看，农村信用社董、监事会的规模设置虽然基本符合《公司法》的规定，但在实际运行的过程中，并没有发挥应有的监督管理职能，尤其是监事会虚置；从激励机制看，农村信用社高管层的薪酬和股权激励制度设置不够合理，使其参与农村信用社管理的积极性不高。从外部治理看，农村信用社的外部信息披露形式较为单一，而且披露内容多为有利于自身的信息。外部监管体系边界不清、目标模糊且手段较为单一，大大削弱了对农村信用社的监管效力。外部经理人市场不完善、农村金融市场竞争性不足，致使农村信用社的创新缺乏动力。这些现象的存在都导致农村信用社"三会一层"的内部法人治理架构和外部治理徒有形式，农村信用社完善的法人治理结构及治理机制还远未形成。

农村信用社历次改革的最终目的在于提高服务"三农"的能力、支持县域经济的发展，近年来，改革重点主要集中在农村信用社的产权改革（即从合作制向股份合作制、股份制改革）和公司治理结构优化两方面。经过新一轮的改革探索后，农村信用社的可持续发展能力不断提升，服务质量不断提高，服务"三农"的主力军地位也不断增强。但是，改革并没有完全解决农村信用社在公司治理方面存在的问题。因而，如何从完善公司治理的视角下更有效地提升农村信用社的金融服务能力，是未来农村信用社深化改革的重点。

## 二、农村信用社公司治理制度变迁

改革开放以来，我国农村金融制度先后经历了初步建立与演化停滞、重新确立、改革转型、现代制度构建四个阶段。在各阶段，农村金融不仅为农村经济发展提供了资金流通、交换的媒介平台，而且通过配置农村地区的闲置资本活跃了农村经济发展环境，多角度助推农村经济及农业现代化建设。而农村信用社作为农村金融服务的主力军，其产权制度、管理体制等也随着农村金融制度的改革得到不断完善与创新，尤其是公司治理制度的改革取得了很大成效，不仅搭建了公司治理框架体系，其治理效率也在逐步提升，对农村经济发展起到了重要的推动作用。本节将基于我国农村金融制度变迁的背景简要介绍我国农村信用社公司治理的制度变迁过程，具体分为以下四个阶段。

1. 公司治理制度的萌芽阶段（1951~1977年）

20世纪50年代初期，农村信用社成立，但是还未建立起公司治理制度，产权关系不清，内部人控制严重。一方面，这一阶段的农村信用社属于合作制金融机构，股金全部属于资格股，对于入股和退股无硬性要求，当农村信用社经营风险加大，股东可以为了规避风险随时退出股权，股东并不是真正意义上的股东，农村信用社"为谁所有"不明确；另一方面，由于农村信用社的股东大多为农民，经济收入低，所持股份少，导致农村信用社股权高度分散，无法对管理层起到强有力的监督与制衡作用，其经营管理权实质上掌握在高级管理层手中，形成了"内部人控制"，同时农民股东文化水平有限、股东监督意识不强，缺乏参与农村信用社经营管理的能力，加剧了"内部人控制"问题。

2. 公司治理制度初步建立阶段（1978~1992年）

1978年，农村信用社走上"官办"道路，形式上建立了"三会一层"的公司治理制度，但实际上并未获得真正意义上的"独立法人资格"，公司治理效率低下。这个时期，农村信用社的网点增多，经营范围扩大，其政策规定、规章制度、经费开支、人员管理、职工福利待遇等同于银行执行，农村信用社是集体金融组织，又是农业银行的基层机构，办理农村金融各项业务，执行国家金融部门的职能任务。但由于管理政策不明朗，使得农村信用社逐渐失去自主经营权，成为中国农业银行的附属物，自身业务开展困难，盈利能力低下，法人治理名存实亡。

3. 公司治理制度改革转型阶段（1993~2003年）

1993年，农村信用合作社脱离中国农业银行的管理，成为独立的金融机构，农村信用社的公司治理制度不再停留于形式上的"三会一层"，开始逐步完善社员代表大会、董（理）事会和监事会的治理架构，但仍未能解决长期存在的产权不清晰、股权高度分散等问题。中共十四大的召开，明确提出建立社会主义市场经济体制，农村地区逐渐形成了农村政策性金融（中国农业发展银行）、商业性金融（中国农业银行）和合作性金融（农村信用社）"三足鼎立"的格局，农村信用合作社逐渐成为农村金融市场的"主力军"，强化了其自主经营的能力，对其公司治理等管理体制提出了更高要求。

4. 现代公司治理制度构建探索阶段（2003年至今）

2003年以来，农村信用社进行产权制度和管理体制的纵深化改革，逐步走上商业化可持续发展道路，依次向农村商业银行的方向进行改制。

此时的农村信用社公司治理改革取得了阶段性成果：其一，农村信用社产权关系有所明晰，产权制度和组织形式呈现多元化。农村信用社通过转让、清退、冲抵等方式厘清了原有产权关系，开展了广泛的增资扩股，构建了民营性质的产权关系，并因地制宜地形成了股份制、股份合作制、合作制等多元化产权组织形式。其二，制定了"三会一层"的运行程序、规则和激励约束制度，并且开始初步运行。农村信用社按照企业制度的要求，完善股东代表大会、理（董）事会、监事会、高级管理层的组织架构，明确其各自运行规则和职责，建立决策、执行、监督相制衡，激励和约束相结合的经营机制，健全了信息披露制度，公司治理制度进一步得到完善。其三，确立了新型的监督管理体制。农村信用社的新型监督管理体制初步建立，全国所有省级政府已经全面承担了对辖内农村信用社的管理职责和金融风险处置责任，省级联社开始履行行业管理职能。

与此同时，农村信用社虽然取得了上述阶段性改革成果，但其公司治理依然存在着问题：一是，省联社监管职能不清晰，使得外部监管效率低下。根据改革的要求，省级联社主要承担对辖内农村信用社的管理、指导、协调和服务职能，但在实际情况中省联社更多地对农村信用社进行行政管理，包括干预高管任职、干预日常经营管理等，降低了省联社对农村信用社的管理效率。二是，现代化公司治理机制还未形成，公司治理效率有待进一步提升。农村信用社"三会一层"的框架设置虽然基本符合《公司法》的规定，相关的运行规则与激励约束机制也已经得到明确，但实际运行过程中依然存在着"大股东掏空""花瓶董事""经理人市场不完善"等治理问题，使得"三会一层"徒有形式，缺乏效率，需要进一步深化公司治理改革。

### 三、农村信用社服务县域经济状况

随着我国县域①经济的稳定发展，县域居民的生活和文化水平不断提高，县域企业的收益不断攀升，尤其是党的十六届五中全会提出要扎实推进新农村建设以来，县域经济发展迅猛。截至 2016 年末，县域 GDP 占到了全国 GDP 的51.23%②，县域经济的繁荣发展必定会增加县域经济主体对金融服务的需求。然而，我国金融业的滞后发展使得经济和金融之间存在不协调的现象，特别是在县域地区，农村信用社作为最主要的正规金融机构，不论是金融发展的程度还是服务的深度和广度，其提供的金融服务都难以满足当地经济繁荣发展所带来的金融服务需求。为此，本节从县域经济的发展状况和农村信用社支持县域经济发展的

---

① 县域是指以县级行政区划为地理空间，包括农村和小部分城镇地区，由于受限于数据的可得性，此处用农村居民人均纯收入来近似替代县域居民人均纯收入。

② 此处所采用的县域 GDP 来源于《中国县域统计年鉴》中所披露的县域地区第一、第二产业增加值的总和。

金融服务两方面出发，分析农村信用社服务县域经济发展的现状①。

（一）县域经济发展现状

县域经济的快速增长不仅使得县域经济规模不断扩大，更使得县域中居民的生活水平和企业的经济收入不断提高。随着县域居民的生活方式和企业的生产经营方式发生改变，县域经济主体对金融机构的服务有了新的需求。农村信用社的服务主体主要是县域地区的居民及中小企业，因此本节选用县域地区的 GDP、居民收入水平及规模以上企业个数这三方面数据，分析目前县域经济发展状况。

1. 县域经济发展迅速

GDP 是一国或地区所有常住单位在一定时期内生产活动的最终成果，是衡量一个国家或地区总体经济状况的重要指标。从图 3-1 可知，中国县域地区近 7 年的 GDP 一直处于增长的状态，截至 2016 年末，县域 GDP 总值为 380952.381 亿元，占全国 GDP 的 51.23%。说明县域经济在整个国民经济中所占比重越来越大，对整个经济发展的推动作用也越来越大，也说明在全国 GDP 增速平稳的背景下，县域经济的发展速度在加快。经济的增长必然会带来居民收入和企业利润的上升，会使人们对未来经济活动持乐观态度，调动人们投资的积极性，进而增加县域地区对金融服务的需求。

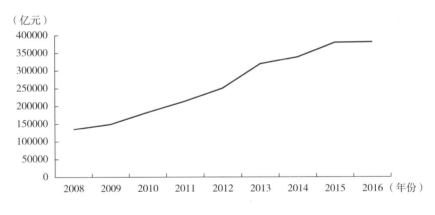

图 3-1　我国 2008~2016 年的县域 GDP 变化

2. 县域居民收入大幅增长

居民收入是指居民各种来源的现期收入总和，此处分析所用的数据是县域居民人均纯收入。居民收入越高，其消费需求也越多样化。从图 3-2 可知，我国县域居民收入在 2005 年之前增速缓慢，之后便大幅上升。其主要原因是：

---

①　本节所用数据来源于《中国县（市）社会经济统计年鉴》《中国统计年鉴》及《中国金融年鉴》。

2005年10月中央主持召开的十六届五中全会明确提出要扎实推进新农村建设，这在一定程度上调动了县域居民建设家乡的积极性，带动了当地经济发展，县域居民收入普遍提高。截至2017年末，县域居民人均纯收入达到年均13432.2元，虽然与城镇居民的收入还有差距，但已经得到了很大提升。随着我国经济的转型和居民收入的增加，县域居民生产和生活方式发生了巨大变化，其需求不再局限于单纯的衣食住行，而是更加追求高层次的消费，如教育、医疗卫生、旅游休闲娱乐等，因此也带来了对金融服务需求的新变化。县域居民最原始的金融服务需求是存贷需求，但随着收入的提高，有富余资金的人们开始将资金用于购买银行理财产品、保险，投资股票、债券和基金等实现价值的保值增值。对现代化的支付手段，如网上银行、手机银行的需求也不断增加，并且对网点环境建设和金融机构人员的素质也提出了更高的要求。总而言之，县域居民收入的提高使得他们的生活状态和消费习惯发生改变，从而对金融服务的需求也变得多样化。

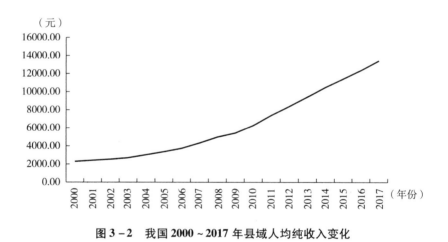

图3-2　我国2000~2017年县域人均纯收入变化

3. 县域规模以上工业企业个数有所增加[①]

目前在我国，规模以上工业企业是指年主营业务收入在2000万元以上的工业企业。从图3-3中可以看出，我国县域规模以上企业个数先升后降，在2010年达到峰值310660个，之后开始下降。这可能是受到2007~2009年美国爆发的次贷危机的影响，小部分企业由于受到经济危机的波及而发生融资难的问题，最终导致破产。截至2016年末，规模以上企业个数已达到200399个。当前，县域

---

① 由于2013年、2014年数据在《中国县域统计年鉴》中没有披露，故数据不可得，此处略过2013年、2014年县域规模以上工业企业个数。

经济发展迅速，一部分新建立起来的和在经济危机中受到影响的企业都需要资金来实现自身规模的扩大；另一部分规模本身较大的企业除了对借贷资金有需求外，还会投资于保险、股票、债券等金融产品领域。总之，随着县域经济的快速发展，县域中企业的生产活动越来越规模化、专业化和现代化，对金融服务的需求也越来越多样化。除了对融资的额度有更高的要求外，还增加了对金融产品（如股票、债券及保险等）和支付结算手段（尤其是一些资产规模大的企业对国际结算的支付手段需求强烈）的需求。

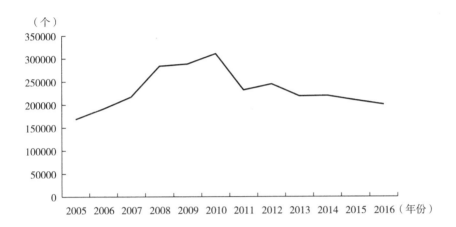

图 3-3　县域 2005～2016 年规模以上工业企业个数变化

（二）农村信用社支持县域经济发展的服务现状

从上文对县域经济发展现状的分析看，目前县域经济发展态势良好，县域居民和企业对金融机构的服务需求也在增大。为反映目前县域金融机构（主要是农村信用社）对经济主体金融服务需求的支持力度，本节选用金融相关率①（FIR）、存贷比及网点覆盖面等指标来具体说明农村信用社支持县域经济发展的服务现状。

1. 农村信用社的金融发展程度滞后于县域经济水平

一般认为，在一定的国民生产总值的基础上，金融体系越发达，金融相关率的数值越高，但最终会趋于一个稳定值。由于农村信用社股票、债权等金融资产数据难以获取，此处以存贷款总额作为农村信用社金融资产的替代衡量指标来测

---

① 金融相关率（FIR）：由美国经济学家 Raymond W. Goldsmith 提出，是指一定期间内某一区域全部金融资产价值与该区域经济活动总量的比值。常用金融相关率（FIR）说明经济货币化的程度，计算公式表述为金融资产/GDP。

算农村信用社的金融相关率。从农村信用社金融资产与县域 GDP 的比值来看，2008~2016 年，金融相关率基本处于不断下降的趋势，由 1.102 下降到 1.051，2013 年还达到了最低值 0.961。从理论上讲，目前我国县域经济增长迅速，县域金融机构（主要是农村信用社）的发展程度应与经济相协调，因而其金融相关率应处于不断上升的阶段，但农村信用社的金融相关率却有下降的趋势。这说明农村信用社的金融发展速度较慢，导致农村信用社所提供的金融服务难以满足县域居民和企业日益增加且不断变化的金融需求。

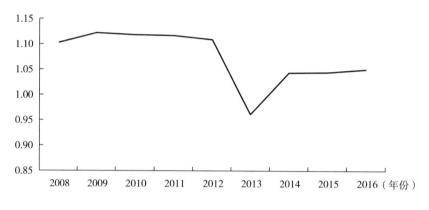

图 3-4　农村信用社金融资产相关率变化

2. 农村信用社存贷比虽高，却无法满足小微企业和贫困农户的需求

存贷比是指金融机构贷款与存款余额的比值。2015 年 6 月，国务院通过《中华人民共和国商业银行法修正案（草案）》，取消了存贷比不得超过 75% 的规定。这一举措有利于扩大金融机构对"三农"、小微企业等的贷款力度。从图 3-5 来看，农村信用社存贷比的变化幅度较大，但比值都较高，基本在0.64 以上，尤其是 2014 年，存贷比高达 0.724。农村信用社存贷比数值高，说明其融资转化能力较强，也说明农村信用社的贷款额度在增加，这将提高农村信用社对县域内居民和企业贷款的支持力度。但从实际看，农村信用社扩大的信贷规模主要贷给了县域中的大中型企业和较为富裕的居民，绝大多数农村信用社的涉农贷款占比在 20% 左右[1]，小微企业和贫困农户的贷款需求没有得到满足。这是因为小微企业缺乏不动产作为抵押，贫困农户不仅没有可以作为抵押的资产，而且也没有财务报表等信息来证明自己有还款的能力。然而，随着县域经济的发展，小微企业和贫困农户的融资需求增加，但农村信用社却由

---

① 数据来源于《中国农村金融服务报告》。

于信贷风险等原因，使得这些经济主体的需求难以得到满足，民间借贷盛行。但农村信用社作为农村金融的主力军，应承担起支农支小的重要责任，应该合理配置信贷资源，更好地满足县域经济主体的金融服务需求，特别是县域中小微企业和贫困农户的资金需求。

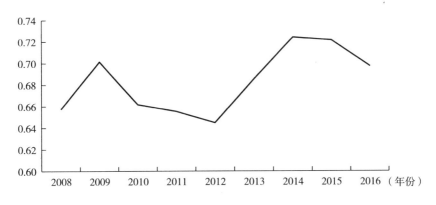

图 3 - 5　农村信用社存贷比变化

3. 农村信用社网点覆盖面不够

农村信用社网点覆盖面体现农村信用社在多大程度上成功地服务目标客户、满足目标客户的需求，反映县域需求主体获取存款、贷款、汇兑结算等金融服务的便利性。本节所采用的网点覆盖面为农村信用社网点数与县域人口数的比值，从得出的结果看，该比值一直处于上升趋势，如图 3 - 6 所示。截至 2016 年末，该比值达到 1.271，说明在县域地区农村信用社的网点分布是不断增加的，即每万人分布 1.271 个农村信用社的网点，居民和企业获得金融服务的便利性有所提高。但需要注意的是，农村信用社不管是网点覆盖面的数量还是质量，相比部分城市商业银行来说都远远不够。首先，每万人拥有 1.271 个营业网点，远少于中国工商银行占全国 60% 的网点覆盖面①，那么县域客户群体将有可能转向中国工商银行等其他金融机构来满足金融需求，这会给农村信用社的工作人员带来业务压力；其次，农村信用社的营业网点多为物理网点，自助银行相比于国有商业银行还有很大差距。因而，农村信用社在网点覆盖面上的欠缺依然是制约其支持县域经济发展的一大因素。

① 中商产业研究院发布的《2015～2020 年中国智慧银行建设调研与发展前景深度分析报告》。

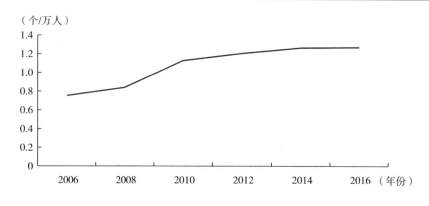

（个/万人）

图 3-6　农村信用社网点覆盖面变化

从以上两节的分析中可知，县域经济的快速发展增加了县域居民和企业对金融机构的金融服务需求，然而农村信用社提供的金融服务滞后于县域经济主体金融服务需求的发展。目前，农村信用社作为我国县域最主要的金融机构，它的发展主要依靠的是最传统的存贷款业务，中间业务发展滞缓；存贷比数值虽高，但贷款规模的扩大仍然无法满足小微企业和贫困农户的需求；网点覆盖面的不足也制约着其提供金融服务的能力，导致农村信用社所提供的金融服务不论是深度还是广度，都难以满足县域地区居民和企业的金融服务需求。

## 第二节　基于可持续性的农村信用社金融服务能力调查分析[①]

用来衡量银行业可持续性的指标主要是投入产出指标，其计量方法主要包括生产法、中介法和资产法。这三种方法本身没有优劣之分，但各自的侧重点有所不同。本节选取中介法，从盈利性、安全性和流动性三个方面来分析农村信用社的可持续性发展现状。

### 一、盈利性分析

盈利性指标是衡量农村信用社收益水平、证明其经营业绩的重要指标，也是反映其可持续发展能力最直接的一项指标。农村信用社是通过为客户提供金融服

---

① 本节数据来源于《中国农村金融服务报告》。

务来获得收益的，其获得的收益与所提供的服务息息相关，所以其盈利性指标也能进一步反映出农村信用社的金融服务能力的高低。若该指标数据比较可观，即农村信用社的盈利能力较好，表明其通过为客户提供金融服务取得了经营利润，有利于其利用盈余资金扩大规模或者开展新业务，从而提高金融服务能力。农村信用社的盈利性指标一般包括总资产收益率、净资产收益率、净利息收益率、净非利息收益率、每股盈利等众多指标，其中总资产收益率（ROA）[1] 和净资产收益率（ROE）[2] 最为重要，且应用较为广泛，所以此处选用这两个指标来分析农村信用社的盈利性。

从图 3-7 和图 3-8 中可看出，农村信用社无论是 ROA 还是 ROE 指标，都大体呈现上升的趋势，表明农村信用社的盈利情况逐渐改善。具体将农村信用社 * 与农村商业银行、农村合作银行相对比来看，农村信用社 * 总资产收益率一直低于农村商业银行和农村合作银行，这表明农村信用社 * 的金融服务能力较低，未能通过向客户提供充足的金融服务获取利润，而利润不足制约了农村信用社 * 经营规模的扩大及金融产品的丰富程度，进而影响其金融服务能力的提升。值得肯定的是，农村信用社 * 的总资产收益率在 2010 年后急速增长，基本达到了和农村商业银行一样的水平，这可能是由于银监会于 2010 年指出农村商业银行为农村信用社 * 产权改革的最终组织形式，农村信用社 * 为了达到改制标准不断完善其公司治理，使其盈利能力得到改善，进一步提高了金融服务能力。可见，农村信用社只要能及时地完善其公司治理等各方面的问题，其金融服务能力将会得到进一步的提升。

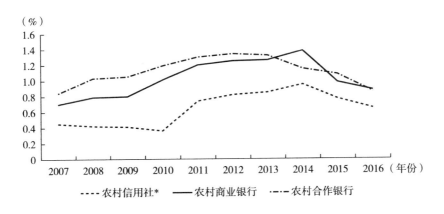

图 3-7  农村地区金融机构历年总资产收益率情况

---

① 总资产收益率＝净利润÷平均资产总额。
② 资产收益率＝净利润÷平均净资产。

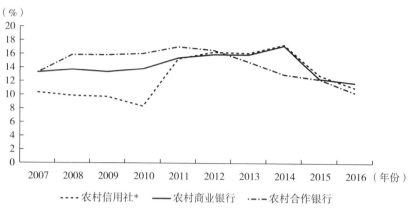

图 3-8　农村地区金融机构历年净资产收益率情况

## 二、安全性分析

安全性指标是指农村信用社抵御风险的能力，是农村信用社实现其盈利性目标的重要保障。农村信用社的安全性得到充足的保障，其长久的盈利性才会有保障，进而为其金融服务能力的提升提供可能性。目前，衡量银行安全性中最常用的指标主要有资本充足率、核心资本充足率和不良贷款率。但由于数据的可得性受到限制，本节仅用不良贷款率来分析农村商业银行和农村信用社*的安全性。从图 3-9 来看，农村信用社整体的不良贷款率呈下降趋势，但下降幅度逐渐减小，其中农村商业银行的不良贷款率在 2013 年后又有小幅度的上升，说明农村信贷的安全隐患问题并没有彻底解决。此外，我们发现，农村信用社*的不良贷款率远高于农村商业银行，表明农村信用社*改制为农村商业银行在一定程度上能起到降低经营风险的效果，因此应坚持将农村信用社*改制为农村商业银行，加快其改革进程，加强其安全性建设。

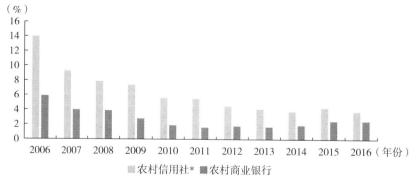

图 3-9　农村信用社*及农村商业银行历年不良贷款率情况

### 三、流动性分析

保持合理的流动性是农村信用社实现盈利性和安全性的必要前提，也是其可持续经营和发展的关键。对于农村信用社流动性情况的衡量，一般可选的指标有流动性比率和存贷比，基于数据的可得性，本节选取存贷比这一指标，对农村信用社流动性进行分析。存贷比值越大，表明农村信用社将大部分存款用于发放贷款，若储户出现突发性的大额资金需求，由于贷款的期限一般较长，不容易变现，农村信用社就有可能陷入财务困境，甚至出现举债经营的局面，就会导致流动性差，那么其盈利能力必然较差，金融服务能力也会受到限制。相反，若存贷比相对较低，则表明农村信用社有较为充足的流动性，能从容应对客户的各种资金需求，但其发放贷款或进行其他投资的利润会降低，也会影响其金融服务能力。因此，农村信用社要依据实际情况保持合理的流动性，在可持续发展的前提下提升金融服务能力。农村信用社*及农村商业银行近年来的存贷比情况如图 3 – 10 所示。

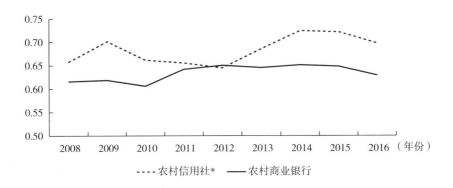

图 3 – 10　农村信用社*与农村商业银行历年的存贷比情况

从图 3 – 10 中可知，农村信用社*的存贷比大体上呈下降趋势，表明其流动性在逐渐加强，这有利于减少其出现财务困境的概率，从而提升金融服务能力。与此同时，农村商业银行的存贷比则出现上升趋势，这可能是由于它为了追求盈利性目标而将较多的资金投放于长期贷款，其隐含的流动性风险有可能会使得盈利转化为亏损。因此，农村商业银行要充分考虑其流动性情况，保证客户的随机性金融需求得到满足，从而提高金融服务能力。

## 第三节 基于服务包容性的农村信用社金融服务能力调查分析

农村信用社金融服务包容性包括服务广度和服务深度。其中，服务广度指农村信用社服务范围的大小，即接受服务对象的多少，也就是从金融服务供给角度分析服务包容性；服务深度指已接受农村信用社金融服务的对象得到金融服务的多寡，也就是从金融服务需求角度反映服务包容性。因此，为全面分析农村信用社金融服务包容性现状，本节将通过实地调研从供给和需求两个角度出发，分别反映农村信用社金融服务广度和深度，并在此基础上进一步分析农村信用社金融服务包容性问题。

本节所用数据来源于实地访谈、问卷调查及《中国金融年鉴》《中国银监会年报》《国务院关于农村金融改革发展工作情况的报告》。问卷调查来自于2015~2016年对县域居民、涉农企业和非涉农企业的调查，主要采取分层随机抽样的方法，涉及广东、山东、河南、山西、陕西、湖南、天津等12省（市），共发放问卷1200份。其中，县域居民发放1040份，回收1001份，有效问卷924份；涉农企业发放80份，回收75份，有效问卷74份；非涉农企业发放80份，回收75份，有效问卷72份。问卷有效率为92.98%，保证了问卷数据的科学性。

### 一、金融服务广度调查

农村信用社在支持县域经济发展中发挥着重要作用，其金融服务能否惠及县域地区的大部分居民，主要用其所提供的金融服务广度这一指标衡量。本节从供给角度，即农村信用社的网点设施、服务业务、服务渠道和从业人员四个方面，对农村信用社金融服务广度进行分析①。

（一）网点设施

营业网点是农村信用社直接提供产品和服务的部门，优质的网点设施能够为其金融服务能力的提升打下坚实的基础。农村信用社网点设施的建设是否完善、合理，可以从网点数量分布密度、网点信息化建设和网点环境三个方面分析。

1. 农村信用社网点数量多，分布密度却逐年下降

据中国银保监会报告显示，截至2017年底，银行业金融机构法人共4549

---

① 本节所用数据来源于实地访谈、问卷调查及《中国金融年鉴》《中国银监会年报》《国务院关于农村金融改革发展工作情况的报告》。

家，其中农信机构占比49%，共2260家，包括农村商业银行1260家、农村合作银行33家、农村信用社965家，目前农村商业银行处于农村金融机构的领导地位。从图3-11和图3-12可知，虽然农村信用社在网点数量上占优，但其区域的分布密度和服务的人口范围却在近5年呈逐年递减的趋势。究其原因，一方面是因为我国近年的生活面积及人口数量逐年增加，另一方面是因为银监会要求农村合作银行和部分农村信用社*全面改制成为农村商业银行，不符合经营管理规定的农村信用社*予以合并或撤销，导致农村信用社总体的网点数量有所减少。

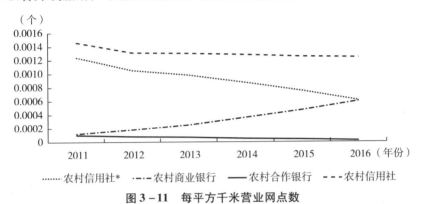

**图3-11　每平方千米营业网点数**

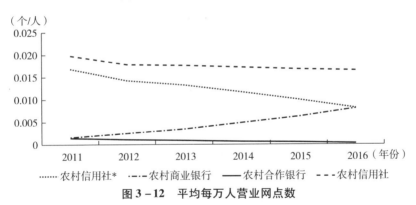

**图3-12　平均每万人营业网点数**

2. 农村信用社网点数字信息化建设发展程度整体落后

首先，农村信用社网络银行系统不能很好地与当地的实际情况联系起来。从2014年农村信用社推出助农E终端的使用状况来看，实地调研显示部分中西部省市如陕西、河南的助农E终端并没有在当地得到很好的推广和应用，这主要是由于各省市经济发展程度不一，居民接受信息化的程度也存在差异，最终导致这些省市的居民依然选择在就近网点办理业务。

其次，农村信用社远程业务渠道建设状况欠佳。从问卷调查结果看，有30%的被访者认为农村信用社没有手机银行这一业务方式，近50%的被访者认为农村信用社网点没有安装现代化的管理终端。实际上农村信用社已开通手机银行、网上银行等现代化服务方式，但由于农户文化知识欠缺及农村信用社宣传不到位等原因，导致与国有商业银行的调研结果对比鲜明。农村信用社远程业务渠道建设的落后将制约农村信用社新型业务方式的开展。如表3-1和表3-2所示①。

**表3-1 电子银行开通情况汇总**

| 机构项目 | 网上银行 | 手机银行 | 电话银行 |
|---|---|---|---|
| 农村信用社 | 73.75%的被访客户回答开通 | 70%被访客户回答开通 | 全面开通宣传到位 |
| 国有商业银行 | 全面开通发展稳定成熟 | 全面开通APP设计满足多样化需求 | 全面开通宣传到位 |

**表3-2 自助管理终端普及情况汇总**

| 终端 | 排队取号机及电子呼叫器 | 窗口服务评价器 | LED显示屏 |
|---|---|---|---|
| 农村信用社 | 43.75%的被访客户回答未安装 | 55.84%的被访客户回答未安装 | 46.25%的被访客户回答未安装 |
| 国有商业银行 | 全面安装，系统成熟发生故障概率极小 | 全面安装，系统成熟发生故障概率极小 | 全面安装，系统成熟发生故障概率极小 |

最后，农村信用社对互联网金融的冲击反应迟钝。近几年，互联网金融领域迅速崛起，各商业银行面对互联网的冲击纷纷采取行动来适应市场。例如：2014年初，民生银行携手第三方支付平台推出"如意宝"；2015年10月，建行、中行、中信银行相继与其他金融机构的第三方存管公司合作，加入P2P资金存管行列；而大部分中西部农村信用社在互联网金融领域似乎处于沉寂状态。单从P2P网贷这一业务看，一旦这种新型贷款方式的监管和秩序得以完善并普及到农村，完全有可能替代农村信用社的贷款业务，甚至更受农村地区金融需求者的欢迎。

3. 农村信用社的网点环境并不理想

问卷调查结果显示，有16.25%的被访者对农村信用社整体的网点环境不满意，51.25%的被访者态度居中，仅32.5%的被访者表示满意。一些被访者认为，少数中小型城市商业银行（如长安银行、北京银行）对网点环境的建设要远远优于农村信用社，甚至优于大型国有商业银行。网点环境的优化并不需要高端的技术或巨额资金的投入，但它直接反映了农村信用社在市场中的竞争态势。为使

---

① 数据来源于附件1的问卷调查。

得农村信用社的内部环境得到进一步的优化，提高其金融服务质量，农村信用社应加强对网点环境建设的重视程度。

（二）服务业务

农村信用社的服务业务主要包括三大类，即负债业务、资产业务及中间业务。为了方便分析，本节主要分析负债业务中的存款业务、资产业务中的贷款业务及中间业务。截至 2016 年末，农村信用社各项存款余额为 244527 亿元，较上年末增长 6.17%；各项贷款余额达 150889.53 亿元，较上年末降低 9.18%。由于农村信用社中间业务数据很难获得，所以无法从全国面的数据反映其发展状况。但据陕西调研数据显示，2015 年榆林市神木农村商业银行①中间业务收入为 1334.44 万元，仅占总收入的 0.75%，远低于其他商业银行 21.4% 的平均水平。可见，从业务的规模来看，农村信用社的主营业务还是最传统的存贷款业务。

1. 农村信用社存款规模逐年增长，期限仍以活期为主

从存款规模看，农村信用社整体的存款规模在逐步扩大，其中改制后的农村商业银行存款规模增长迅猛，在 2016 年已超过中国农业银行（见图 3-13），但农村信用社*相较农村商业银行、邮政储蓄银行和中国农业银行，存款规模增幅缓慢。这可能是由于县域金融机构竞争激烈，加上农村信用社*自身服务能力有限，导致其存款份额增速滞后。

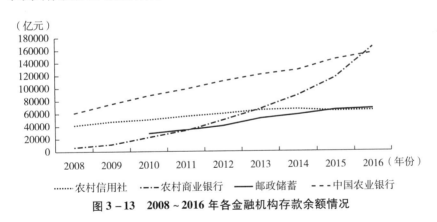

图 3-13　2008~2016 年各金融机构存款余额情况

从存款结构看，农村信用社*存款的期限结构主要是活期存款②，定期存款占比不高。存款结构比率是活期存款与定期存款的比率，由于活期存款的稳定性差，所以该比率的上升意味着银行存款的稳定性减弱，流动性需求增加。从图 3-14 来看，农村信用社*的存贷款结构比率较高，意味着农村信用社*存款的

---

① 神木农村商业银行商业化改制走在陕西省前列，其中间业务在全省农村信用社中发展较快。

② 鉴于数据的可得性，用农村信用社*的存款结构数据进行分析。

稳定性弱，流动性需求增加。

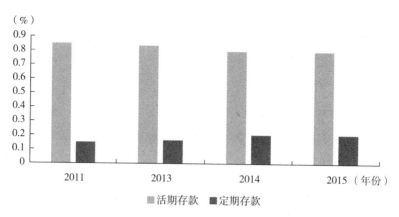

图 3-14　2011~2015 年农村信用社*存款期限结构占比①

2. 农村信用社贷款规模逐年增长，期限以短期为主

从贷款规模看（见图 3-15），农村信用社整体的贷款规模也在逐步增加，但农村信用社*的贷款规模增幅远不如改制后的农村商业银行，从 2013 年后，农村商业银行发展迅猛，其贷款规模有望与中国农业银行齐平，但农村信用社*的贷款规模却没有明显变化。在调研过程中，也有不少农村信用社*的负责人表示存在"贷不出去"的现象，这可能是因为我国目前整体经济增长率降低、民间借贷冲击、其他地方性商业银行的竞争及监管当局对农村金融机构不良贷款"零容忍"政策等原因所致。

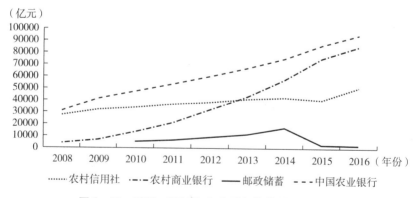

图 3-15　2008~2016 年各金融机构贷款余额情况

---

① 鉴于数据的可得性，本节选取 2011~2015 年农村信用社*中单位存款的存款期限结构来刻画农村信用社总体的存款期限结构。其中，活期存款为单位活期存款，定期存款为单位定期存款。

从贷款结构看（见图3-16），短期贷款依然是农村商业银行的主要贷款期限结构①，这一方面说明受到经济增长率降低的影响，大部分的客户通过贷款来进行长期投资等行为的欲望有所降低；另一方面也有可能是农村商业银行考虑到长期贷款的风险，不愿发放长期贷款。

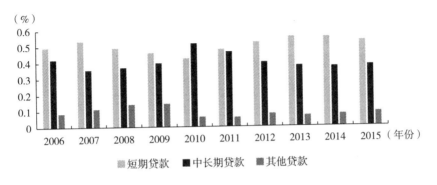

图3-16　2006~2015年农村商业银行贷款期限结构占比②

**3. 大部分农村信用社中间业务发展滞缓，中间业务收入甚微**

从农村信用社总体情况看，中间业务发展滞后，目前只有改制完成的农村商业银行开展中间业务。从农村商业银行的调研情况可知，我国中西部地区大多数农村商业银行中间业务发展滞缓。陕西榆林市神木农村商业银行的调研资料显示，目前神木农村商业银行的中间业务仅开设了保险类代理业务，包括与贷款标的物相关的财产保险、家庭财产保险及意外伤害险等；河南省固始县农村商业银行的中间业务也仅为最基本的货币市场业务（债券买卖等），其他中间业务均没有涉及。究其原因，主要是各地的省联社没有放开对农村信用社开设中间业务的限制，再加上农村信用社自身系统开发能力有限，模仿国有商业银行的业务又存在滞后性，最终导致中间业务发展滞慢，种类稀缺。

为更深入了解农村商业银行中间业务的发展现状，本小节从不同地区选取有代表性的三家农村商业银行进一步说明（见表3-3）。首先，从中间业务的收入看，各地农村商业银行的中间业务收入较低，并且存在地区发展差异。2011~2015年，横山和天津农村商业银行的中间业务收入呈上升趋势，神木农村商业银行的中间业务收入呈下降趋势，这主要是由于神木农村商业银行在这一期间受经济下滑冲击大，导致中间业务收入不稳定，呈急剧下滑趋势。其次，从中间业

---

① 鉴于数据的可得性，此处采用农村商业银行的数据来分析。
② 其他贷款为票据贴现。

务收入占比看，农村商业银行开设的中间业务种类少，最终使得中间业务收入在营业收入中的占比低，最高的仅占0.91%。

表3-3　农村商业银行2011~2015年中间业务收入与占比情况①

| 农村商业银行 | 2011年 | 2012年 | 2013年 | 2014年 | 2015年 |
|---|---|---|---|---|---|
| 横山农村商业银行中间业务收入（万元） | 27.84 | 132.08 | 176.17 | 337.35 | 503.63 |
| 占比（中间业务收入/营业收入）（%） | 0.14 | 0.43 | 0.46 | 0.91 | 1.69 |
| 神木农村商业银行中间业务收入（万元） | 2237.82 | 1552.7 | 1327.81 | 1320.17 | 1334.44 |
| 占比（中间业务收入/营业收入）（%） | 1.13 | 0.59 | 0.54 | 0.58 | 0.75 |
| 天津农村商业银行中间业务收入（万元） | 11418.19 | 14819.97 | 26369.03 | 36949.99 | 31893.19 |
| 占比（中间业务收入/营业收入）（%） | 2.35 | 2.48 | 4.25 | 5.08 | 3.87 |

（三）服务渠道

目前，农村信用社为客户提供的服务渠道主要有五种，包括物理网点、电话银行、自助银行、网上银行和手机银行。这五种服务渠道的成本及特点比较如表3-4所示。

表3-4　农村信用社五种服务渠道的成本及特点比较

| 特点＼渠道 | 物理网点 | 电话银行 | 自助银行 | 网上银行 | 手机银行 |
|---|---|---|---|---|---|
| 设置成本 | 最高 | 较低 | 较高 | 较低 | 低 |
| 服务对象 | 所有客户 | 本行客户 | 所有客户 | 互联网客户 | 手机用户 |
| 服务方式 | 面对面服务 | 24h服务 | 单向服务 | 24h服务 | 24h服务 |
| 服务时间 | 8h服务 | 24h服务 | 24h服务 | 24h服务 | 24h服务 |
| 服务范围 | 网点周边 | 本行客户 | 网点周边 | 互联网客户 | 本行手机用户 |
| 收入来源 | 存贷利差、手续费 | 利差、手续费等派生收入 | 利差、手续费等派生收入 | 利差、手续费等派生收入 | 利差、手续费等派生收入 |
| 安全风险 | 人为操纵（抢劫、偷窃等） | 人为盗窃密码、转账 | 机器故障、抢劫、盗窃 | 用户/交易资料泄露 | 盗窃交易资料、通信故障 |

由表3-4可知，物理网点服务对象最多，但成本最高，且受营业时间限制，

---

① 数据来源于课题组2016年7~8月在陕西省榆林市神木、横山、天津农村商业银行的实地调研。

不能随时随地为客户提供服务。其他服务渠道能够24小时为客户服务,成本相对较低,效率远高于柜面服务。这些新渠道的发展,在为客户提供更便捷的金融服务的同时,也与传统的物理网点渠道形成了相互补充、共同发展的体系。下文主要从服务渠道的客户数量、年龄和学历三个方面来阐述农村信用社金融服务供给情况①。

1. 农村信用社的客户主要集中在柜面办理业务

据问卷调查结果可知,农村信用社的柜面和自助银行(ATM)服务占据了最多的客户资源,其次是网上银行、手机银行和电话银行。虽然中国邮政储蓄银行和中国农业银行的客户分布与农村信用社大致相同,但其网上和手机银行的使用比例要高于农村信用社(见图3-17)。这是因为农村信用社主要服务的客户对象文化程度相对较低,在柜面和自助银行(ATM)办理业务相对简单,容易操作。

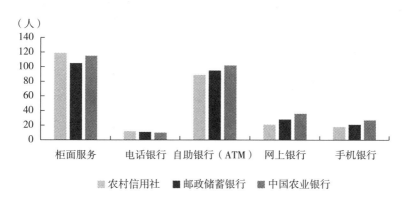

**图3-17 金融机构各服务渠道的客户数量分布**

2. 农村信用社不同年龄的客户在选择服务渠道时表现出明显偏好

通过调研数据发现(见图3-18),农村信用社的客户在办理业务时,16~35岁年龄阶段的客户属于年轻客户,他们学习并接受新型服务方式的能力较强,他们更愿意选择简单快捷的自助银行来办理业务;另外,36~50岁年龄阶段的客户量大,更偏向于选择柜面和自助银行这两种服务渠道;而50岁以上的客户量较少,且几乎不使用网上银行和手机银行,这与他们的学习能力和操作能力有直接关系。

---

① 数据来源于附件1的问卷调查。

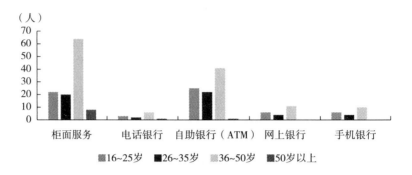

图 3 - 18　农村信用社各服务渠道年龄分布

3. 农村信用社不同学历的客户选择服务渠道时有明显差异

高中、大专及本科以上学历的客户在办理业务时，会根据自身的需求选择不同的服务渠道，前文提到的五种渠道均有涉及。而小学和初中学历的客户在办理业务时，会受自身学习和认知能力的限制，通常只选择柜面和自助银行办理业务，较少选择电话银行，几乎不选择网上银行和手机银行，如图 3 - 19 所示。

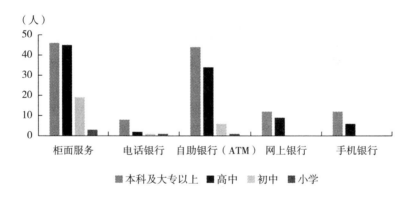

图 3 - 19　农村信用社各服务渠道学历分布

（四）从业人员

近年来，农村信用社通过吸收借鉴成功经验，完善激励考核制度，吸引了大批量优秀人才。截至 2015 年末，农村信用社的从业员工数量已占全国银行员工总数的 24.3%，这一比例已经远超我国其他商业银行及一些新型农村金融机构，仅次于我国大型商业银行的员工数量（见表 3 - 5）。并且在实地调研过程中，几乎所有的农村信用社均表示其从业人员数量相比其他县域金融服务机构具有明显优势。然而，仅从数量上并不能全面反映农村信用社从业人员的供给现状，因此，下文将从学历、专业结构和年龄结构三个方面来进一步阐述从业人员的素质状况。

表3-5 县域金融机构员工数量情况

| 机构类型 | 2015 年末人数（人） | 占全国员工总数的比重（%） |
|---|---|---|
| 大型商业银行 | 1448473 | 41.2 |
| 股份制商业银行 | 457109 | 12.9 |
| 城市商业银行 | 376356 | 10.7 |
| 农村合作金融机构 | 854587 | 24.3 |
| 邮政储蓄 | 267299 | 7.5 |
| 新型农村机构 | 89183 | 2.5 |
| 其他 | 24432 | 0.69 |
| 合计 | 3517439 | 100 |

注：新型农村金融机构包括村镇银行、贷款公司、农村资金互助社等。

1. 农村信用社员工学历有所提高

农村信用社的网点多分布于农村，工作环境艰苦，不利于吸引高层次人才。但随着改革的推进及农村信用社薪资的提高，本科及以上学历的人才开始大批量涌入农村信用社，员工学历结构有所改善。在调研过程中我们发现东部地区员工学历普遍高于中西部地区，如图3-20和图3-21所示，河南农村信用社员工学历以本科及以下为主，然而山东农村信用社员工学历绝大多数为本科及以上。

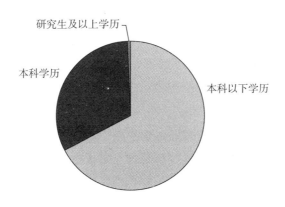

图3-20 2015年河南固始农村商业银行学历结构

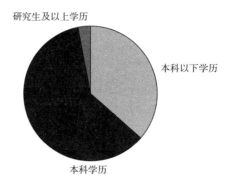

**图 3 - 21　2015 年山东聊城农村商业银行学历结构**

2. 农村信用社员工专业结构较为单一

在调研过程中，我们发现农村信用社普遍存在着员工知识结构单一、综合型人才缺失的情况。例如：河南固始农村商业银行中经济管理专业的员工比例高达90%，法律及计算机专业的仅占 3%；陕西榆林农村商业银行的情况要稍微好些，但经管相关专业的员工也占了 50% 以上。另外，还有很多农村信用社有类似的情况，这就说明我国绝大多数农村信用社的员工存在专业结构较为单一的情况，专业结构单一会导致员工面对互联网技术、大数据分析、新型科技等较为复杂的工作时，显得力不从心。

3. 农村信用社员工老龄化现象严重

农村信用社地处县域及村镇，由于信息不发达及管理者思想的落后使得农村信用社员工更新换代动力不足，农村信用社员工老龄化现象比较普遍。例如：河南固始农村商业银行 30 岁以下员工只占 16%，50 岁以上占比高达 20%；陕西榆林农村商业银行情况相似。而国有商业银行 30 岁以下的员工占比基本达到 35%，整体较为年轻化。员工的老龄化会使农村信用社缺乏创新的动力，发展后劲不足，难以适应新时代的要求。

**二、金融服务深度调查**

伴随着农村金融市场的不断扩大，县域金融机构（如邮政储蓄银行、各大国有银行县域支行及村镇银行等）得到了飞速的发展。为了凸显农村信用社在县域中的可得性优势，农村信用社应不断丰富金融产品、拓展金融投资渠道来提高自身金融服务能力，以此满足更多的客户需求。为了更加全面地了解农村信用社金融服务包容性现状，本节从县域居民、涉农企业和非涉农企业三类需求主体来分析农村信用社金融服务深度①。

①　数据来源于附件 1 的问卷调查。

（一）县域居民

县域居民的金融服务需求主要表现在融资需求、存款需求、金融投资需求和其他需求四大方面。但是由于中国区域经济发展不平衡，不同地区县域居民的金融服务需求具有明显的差异。为了更好地了解中国县域居民金融服务需求现状，本节将分三个地区（东部地区、中部地区和西部地区）对县域居民最主要的四种金融服务需求现状进行深入分析。

1. 县域居民在融资需求方面存在地区差异

从融资需求量来看，中部地区居民的平均融资需求量最大。据实地调查结果显示，东部地区平均融资金额为 5 万元，占贷款居民的 33.33%；中部地区平均融资金额为 10 万元，占贷款居民的 30.76%，最高达到 20 万元以上；西部地区平均融资金额在 5 万元以下，占贷款居民的 38.63%（见图 3 - 22 ~ 图 3 - 24）。造成以上结果的原因是东部居民收入水平较高，基本可以实现自给自足，因而资金需求量不大；西部地区因经济发展较慢，所以资金需求量也相对较少；中部地区由于正处于经济快速发展的阶段，资金需求量相对较大。

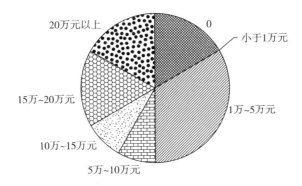

图 3 - 22　东部地区融资需求量

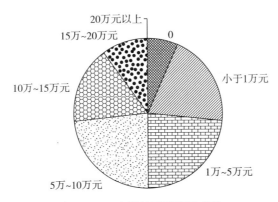

图 3 - 23　中部地区融资需求量

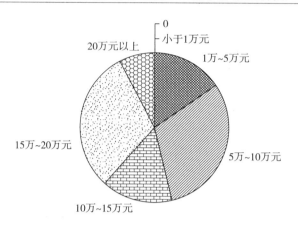

图 3 - 24　西部地区融资需求量

从融资用途来看，东、中部地区居民融资多为生产性用途[①]，西部则为消费性用途[②]。东部地区经济发达，当地居民融资多用于做生意和购买牲畜、农机，分别占比 45%、20% 和 15%；中部地区居民融资也多用于做生意，占比 36.84%，此外还偏好购买家电、外出旅游等其他融资用途，占比 26.32%；西部地区居民由于基本生活需求还没有完全得到满足，因此他们的融资用途多为修建房屋和子女上学等消费性贷款，分别占比 28.57% 和 10.01%，如图 3 - 25 ~ 图 3 - 27 所示。

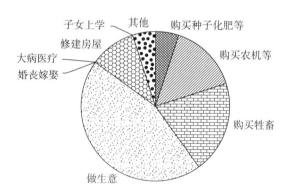

图 3 - 25　东部地区融资用途

---

① 生产性用途主要包括做生意，购买农机、牲畜、种子等。
② 消费性用途主要包括婚丧嫁娶、大病医疗、修建房屋、子女上学等。

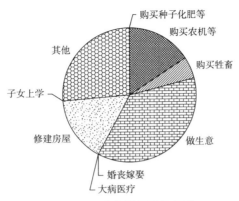

**图 3 - 26 中部地区融资用途**

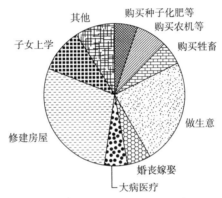

**图 3 - 27 西部地区融资用途**

从融资渠道看，中、东部地区县域居民的主要融资渠道为正规金融机构，占比分别为 54.17% 和 61.18%，而西部地区县域居民的主要融资渠道为民间借贷（见图 3 - 28 ~ 图 3 - 30）。但从总体看，民间借贷在各地区县域居民的融资渠道中都是重要的一部分，同时也说明现阶段正规金融机构难以满足县域地区居民的金融服务需求。

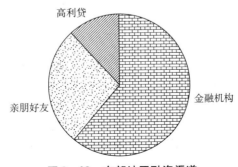

**图 3 - 28 东部地区融资渠道**

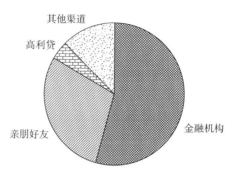

图 3 - 29　中部地区融资渠道

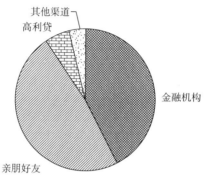

图 3 - 30　西部地区融资渠道

从融资需求满足情况看，不同区域的农村信用社发展水平是不同的，满足融资需求的状况也存在差异。根据问卷调查的结果，54.1% 的东部地区被访者认为农村信用社可以满足融资的需求；相反，有 53.5% 的中部和 66.7% 的西部被访者认为农村信用社无法完全满足其融资需求。总体来看，农村信用社对于居民融资需求的满足不高，正规金融机构不能满足融资需求。造成这种现象的原因是多种多样的，当问到"您一般选择的金融机构不是农村信用社的原因"时，大多数县域居民的回答是对农村信用社不了解或者是其他金融机构的服务更适合，这说明农村信用社要切实加强对自身金融服务的宣传，巩固其在县域中的认可度。

2. 县域居民在存款需求方面普遍偏好活期存款

各地区居民对存款类型的选择差异不大（见图 3 - 31 ~ 图 3 - 33）。其中，对活期存款的选择最多，占比超过 50%；其次是定期存款，但从区域分布看，西部地区居民对定期存款的需求要多于东、中部地区，这可能是由于当地居民认为定期存款比活期收益高且更保险的理念所造成的；最后是定活两便存款。由于农村信用社的存款业务设立较早，发展得较为成熟，存款业务的种类相较于其他商业银行也是大同小异，所以 80% 以上的居民都认为农村信用社可以满足其存款需求，尤其是在东部地区。

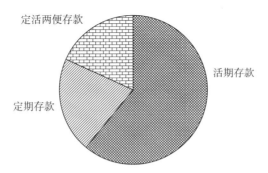

图 3 – 31 东部地区存款结构

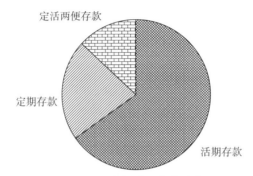

图 3 – 32 中部地区存款结构

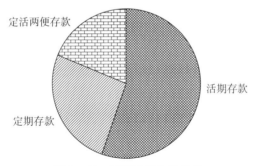

图 3 – 33 西部地区存款结构

3. 东、中部县域居民在金融投资方面多选择股票，西部则选择保险

在对金融产品的选择方面，东、中部县域居民多选择股票，占比分别为36.36% 和30%，这是因为投资股票的收益高，但风险也较大；西部县域居民多选择投资保险，占比35%，这说明当地居民的风险承受能力较差（见图 3 – 34 ~ 图 3 – 36）。虽然我国大部分地区的居民都有投资的欲望，但从前文服务业务的分析中可知，大多中西部的农村信用社中间业务种类稀少，因而基本无法满足居民的投资需求。

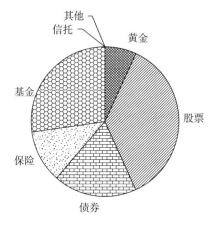

图 3 - 34　东部地区投资结构

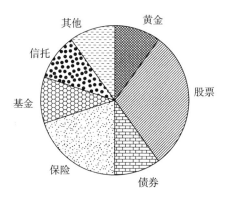

图 3 - 35　中部地区投资结构

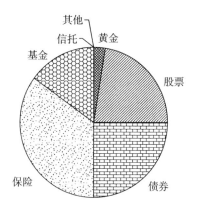

图 3 - 36　西部地区投资结构

4. 各地区县域居民在其他金融需求方面①没有明显差异

除了上述金融服务需求外，我国县域居民对转账的需求也与日俱增，尤其是西部地区，占比为75%。但多数县域居民反映农村信用社的转账系统相比其他商业银行较为复杂，尤其是跨行转账，网上银行转账时也需要支付一定的手续费。此外，随着居民金融意识的不断增强，内部机构环境、等待时间、人员态度、信息咨询等方面的需求也越来越受到县域居民的重视，占比高达26%。因此，农村信用社除了要逐步改善最基本的服务业务外，还应不断提高网点环境建设，加强人员培训，全面提升金融服务能力，以此来满足县域居民日益增加的金融服务需求。

（二）涉农企业

涉农企业主要是指从事与农业生产活动具有直接联系的各种企业，如畜牧养殖业等，涉农企业在推进"三农"发展方面发挥着重要的作用。为了分析的方便，本节将企业营业收入500万元及以上且不超过20000万元的定义为中型涉农企业，营业收入50万元至500万元的定义为小型涉农企业，营业收入50万元以下的定义为微型涉农企业②。中小涉农企业的金融服务需求主要有融资需求、保险需求、支付结算需求及其他需求四大方面。

1. 不同规模的涉农企业在融资需求方面存在差异

从融资需求量看，规模越大的企业其融资需求量越大。一般而言，涉农企业的规模越大，资金缺口就越大，需要的资金也越多。据调查，微型企业的资金缺口率③较低，一般在10%以下，小型企业的资金缺口率为20%左右，中型企业的资金缺口率最大，为30%~40%。农业丰收季节向贷款机构融资时，不同规模企业的融资金额差别也较大。微型企业融资金额主要集中在10万~50万元；有少数微型企业融资金额高达500万元以上；小型企业融资金额集中在100万~500万元；中型企业平均融资金额最高，主要分布在500万~1000万元，如图3-37~图3-39所示。

从融资用途来看，中小型企业注重扩大生产规模，微型企业则偏好投资固定资产。根据调查，在融资用途方面，微型企业主要侧重对固定资产的投资，为进一步扩大生产规模打基础，占比43%；中小型企业由于资产储备较为充足，因而更多地追求生产规模的扩大，占比分别为42.86%和40%，同时也注重通过技术研发来增强自身的竞争力，占比分别为21.43%和25%，如图3-40~图3-42所示。

---

① 其他金融服务需求主要包括转账、兑换外币、信息咨询、内部机构环境、服务态度等。

② 分类标准来源于《关于印发中小企业划型标准规定的通知》。

③ 资金缺口率 = 资金缺口额÷所需资金额。

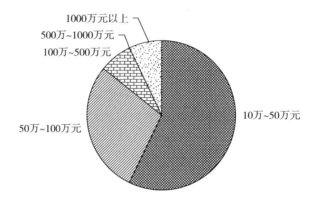

图 3 - 37　微型涉农企业融资需求量

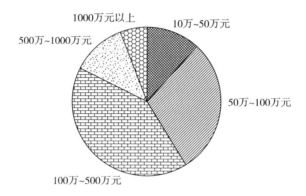

图 3 - 38　小型涉农企业融资需求量

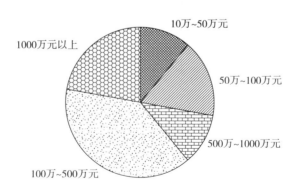

图 3 - 39　中型涉农企业融资需求量

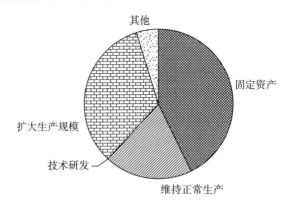

图 3-40 微型涉农企业融资用途

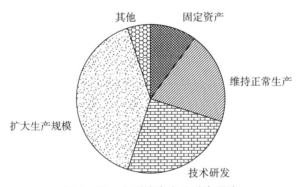

图 3-41 小型涉农企业融资用途

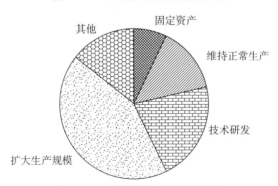

图 3-42 中型涉农企业融资用途

　　从融资渠道来看，中小型企业更偏好从正规金融机构中融资。微型企业由于自身规模小，竞争优势不大，对融资渠道的选择没有明显偏好，存在向亲朋好友借款的现象；中小型企业则更偏好从金融机构特别是农村信用社中融资，这主要是因为农村信用社县域网点多，贷款门槛低，能更好地满足其需求。除此之外，企业也会选择其他融资渠道，如内部融资①、发行债券或股票、企业间拆借等，如图 3-43 ~ 图 3-45 所示。

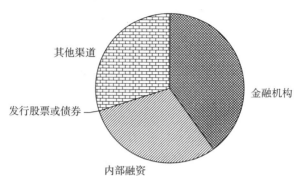

**图 3-43　微型企业融资渠道**

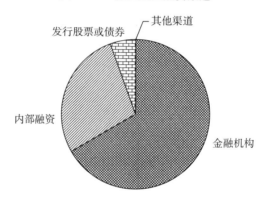

**图 3-44　小型企业融资渠道**

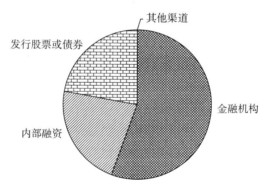

**图 3-45　中型企业融资渠道**

---

　　① 内部融资是企业依靠其内部积累进行的融资，具体包括三种形式：资本金、折旧基金转化的重置投资和留存收益转化的新增投资。

从融资满足情况来看，调研结果显示，有57.84%的被访涉农企业认为农村信用社无法满足其融资需求。当问到"农村信用社不能完全满足融资需求的原因"时，多数企业认为是农村信用社的贷款利率相比其他县域金融机构，如民生银行等，没有优势，并且办理流动资金贷款的审核期较长、手续较为烦琐、贷款期限也较短。可见，农村信用社还应继续完善其贷款审批程序，加强在县域中的竞争力。

2. 涉农企业在保险需求方面大多偏好财产保险但仍存在差异

虽然我国涉农企业对保险的选择主要集中在财产保险，但随着企业规模的不同仍表现出差异化特点。微型企业更偏好农业保险，占比33.33%，这是因为微型企业的生产经营主要是围绕农业活动展开的；小型企业偏好责任保险，占比34%，责任保险属于广义的财产保险，这体现出企业对自身财产的重视；中型企业则没有明显的偏好，但对保险的需求更加多样，包括运输等其他保险，占比14.29%（见图3-46~图3-48）。随着企业规模的不断扩大，其涉及的业务类型会不断增多，对保险的需求也会更加多样化，省联社有必要放开对农村信用社开设中间业务的权限，让其根据需求代理保险业务。

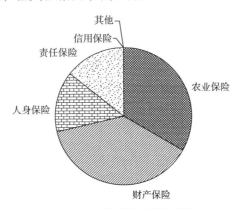

图3-46　微型企业投保结构

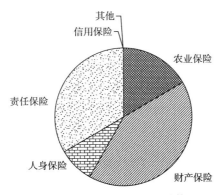

图3-47　小型企业投保结构

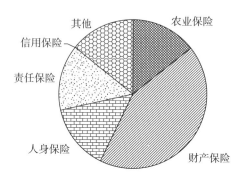

图 3-48　中型企业投保结构

3. 规模越大的企业在支付结算方面越倾向于票据结算

从支付结算方式来看，企业的结算方式因其规模不同而显现出差异。由图 3-49～图 3-51 可以看出，微型企业大多使用非票据结算方式，占比 90%；小型企业对票据结算和非票据结算方式的需求差异不大；中型企业更多地使用票据结算的方式，这是因为票据结算更有利于企业间的清算，节约金融机构的成本。但多数企业认为农村信用社提供的票据结算工具较为单一，不能很好地满足结算需求。

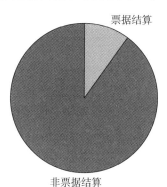

图 3-49　微型企业结算方式

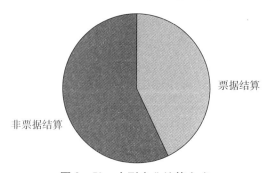

图 3-50　小型企业结算方式

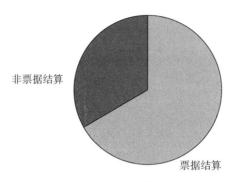

非票据结算

票据结算

图 3 - 51　中型企业结算方式

4. 中小型企业在其他需求方面①中对承诺担保需求强烈

在其他需求方面，中小型企业对承诺担保的需求较为强烈，从调研结果来看，31.68% 的中型企业有承诺担保的需求，26.85% 的小型企业有承诺担保的需求，微型企业则在其他需求方面没有表现出明显的偏好。除此之外，跟县域居民一样，涉农企业也越来越重视金融机构的网点建设，包括服务的态度、信息咨询等。农村信用社的中间业务发展缓慢，网点建设跟其他商业银行相比也没有优势，因此想吸引涉农企业来农村信用社办理业务，就必须增加中间业务的种类，提升网点建设，从而增强自身的竞争力。

（三）非涉农企业

非涉农企业是相对于涉农企业而言的，主要是指从事非农产品和非农业生产资料生产、加工等活动的各种企业，如建筑制造业、餐饮服务业等，非涉农企业在我国的国民经济中具有不可忽视的地位。为了分析的方便，本节将企业营业收入 20000 万元及以上定义为非涉农大型企业，企业营业收入 500 万元及以上且不超过 20000 万元的定义为非涉农中型企业，营业收入 500 万元以下的定义为非涉农小型企业②。非涉农企业的金融服务需求主要表现在融资需求、金融产品及其他需求三大方面。

1. 不同规模的非涉农企业在融资需求方面存在差异

从融资需求量看，非涉农企业规模越大其融资需求量越大。据调查，各非涉农企业的资金缺口率虽然有差异，但基本都在 20% ~ 30%，部分大型企业的资金缺口率高达 40% 以上。与之相对应的融资金额，不同规模的企业之间存在较大差异，小型企业平均融资金额最低，为 50 万 ~ 100 万元，占比 50%；中型企业平均融资金额为 100 万 ~ 500 万元，占比 42.1%；大型企业平均融资金额最高，一般达到 1000 万元以上，占比 34.62%，如图 3 - 52 ~ 图 3 - 54 所示。

---

① 其他需求主要包括承诺担保、兑换外币、信息咨询、内部机构环境、服务态度等。
② 分类标准来源于《关于印发中小企业划型标准规定的通知》。

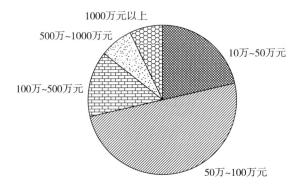

**图 3-52　小型企业融资需求量**

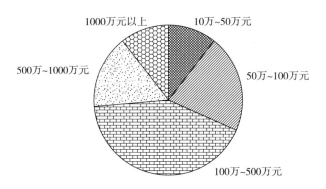

**图 3-53　中型企业融资需求量**

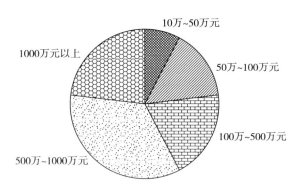

**图 3-54　大型企业融资需求量**

　　从融资用途来看，小型企业注重对流动资产的投资，大中型企业侧重扩大生产规模。在融资用途方面，小型企业将多数资金运用到流动资产中，占比为30.56%，这是因为小型企业从事的生产活动较为繁杂，原始资产也较少，因而对资金的流动性需求强烈；大中型企业由于资金实力较为雄厚，因而更加追求生产规模的扩大，占比分别为 33.33% 和 26.09%。除以上用途外，非涉农企业也将资金运用到技术研发、广告宣传等方面，融资用途更加的多样，如图 3 - 55 ~ 图 3 - 57 所示。

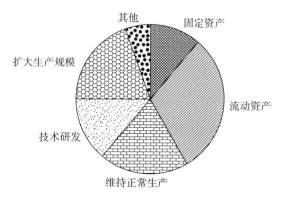

**图 3 - 55 小型企业融资用途**

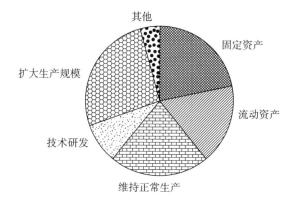

**图 3 - 56 中型企业融资用途**

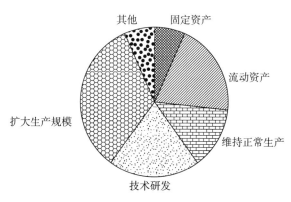

**图 3 - 57 大型企业融资用途**

从融资渠道来看,小型企业相较大中型企业融资渠道单一。从调查可知,不管企业的规模是大或小,其主要的融资渠道都是正规金融机构,并且,更倾向于正规金融机构中的国有商业银行,因为国有商业银行发放大额贷款成本低,高效省时。唯一不同的是,大中型企业的融资需求量大、经营能力强且资信状况较好,因而融资渠道也更加多样,可以通过发行股票债券等方式筹集资金,然而小型企业不具备这些优势,因此融资渠道较为单一,如图 3 – 58 ~ 图 3 – 62 所示。

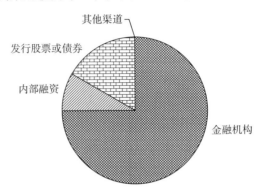

**图 3 – 58  小型企业融资渠道**

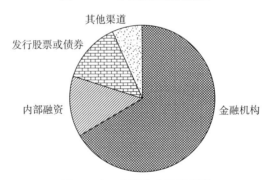

**图 3 – 59  中型企业融资渠道**

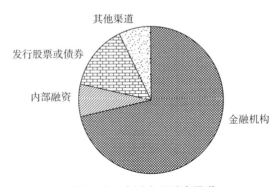

**图 3 – 60  大型企业融资渠道**

从融资满足情况看，根据调查，有51.3%的非涉农企业认为农村信用社无法满足它们的融资需求，这个问题在小型企业中更突出。究其原因主要有两个方面：一方面是非涉农企业更偏好从正规金融机构中的国有和城市商业银行中融资，再加上相较于国有商业银行，农村信用社的授信额度无法完全满足企业的融资需求；另一方面是非涉农企业的融资渠道更加多样，可以通过资本市场，如发行股票、债券等来筹集资金，不单局限于从银行中融资。

2. 大型和小型企业在金融产品需求方面偏好投资保险，中型企业偏好债券

根据调查，在金融产品的选择方面，企业投资保险的比例普遍很高，说明企业都有很强的风险防范意识，其中大型企业和小型企业的对保险的需求更大，占比分别为41.67%和38.46%；企业投资债券的比重普遍较大，债券的风险不大且有稳定的收益，这说明企业对风险的规避态度，其中，中型企业对债券的投资更多，占比28.57%；企业对股票和汇票的投资也占有一定的比重。说明企业会根据自身具体情况来选择合适的金融产品进行投资，在保证自身资产安全稳定的前提下获得一定的收益，如图3-61~图3-63所示。

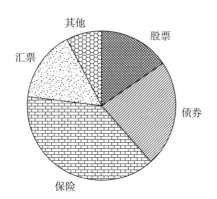

**图3-61　小型企业投资结构**

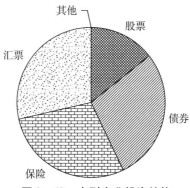

**图3-62　中型企业投资结构**

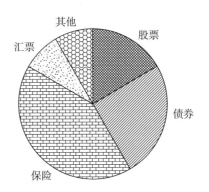

**图 3 - 63　大型企业投资结构**

3. 在其他需求方面①非涉农企业对国际结算需求不断增加

在经济全球化的大背景下，越来越多的非涉农企业在国际上发生债权债务的清偿或资金转移行为，这就对金融机构有了国际结算业务的需求。但农村信用社的业务范围有限，基本无法满足非涉农企业的国际结算业务需求，大部分的非涉农企业不得不选择在其他金融机构（如国有商业银行）进行国际结算。此外，与县域居民和涉农企业相同，在实际调研过程中，非涉农企业也表现出对机构网点环境建设的重视。

基于以上分析，为更直观地比较县域居民、涉农企业和非涉农企业金融服务需求的特点，本书归纳总结如表 3 - 6 所示：

**表 3 - 6　金融服务需求现状统计**

| 类别 | 需求种类 | 需求特点 |
| --- | --- | --- |
| 县域居民 | 融资需求 | 中部居民融资需求量最大；东、中部融资用途多为生产性，西部多为消费性；东、中部以正规金融机构为主要融资渠道，西部仍以民间借贷为主要融资渠道 |
| 县域居民 | 存款需求 | 活期存款需求最大，说明居民更加偏好流动性，拥有流动性强的资金方便县域城镇居民随时投资理财产品等，同时也方便农村居民随时提取现金以满足教育和医疗等需求 |
| | 金融产品需求 | 东、中部偏好投资股票，西部则偏好保险。原因在于随着收入的增长，居民对货币的价值有了新的认识，但由于各地区居民对金融产品的安全性及收益性等的认知程度不一，导致在金融产品的选择上存在差异 |
| | 其他需求 | 转账需求强烈；重视网点建设（包括网点环境建设、人员服务态度、信息咨询等） |

---

① 其他需求主要包括承诺担保、支付结算、国际结算、信息咨询、内部机构环境、服务态度等。

续表

| 类别 | 需求种类 | 需求特点 |
|---|---|---|
| 涉农企业 | 融资需求 | 中型企业融资需求量最大；中型和小型企业融资多用于扩大生产规模，且多从正规金融机构融资；微型企业则多用于固定资产投资，存在民间借贷现象 |
| | 保险需求 | 财产保险需求最大，体现出企业对自身财产和利益的重视 |
| | 支付结算需求 | 规模越大的企业其结算过程越规范，越倾向于票据结算方式 |
| | 其他需求 | 贷款的承诺担保需求强烈；重视网点建设（包括网点环境建设、人员服务态度、信息咨询等） |
| 非涉农企业 | 融资需求 | 大型企业融资需求量最大；大型和中型企业融资多用于扩大生产规模，小型企业则用于日常经营活动；小型企业较大中型企业融资渠道单一 |
| | 金融产品需求 | 大型和小型企业偏好投资保险，中型企业则多投资债券。虽然不同规模企业对金融产品的选择不一，但都体现出大多企业对风险的规避态度；再者，我国金融产品差异化不大，企业也只能在同类的产品中选择最适合自身发展的金融产品种类 |
| | 其他需求 | 国际结算需求强烈；重视网点建设（包括网点环境建设、人员服务态度、信息咨询等） |

### 三、农村信用社服务包容性存在的问题

从上文相关的分析中可以看出，农村信用社的金融服务供给和县域居民、企业的金融服务需求之间存在不平衡的问题。

首先，从供给角度调查分析农村信用社金融服务广度。在网点设施方面，农村信用社的网点数量虽然最多，但服务的覆盖面却不足，而且网点信息化和环境建设也不容乐观；在服务业务方面，农村信用社的主营业务依然是最传统的存贷款业务，虽然改制后的农村商业银行存贷规模增长迅速，但占网点数量最多的农村信用社*存贷规模增长却有所减缓，并且大部分农村信用社的中间业务发展滞缓；在服务渠道方面，虽然农村信用社在服务渠道的设置上与其他金融机构没有大的差异，但现代化的网上银行、手机银行的数量还是偏少，而且普及度也不高；在从业人员方面，近年来农村信用社员工的质量有所提升，但仍存在员工老龄化、文化水平不高等问题。从以上的分析可以看出，农村信用社的金融服务供给是有所提升的，尤其是改革发展后的农村商业银行在金融服务供给方面的提升更为突出。但相比于国有商业银行，其金融服务供给还是不够的。金融服务供给的不足，一方面会影响农村信用社自身金融业务的发展，另一方面会使得经济主体的金融服务需求得不到满足，导致"民间借贷"现象更为严重及自身客户的

流失。

其次，从需求角度调查分析农村信用社服务广度，随着我国县域经济的增长，县域中的居民收入和企业收益不断增长，对金融服务的需求也有所增加，但由于自身特点不同，对金融服务的需求也呈现出差异。县域居民最主要的金融服务需求依然是存贷款需求，但因为所处地域的不同，需求特征也不尽相同，大部分县域居民还有对金融理财产品的需求；根据企业从事的生产活动不同，可分为涉农企业和非涉农企业，其金融服务需求存在相同点，也有不同的地方，例如：两种类型的企业都有融资需求，并且规模越大的企业融资需求量越大；在金融产品的选择上也存在不同，涉农企业更偏好保险，而非涉农企业则偏好股票、债券等。

为了更直观地反映农村信用社在包容性发展中的供需失衡问题，本节从总量失衡、结构失衡及环境制约三个方面进一步阐述。

（一）总量失衡

基于前文所述，尽管不同的经济主体在金融需求的种类上不尽相同，但对金融服务的需求量是增加的，尤其是贷款需求量在逐年增加，但经济主体获得的贷款量未能满足其需求，存在失衡现象。由图 3 - 64 可知，我国农村信用社的存贷差①近年来一直是正值，且基本呈现出逐年增大的趋势，这表明客户将资金存到农村信用社的多，但能够从中得到的贷款量却很少，反映出农村信用社资金外流现象严重，其存款没有很好地转化为贷款服务于当地的信贷需求，也说明了农村信用社存在供需总量不平衡的现象，而且较为突出。

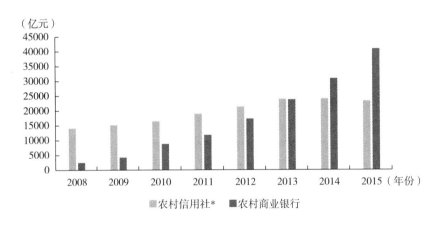

图 3 - 64　农村信用社\*与农村商业银行 2008 ~ 2015 年存贷差

---

① 存贷差 = 存款余额 - 贷款余额。

（二）结构不平衡

农村信用社的供需结构不平衡主要体现在地域、期限及需求主体三个方面。

首先，从地域上看，不同地区的金融供需状况存在差异性。由上文可知，我国地域发展不平衡，东部地区经济的蓬勃发展有力地带动了当地金融服务需求的增加，无论是贷款额度还是金融产品的多样化，当地农村信用社都已经不能很好地满足居民和企业的需求；而西部地区由于经济发展滞后，农业产业结构调整缓慢，使得当地居民由于缺乏相应的抵押担保物品而无法从正规金融机构中获取金融服务，导致西部地区民间借贷频发。并且，由于西部地区居民文化水平普遍偏低，农村信用社推出的新型金融业务和自助设备难以有效发挥作用，金融服务供给总体呈现出相对过剩的状况。

其次，从期限上看，农村信用社的贷款期限与农户信贷需求的期限不匹配。从第三章第四节可知，农村信用社贷款的主要期限结构是短期贷款，而农户从事生产经营的周期（一般为 1~4 年）远超过贷款期限，这样产生的结果是农作物尚在生长周期内、农产品尚未出售、生产经营成本尚未收回，便要求农户还款，这不仅使得农户不能按时足额还款，也给农村信用社带来了逾期风险，阻碍了农村信用社支农业务的开展。

最后，从需求主体上来看，农村信用社基本无法满足新型经营主体的金融服务需求。随着农业现代化和城镇化脚步的加快，我国农村经济逐渐呈现出规模化、专业化的趋势，农村开始向城镇社区过渡，农业向非农业转移，农民逐渐转变为城镇人口。随之而来的是新型经营主体的新型金融服务需求，新型金融服务需求的"新"主要体现在对信贷额度、期限、抵押物及理财产品多样性等的变化上。然而，大多农村地区的农村信用社似乎并没有注意到经营主体的转变，依然仅提供最基础的存贷业务和少量中间业务。不过，有一部分农村信用社开始试点实行农村土地两权抵押贷款业务，即农村承包土地经营权抵押贷款和农民住房财产权抵押贷款。各地管理部门应该积极鼓励这种创新行为，并大胆进行尝试，因为在供需结构存在不平衡现象时，创新业务和服务方式是必须采取的措施。

（三）环境因素的制约

农村信用社金融服务供给与客户需求之间不能实现有效对接，除了以上所述的问题之外，还存在供需环境的制约。

第一，立足于外部环境，民间借贷对农村信用社造成的"挤出效应"以及政府对农村信用社的扶持不足，使得农村信用社不能很好地满足客户需求。一方面，农村信用社贷款期限短、额度低、手续复杂及抵押要求高等因素，使得县域居民更倾向于通过民间借贷来满足需求，尤其是在西部地区。再加上"血缘""地缘"关系的存在，民间金融在农村很受追捧，农村信用社的"垄断"地位受到威胁。另一方面，农村信用社作为金融机构的商业性目标与服务"三农"之间存在不可调和的矛盾，所以政策性扶持在此处显得尤为重要。目前，我国对农村信用社的政策性扶持仍显不足。但随着供给侧改革和农村普惠金融体系建设的提出，政府加大了对农村地区金融发展的扶持力度。因此，农村信用社必须通过切实降低供给侧融资成本，使农村信用社回归服务"三农"、支持小微企业发展、服务实体经济的本质，提高自身金融服务能力，为农村普惠金融体系的构建加以助力。

第二，立足于内部环境，农村信用社在内外部治理上的老问题与新矛盾使得资金的配置与运用缺乏效率，这也在一定程度上影响了农村信用社金融服务的供需对接。我国的农村信用社发展至今，虽然在产权制度改革上已经取得了显著成效，但仍然存在诸多缺陷，"三会"形同虚设、行政化管理较为严重、薪酬制度不合理、经营管理粗放、政府过度干预等问题的存在都困扰着农村信用社的生存和发展。

## 第四节  基于服务质量的农村信用社金融服务能力调查分析

农村信用社作为金融服务行业，客户对其服务的满意程度可以在某种程度上反映其金融服务质量的高低，进而反映其金融服务能力的高低。

客户需求的满足程度指的是客户从农村信用社获取金融服务的整个过程中所获得的满足感[1]，具体表现为客户对农村信用社软环境、硬环境及业务内容三方面的满意度。由于国内目前对软环境的概念还没有一个清晰的界定，不同的学者有不同的观点。本节在此处基于学者魏潾的观点[2]，将软环境定义为：与客户对农村信用社金融服务满意度相关的因素中，人为干预可迅速改变其状态的那部分因素总和。硬环境为不能通过人为干预迅速改变其状态的那部分因素总和。考虑到农村合作银行仅仅是一种过渡的组织形式，且数量较少，所以本节仅对农村信用社\*和农村商业银行进行分析[3]。

本节所用数据来源于 2015～2016 年对县域居民的调查，涉及山东、河南、山西、陕西、天津等 7 省（市），共发放问卷 700 份，回收 689 份，有效问卷 620

---

① 引用美国学者韦斯卜洛克和雷利（1993）提出的"顾客需要满足程度模型"。

② 魏潾. 关于经济软环境的基本理论研究［J］. 学术交流，2004（9）.

③ 数据来源于附件 2 的问卷调查。

份，有效率为90%，符合要求。

## 一、硬环境满意度调查

硬环境可概括为物质环境和人才两个方面，包括农村信用社的网点设置、ATM 机、POS 机等附属设备的设置及其服务人员的配备等。将问卷调查汇总后的结果如表 3－7 所示，在硬环境建设的各个方面，农村信用社整体的硬环境满意度较高，平均在 0.7 左右，但农村信用社 * 给予客户的满足感均低于或等于农村商业银行给予客户的满足感。其中，客户对农村信用社 * 和农村商业银行服务人员数量充足性的满意度均低于其他项目，这说明农村信用社 * 和农村商业银行均存在员工数量不足的情况；网点环境满意度的分值是农村信用社 * 硬环境满意度分值中最高的一项，但它却仍低于客户对农村商业银行的满意度。这表明，一方面我们要肯定农村信用社 * 的网点环境建设，另一方面也不可忽视其与农村商业银行之间存在的差距，仍然需要进一步完善其整体硬环境的建设。

表 3－7　客户对农村信用社 * 与农村商业银行硬环境的满意度

| 满意度<br>组织形式 | 对网点设置合理性的满意度 | 对网点环境的满意度 | 对辅助设备应用便捷性的满意度 | 对宣传资料制作情况的满意度 | 对服务渠道多样化的满意度 | 对服务人员数量充足性的满意度 | 对服务人员专业性的满意度 | 平均满意度 |
|---|---|---|---|---|---|---|---|---|
| 农村信用社 * | 0.69 | 0.76 | 0.70 | 0.71 | 0.67 | 0.68 | 0.73 | 0.70 |
| 农村商业银行 | 0.70 | 0.78 | 0.72 | 0.73 | 0.71 | 0.68 | 0.74 | 0.72 |

## 二、软环境满意度调查

随着金融业混业经营趋势的发展，各家金融机构的业务趋同性越来越明显，这就使得客户更加注重金融机构的软环境。从调查结果汇总来看（见表 3－8），客户对农村信用社整体服务的软环境均比较满意，其中，客户对农村信用社 * 的平均满意度为 0.73，而对农村商业银行的满意度为 0.75。很明显，农村商业银行的软环境建设得到了客户更多的认可，同时也表明农村信用社 * 的软环境建设还有待加强。对临柜人员服务态度的满意度是农村信用社 * 与农村商业银行差距最大的一项，这说明农村信用社 * 的员工整体素质较落后、工作服务缺乏热情等。总而言之，农村信用社 * 有必要引入一些教育层次较高、综合素质较强的年轻员工来加强其软环境建设，从而提升其金融服务能力。

表3-8　客户对农村信用社*与农村商业银行软环境的满意度

| 满意度　　　　　组织形式 | 对大堂经理的服务意识的满意度 | 对临柜人员服务态度的满意度 | 对职员形象的满意度 | 对咨询问题回复及时性的满意度 | 对信息公告及时性的满意度 | 平均满意度 |
|---|---|---|---|---|---|---|
| 农村信用社* | 0.74 | 0.72 | 0.80 | 0.71 | 0.68 | 0.73 |
| 农村商业银行 | 0.76 | 0.76 | 0.82 | 0.74 | 0.69 | 0.75 |

### 三、业务内容满意度调查

客户对金融机构最根本的需求还是其具体的业务内容，客户对其业务内容的满意度对于农村信用社能否留住客户起到了决定性的作用，是反映金融机构服务能力的一个重要指标。由表3-9可知，客户对农村信用社的业务内容平均满意度均远低于客户对其软硬环境建设的满意度，表明农村信用社在业务内容上的提升空间最大。其中，虽然客户对农村商业银行业务内容的满意度也较低，但仍高于对农村信用社*的满意度，特别是在业务种类的多样化方面，农村信用社*相较于农村商业银行的差距最大，这间接表明了农村信用社*的创新能力不足，无法充分地满足客户日渐多元化的金融服务需求。除此之外，客户对贷款手续简便程度的满意度是最低的，这表明农村地区"贷款难"的问题仍然存在且异常突出，从而我们就找到了农村信用社*服务能力提升的突破口——贷款问题，只要农村信用社*能够想办法逐渐解决农户贷款难的问题，其金融服务能力自然会得到相应的提升。

表3-9　客户对农村信用社*与农村商业银行业务内容的满意度

| 满意度　　　　　组织形式 | 对业务种类多样化的满意度 | 对业务办理效率的满意度 | 对贷款需求满足程度的满意度 | 对贷款手续简便程度的满意度 | 对抵押方式灵活程度的满意度 | 平均满意度 |
|---|---|---|---|---|---|---|
| 农村信用社* | 0.67 | 0.64 | 0.60 | 0.58 | 0.61 | 0.62 |
| 农村商业银行 | 0.72 | 0.65 | 0.61 | 0.59 | 0.62 | 0.638 |

# 第五节　本章小结

本章首先从农村信用社发展概况和农村信用社对县域的金融服务现状两个方

面阐述了农村信用社金融服务现状，其次从可持续性、服务包容性和服务质量三个方面深入分析了农村信用社金融服务现状，通过研究得出以下结论：

（1）农村信用社近年来的改革并未使其形成真正意义上的公司治理架构，其监督管理部门的职能分工也不明确，最终致使农村信用社的金融服务能力提升有限。

（2）农村信用社的中间业务发展滞缓，网点覆盖面不够，难以满足县域经济发展所带来的金融服务需求，县域经济与金融存在不协调的现象。

（3）在可持续性方面，农村信用社整体表现虽有所提升，但农村信用社*的盈利能力仍低于改制后的农村商业银行，在安全性方面也存在较大隐患，但流动性有所增强。

（4）在金融服务包容性方面，从金融服务广度看，农村信用社的金融服务供给总体上是不断进步的，但仍存在诸多不足，如网点的数字信息化和环境建设落后、中间业务发展滞缓、新兴的服务渠道推广度及使用度较差、从业人员专业结构单一、老龄化。从金融服务深度看，县域居民的金融服务需求存在地区差异，东中部地区居民的金融服务需求整体比西部地区居民更加多样化；非涉农企业相比涉农企业对贷款的额度要求更高，对金融产品的需求也更多样。从农村信用社金融服务包容性发展存在的问题看，主要存在总量不平衡、结构不平衡和环境制约三大问题。

（5）在服务质量方面，农村信用社整体情况表现良好，客户对于农村信用社*和农村商业银行的硬环境、软环境及业务内容方面的满意度整体较为满意，但对农村商业银行的满意度稍高于农村信用社*的满意度。

综上，我们发现，治理机制改善了的农村商业银行在各个方面的表现都超过未改制的农村信用社，说明完善公司治理确实是提升企业服务能力的关键因素。因此，有必要从公司治理的视角出发，进一步研究分析如何有效改革完善农村信用社*的治理结构、进一步提升农村商业银行的治理效率，实现农村信用社整体在县域地区金融服务能力的提升。

# 第四章　农村信用社金融服务
## 能力综合评价

　　第三章内容主要对农村信用社金融服务能力现状做了定性分析，本章旨在通过构建农村信用社金融服务能力评价指标体系，运用层次分析法确定农村信用社金融服务能力各维度指标的权重，对农村信用社金融服务能力进行定量分析，在对农村信用社的金融服务能力做出全面评价的同时，对比未改制的农村信用社与已改制完成的农村商业银行的金融服务能力。

## 第一节　金融服务能力评价的可选择方法

　　对金融服务能力的评价，具有代表性的评价方法包括因子分析法、数据包络分析法、聚类分析法和层次分析法等。

### 一、因子分析法

　　因子分析法测度金融服务能力时，首先根据变量间的相关性程度对其进行分组，使得同一组内的变量之间有较高的相关性，同时不同组的变量相关性较低；其次在每一组变量中选取一个公共因子，得到较少的几个公共因子来反映原始变量的大部分信息，达到降维的目的；最后根据各因子的方差贡献率确定每个公共因子的权重后计算综合得分，即得到一个综合的金融服务能力测度指标。利用因子分析法得到的各因子的权重具有客观性，不随人为的主观意识改变，最终得到的综合性指标不仅简化了实证过程，而且具有科学代表性。然而由于数据采集的原因，学术界对于因子分析法的应用大多集中在测度金融机构的盈利性绩效指标上（上官飞等，2011）[1]，较少有学者用因子分析法测度包括财务绩效和社会绩效的综合性金融服务指标。

---

　　[1]　上官飞，舒长江. 基于因子分析的中国商业银行绩效评价［J］. 经济问题，2011（01）.

## 二、数据包络分析法

数据包络分析方法（DEA 分析方法）是根据多个输入指标（一般越小越好的作为输入指标）和多个输出指标（一般越大越好的作为输出指标）的数据，利用线性规划的技术，对具有可比性的同类型单位进行相对运营效率评价的一种数量分析方法。1978 年，DEA 方法由美国著名运筹学家 A. Charnes 和 W. W. Cooper 提出，目前已广泛应用于不同行业及部门，并且在处理多指标投入和多指标产出方面，体现了相当的优势。在服务能力的评价上，DEA 模型通过明确考虑多种投入要素（如员工规模、运作时间、机构数量等）的运用和多种产出要素（如盈利能力、服务质量等）的产生，能够用来比较提供相似服务的多个服务单位之间的效率。用 DEA 模型衡量服务能力可以清晰地说明投入和产出的组合，比单一的利润指标或服务质量指标更具说服力（肖斌卿等，2017）[①]。但 DEA 分析方法只能测度相对效率值，并不能找出深层次的影响因素。

## 三、聚类分析法

聚类分析的基本思想：若所研究的指标间有不同程度的相似性，具体找出一些能够度量这些指标之间相似程度的统计量，依据这些统计量对指标进行类型的划分，直到把所有的指标聚合完毕。在聚类分析中，主要包括直接聚类、最短距离聚类和最远距离聚类等。直接聚类是先把各个分类对象单独视为一类，然后根据距离最小原则，依次选出一对分类对象合并成新类，直至把全部分类对象归为一类，并根据归并的先后顺序作出聚类谱系图。最短距离聚类法是将所有元素排列成为 m × m 的距离矩阵，在该矩阵的非对角元素中找出分类对象（如 Gp 和 Gq）归并为新类（记为：Gr），这样就得到一个新的（m − 1）阶的距离矩阵；再在新的距离矩阵中重复上述过程，直至各分类对象被归为一类为止。最远距离聚类法与最短距离聚类法的区别在于计算原来的类与新类距离时采用的公式不同，最远距离聚类法是用最远距离来衡量样本之间的距离，并以此作为分类的依据。聚类分析法可以衡量不同样本之间的差异及竞争力，但并不能给出具体的指标结果值，也就是说，聚类分析法是一个相对评价方法，而不是绝对评价方法（李志彤等，2004）[②]。

---

① 肖斌卿，李心丹，颜建晔. 商业效率与社会效率：替代还是互补？——基于农村商业银行的面板数据检验 [J]. 复旦学报，2017（05）.
② 李志彤，张成虎，张瑞君. 商业银行经营绩效的经验分析 [J]. 金融管理，2004（08）.

## 四、层次分析法

层次分析法（即 AHP 法）最初是由美国学者 Saaty 在 1973 年提出的。这种方法首先根据问题的总目标，将问题分解成不同的组成因素，按照因素间的相互关系进行分层；然后依据专家的判断对每一层予以定量表示，并用数学方法确定该层各因素对上一层某元素的优先权重；最后通过加权的方法逐层归并总目标的最终权重，作为评价和选择决策方案的依据。层次分析法的特点是在对复杂的决策问题本质、影响因素及其内在关系等进行深入分析的基础上，利用较少的定量信息使决策的思维过程数学化，从而为多目标、多准则或无结构特性的复杂决策问题提供简便的决策方法。尤其适合于决策结果难以直接准确计量的问题。因此，有不少学者将层次分析法运用到评价企业的信用等级、内部控制、综合绩效等方面。运用层次分析法的优势体现在它是一种系统性的研究方法，能够对问题的因果关系进行一个完整的分析，并且这一方法简单实用，便于被人们接受。然而层次分析法也存在着难以为决策提供新方案、定性大于定量分析、数据统计工作量大等缺陷。

## 五、可选择方法的比较

以上这些方法在运用过程中各有优缺点（见表 4 - 1），因此需要根据不同的研究对象选择不同的评价方法。

表 4 - 1    不同评价方法的比较

| 评价方法 | 优　点 | 不　足 |
|---|---|---|
| 因子分析法 | 通过降维的方法删除信息冗余的指标，从而使新的指标体系简洁明了 | 因子个数及指标的选取需要分析者确定 |
| 数据包络分析法 | 该方法可以避免由于采用错误的函数形式而得出错误结论 | 该方法属于一种黑箱测度法，只能测度相对效率值，但不能同时找到影响效率的因素。如果要从深层次解决问题，必须根据效率值再去寻找影响因素 |
| 聚类分析法 | 聚类分析适用于探索性研究 | 聚类分析不会自动给出一个最佳聚类结果，研究者需根据后续分析，通过主观判断在众多聚类分析结果中进行选择 |
| 层次分析法 | 系统性强；方法简洁、易于操作；所需定量数据信息较少 | 不能为决策提供新方案；定量数据较少、定性成分多；指标过多时数据统计量大；特征值和特征向量的精确求法较复杂 |

农村信用社金融服务能力的评价是一个比较复杂的问题，影响其金融服务能力的因素众多，且这些因素之间相互制约、相互影响，存在复杂的内在关系。另外，有些影响因素不能够完全用定量描述，需要使用半定性、半定量的方法进行研究（比如，农村信用社服务质量中的一些指标）。基于对以上四种方法的比较，发现层次分析法恰好是一种结合定性与定量的系统分析方法，该方法思路清晰、适用面广、系统性强，能够解决农村信用社金融服务能力的数据评价不客观、指标难以用定量方法进行分析等问题。因此，本书认为层次分析法较适合于农村信用社金融服务能力的评价。

# 第二节　农村信用社金融服务能力评价思路

　　通过比较分析各种金融服务能力评价方法的优缺点，最终选定层次分析法来测度农村信用社的金融服务能力。层次分析法是一种定性与定量相结合的多目标决策分析方法，它能把定性因素定量化，从而使评价趋于定量化。一般而言，该方法在目标结构复杂且缺乏必要数据的情况下较为实用。层次分析法主要步骤包括：①将目标问题层次化；②依据问题的性质和预期目标，将问题分解成不同的因素；③按照因素间的关系，将因素按不同层次聚集，形成一个层次分析模型；④确定各因素对目标层的贡献权重。

　　由于金融服务能力是一个综合的概念，对于它的比较应考虑各因素共同作用的综合结果，因此可通过构建金融服务能力指标评估体系的层次分析模型，进行逐级比较，确定权重后进行赋权加总，最后得到金融服务能力的评估排序。要运用层次分析法评估农村信用社金融服务能力，首先要将其各影响因素进行递阶式分层，最上层为目标层，中间为准则层，最下层为方案层，每一层受下层因素的影响；其次依据层次分析模型构造判断矩阵，运用专家打分法和层次分析软件得出层次单排序与层次总排序，并进行一致性检验；最后在通过一致性检验的前提下，对方案层指标赋权加总得到金融服务能力的总体水平值。依据层次分析法的原理，在评估农村信用社金融服务能力时，可以把未改制的农村信用社与改制完成的农商行分别看成两个不同的"方案"，"方案"的优劣比较以金融服务能力强弱为依据。金融服务能力较强，可以看成"方案"较优，即其金融服务能力各项分指标的数值大小与其权重贡献度相符合；金融服务能力较弱，可以看成"方案"较劣，即其金融服务能力分指标的数值大小与权重高低相背离。通过对两个不同"方案"的比较进一步了解农村信用社改制的改制和改制方向。

## 第三节　农村信用社金融服务能力评价指标体系构建

### 一、农村信用社金融服务能力评价指标体系构建原则

农村信用社金融服务能力评价指标体系是对农村信用社金融服务能力进行评价、比较的关键，因此要进行客观公正的评价，必须正确设计金融服务能力评价指标体系。本节主要依据各类金融机构金融服务能力评价方面的研究成果，结合农村信用社的实际经营状况，设计农村信用社金融服务能力指标体系。构建农村信用社金融服务能力指标体系时应遵循以下原则：

（一）科学性

科学性原则要求农村信用社金融服务能力评价体系的设置要有客观依据，能充分测量农村信用社金融服务能力的大小，所选指标含义明确，能准确表达农村信用社金融服务能力的内涵[①]。具体包含三层含义：一是指标体系的设立要符合实际情况，要在科学合理的前提下选择合适的层次和指标，并非越复杂越好；二是选取评价指标应充分考虑数据的可得性，不宜选取数据获取难度太大的指标；三是选取的指标应该含义清楚，信息集中，计算方法简明易懂。

（二）全面性

全面性原则是农村信用社金融服务能力评价指标体系构建的最基本原则，指的是评价农村信用社金融服务能力的指标应尽可能全面地反映农村信用社金融服务能力的各个方面，指标体系覆盖面要广，能从整体上对金融服务能力进行评价，不能有所疏漏。

（三）层次性

农村信用社金融服务能力是一个复杂的系统，它可以分成若干子系统，每个子系统又由若干部分组成，这样就构成了一个层次模型。要评估农村信用社金融服务能力的大小，应该依据具体情况在不同层次选择不同的指标，通过赋权求和对农村信用社金融服务能力进行评估。同时，指标体系的设计要有系统性，尽量做到既无冗余又能说明问题、既有静态描述又能反映动态过程、既能说明整体水平又能衡量局部效率、既有理论基础又在逻辑上具有明显的层次性。

（四）可比性

金融服务能力的高低是一个相对的概念，是农村信用社在不同年份、不同省

---

① 黄莹. 我国农村金融服务水平及其经济福利效应研究 ［D］. 华中农业大学硕士学位论文, 2013（06）.

份或者与其他金融机构相比较的结果。构建农村信用社金融服务能力指标体系的目的之一是对农村信用社的金融服务能力进行时间和空间的对比，以评估农村信用社金融服务能力的高低及变化趋势。因此，构建的各项指标不仅要与其他地区的指标具有可比性，还要与历史数据具有可比性。因此，选取的指标要保证计算口径、经济范围一致，使其具有普遍的适用性。

### 二、农村信用社金融服务能力评价指标的选取

金融服务能力是金融服务提供者将生产的产品或劳务提供给他人，或通过一些辅助设备提供服务条件或信息，以满足不同主体的各种金融需求的能力[1][2]。现有文献在研究金融服务能力时，主要将其分为金融服务质量、金融竞争力两个维度。金融机构的竞争力反映的是金融机构的盈利情况，是金融服务能力得以提升的必要前提[3]。具体到农村信用社的金融服务能力，则涉及金融服务的包容性这一维度[4]，即农村信用社是否实现了财务绩效与社会绩效的兼顾协调发展也是其金融服务能力的一个重要方面。

服务质量是一个主观范畴，是消费者在接受了企业提供的服务后，根据企业的综合表现作出的评价，表达的是消费者对企业所提供服务的实际满足程度。金融服务能力是金融机构开展金融服务的基础条件，金融服务质量的好坏关系到服务水平的高低，是金融服务能力的一种具体表现。关于金融服务质量的研究，主要是对金融机构服务质量的研究。考虑到服务质量难以量化，学者们大都采用满意度这一综合指标反映服务质量[5][6]。Johnston（1995）用关键事件法调查发现，影响顾客服务满意度的属性有可访问性、友好性、机动性、美观性、可靠性、响应性、安全性、完整性、可利用性、帮助客户、关心、舒服、整洁、许诺、礼貌和交流。王墨玉（2007）对顾客与服务质量的关系进行理论分析，从有形性、可靠性、响应性、安全性、保证性、移情性和及时性七个维度构建了金融业服务质量的测度指标体系，并以银行个人理财业务为例进行了实证分析，为金融业服务质量的测度提供了思路和方法。

---

① 姜雪. 我国农村金融服务水平的测度及其影响因素分析［D］. 哈尔滨商业大学硕士学位论文，2015（06）.

② 杨军，张龙耀，马倩倩，黄馨谊. 县域普惠金融发展评价体系研究——基于江苏省 52 个县域数据［J］. 农业经济问题，2016，37（11）：24 - 31，110.

③ 于晓虹，楼文高，余秀荣. 中国省际普惠金融发展水平综合评价与实证研究［J］. 金融论坛，2016，21（05）：18 - 32.

④ 陈太玉. 海南省农村金融服务能力的现状评价与改进建议［J］. 海南金融，2011（02）：70 - 72.

⑤ 赵征，尹碧波. 金融服务质量模型优化与实证研究［J］. 北京航空航天大学学报，2017，30（01）：102 - 107，11.

⑥ 张达. 提升农村信用社金融服务质量的研究［J］. 现代国企研究，2016（11）：155.

金融机构的竞争力反映的是金融机构的盈利情况，是金融服务能力得以提升的必要前提。关于金融竞争力的研究，国外主要以 IMD（International Institute for Management Development）发布的《世界竞争力年报》和 WEF（World Economic Forum）发布的《全球竞争力报告》为代表，将金融竞争力作为一国综合竞争力的一个下属维度，选取了 4 类共 27 个指标对金融竞争力进行分析。包括资本成本竞争力（测度资本成本、利率和国家信用等级）、资本市场效率竞争力（测度企业财务、银行融资、风险资本情况）、股票市场活力（测度股票市场资本化程度）、银行部门效率（测度央行政策实施情况和对金融机构监管情况）。而国内则根据研究对象的不同将金融竞争力分为以下几类：以金融机构竞争力为研究对象进行的研究，如赵亮（2003）、鲁志勇（2003）等借鉴 IMD 和 WEF 的主导思想，从资产要素和过程要素两个方面构建了银行业竞争力评价指标体系；以特定城市的金融竞争力为研究对象进行的研究，如孙亚超、王仁祥等（2004）以武汉为例研究其金融竞争力，从宏观、中观和微观三个层次选取金融竞争力指标进行实证，得出结论：从竞争力得分来看，武汉已经具备建立区域性金融研究中心的能力；将金融作为区域综合竞争力中一个因素进行的研究，如左继宏、胡树华等（2004）在研究区域竞争力时认为，金融竞争力是区域竞争力的一个方面，将金融作为一个子指标构建了区域竞争力指标体系；只对金融竞争力进行的研究，如徐璋勇、陈颖等（2007）从静态和动态两个方面将竞争力分为金融体系竞争力和金融生态竞争力，构建了金融竞争力评价指标体系。

具体到农村信用社的金融服务能力，不仅包括金融服务质量、金融竞争力，还涉及金融服务包容性这一维度。关于农村金融机构金融服务能力的研究，国外学者主要从金融服务可及性、金融服务排斥度及普惠金融水平等方面对金融服务能力进行测度。金融服务可及性的测度指标主要包括金融机构覆盖面、银行卡开户数、存贷款水平等维度（Sarma Mandira，2008；The World Bank，2010）。关于金融排斥度的研究始于 1990 年初（Leyshon and Thrift，1993，1994，1995），随后 Kempson（1999）定义了金融排斥的六大维度：可及性排斥、条件排斥、地理排斥、价格排斥、自我排斥、市场排斥。在该维度基础上，Cebulla（1999）将金融排斥划分为结构排斥和主体排斥两大部分。普惠金融于 2005 年由联合国正式提出，2008 年 Sarma Mandira 提出的金融包容性指数（IFI）比较有代表性，划分了行业渗透性、金融机构的可利用性、使用度三个维度，是一个较综合的测度方法。国内学者主要通过三类方法测度农村金融机构的金融服务能力：其一是通过金融机构覆盖面、金融机构存贷款数额、金融产品和金融服务体系四个方面对金融服务水平进行测量；其二是通过金融基础设施建设、金融服务覆盖范围、金融服务覆盖状况、金融服务效率、金融服务质量、金融服务创新 6 类指标对农村金融服务水平进行测度；其三是借鉴国外学者的研究，从普惠水平和金融排斥度两方面进行测度。

本节立足于前文对农村信用社金融服务能力的界定，在总结国内外关于金融服务能力测度和评价的基础上，将农村信用社金融服务能力的评价指标分为可持续性指标、服务质量指标、服务包容性指标三大子系统，以达到在保障农村信用社持续经营的基础上，不断满足农村经济主体的多元化金融服务需求，提升金融服务质量，最终实现普惠金融的目标。

（一）农村信用社可持续性指标

农村信用社可持续发展能力的提升是农村信用社金融服务能力的重要基础。农村信用社可持续发展能力是一个复杂的系统，其构成要素众多，归纳起来主要包括以下几个方面：

1. 资产规模

资产规模是农村信用社可持续发展的基础条件。农村信用社作为银行类金融机构，其资产规模越大，公众对农村信用社的信任度越高，越有利于农村信用社的可持续发展[①]。

反映农村信用社资产规模的指标主要包括资产总额、利润总额、贷款余额、存款余额，这些指标数值越大，表示农村信用社的资产规模越大，同时表明农村信用社发展相对稳健，经营风险小，市场拓展能力强，可持续发展能力相对较强。

（1）资产总额，指农村信用社拥有或控制的全部资产，即农村信用社资产负债表的资产总计项。包括固定资产、流动资产、无形及递延资产、长期投资等。

（2）存款余额，指截至某一日以前农村信用社的存款总和，包括活期存款、定期存款、同业存放存款及央行存放存款之和。

（3）贷款余额，指农村信用社至某一节点日期，借款人尚未归还放款人的贷款总额。

（4）利润总额，即通常所说的盈利，指农村信用社在营业收入中扣除成本及营业税后的剩余。

2. 盈利性

盈利性是农村信用社可持续发展能力的主要体现，代表着农村信用社可持续发展的潜力。尤其是在金融业规模格局相差悬殊的情况下，盈利能力的高低更能体现可持续发展能力的强弱。反映农村信用社盈利性的指标主要有：

（1）总资产收益率，反映的是农村信用社运用全部资产所获得利润的水平，即农村信用社投入单位资产能获得多少元的利润。该指标越高，表明农村信用社

---

① 朱若絮. 我国商业银行竞争力研究——基于因子分析法的实证研究［D］. 西南财经大学硕士学位论文，2012（03）.

资源配置效率越高，投入产出水平越高，盈利能力越强。其计算公式如下：

总资产收益率 = 净利润 ÷ 平均资产总额 × 100%

（2）净资产收益率，即农村信用社单位资本的获利能力，不仅能够体现财务管理能力，也能体现资金运用效率，反映了农村信用社的资本获利能力。该指标越高，表明农村信用社的获利能力越强。其计算公式为：

净资产收益率 = 净利润 ÷ 平均净资产 × 100%

3. 流动性

流动性指农村信用社及时满足存款人提取现金、到期支付债务和借款人正常贷款的能力。流动性不足或流动性过剩都不利于农村信用社的良性发展，因此，保持合理的流动性是农村信用社经营和发展的关键。本书选择了以下两个主要衡量指标。

（1）存贷比。目前，农村信用社的主要收入是存贷利差，存贷比越低，流动性越强。但越低的存贷比，表明存款越多，贷款越少，存款成本的增多与贷款利息的减少会削弱农村信用社的盈利能力，即过多的流动性存在机会成本。其计算公式为：

存贷比 = 贷款余额 ÷ 存款余额 × 100%

（2）资产负债率，是农村信用社负债总额与资产总额的比例，反映金融机构的负债总水平。该比率越大，表明农村信用社的流动性越强，但过高的资产负债比率又会对农村信用社的稳健经营产生威胁，故其应保持在合理水平。具体的计算公式为：

资产负债比率 = 总负债 ÷ 总资产 × 100%

4. 安全性

安全性是指农村信用社在经营中应对各种突发风险的能力，抗风险能力越强，农村信用社可持续发展的内在稳定性越好。众所周知，农村信用社的不良贷款率一直居高不下。这要求农村信用社一方面降低不良贷款率，保证贷款质量，另一方面提高资本充足率，自身有充足的资本来抵御偿付风险，保证稳健经营。因此本书选择不良贷款率、资本充足率两个指标来衡量安全性。

（1）资本充足率。资本充足率作为银行业的风险监管指标，衡量的是农村信用社能否承受坏账风险、经营管理是否稳健，能够有效控制银行风险资产的过度膨胀，保护债权人利益，保证农村信用社的正常运营和发展。其计算公式如下：

资本充足率 = 资本净额 ÷ 风险加权资产 × 100%

（2）不良贷款率，是评价农村信用社资产安全状况的重要指标之一，按风险程度由低到高可划分为正常、关注、次级、可疑、损失五大类，后三类并称为不良贷款。不良贷款率越高，说明农村信用社收回贷款的风险越大，不良贷款率越低，说明农村信用社收回贷款的风险越小。计算公式为：

不良贷款率 =（次级类贷款额 + 可疑类贷款额 + 损失类贷款额）÷各项贷款总额 ×100%

5. 成长性

成长性指农村信用社通过挖掘自身潜力、有效利用资源、不断提高风险防范能力，从而保持持续发展的能力。农村信用社的成长性越强，表明其实现价值增值的潜力越大，可持续发展能力也越强。其指标主要包括存款增长率、贷款增长率、净利润增长率。

（1）存款增长率，指本期存款规模的扩张趋势，是反映农村信用社可持续能力的一项动态指标。由于稳定的存款来源是农村信用社发放贷款的基础，所以如何在日趋激烈的市场竞争中吸取存款是农村信用社每年的重要任务，也是其持续经营的根源[1]。存款增长率越高，农村信用社发展潜力越大。其计算公式为：

存款增长率 =（期末存款总额 − 期初存款总额）÷期初存款总额 ×100%

（2）贷款增长率。贷款利息是农村信用社最主要的收入，贷款投放量除了受农村信用社自身资金实力的影响，还受宏观经济的制约。经济形势好，融资需求多，贷款投放量大；经济形势差，融资需求少，贷款投放量少。就单个指标而言，贷款增长率越高，农村信用社盈利能力越强。计算指标为：

贷款增长率 =（期末贷款总额 − 期初贷款总额）÷期初贷款总额 ×100%

（3）净利润增长率。净利润是指利润总额扣除所得税后的余额，是当年获得的可供分配红利的净收益，也称为税后利润。净利润越高，表明农村信用社的经营效益越好，盈利能力越强；净利润越少，表明农村信用社的经营效益越差，盈利能力就越差。其计算公式如下所示：

净利润增长率 =本年净利润增长额 ÷上年净利润 ×100%

6. 人才资源

人才资源是农村信用社非常重要的一项资源，是农村信用社提升可持续发展能力的关键因素。同等条件下，优质的人才资源能够有效提高物质资源要素的利用效率，使农村信用社拥有一定的竞争优势[2]。因此，人才竞争在金融机构间的竞争中有着举足轻重的地位。影响人才资源的因素主要有：

（1）员工年龄构成，指30～50岁员工占比，主要反映农村信用社的发展活力，合理的员工年龄结构能够激发员工的工作积极性，充分发挥人才资源的优

① 阎亚军，郭凌. 我国农村信用社核心竞争力提升的影响因素研究——以广东省为例 ［J］. 农业技术经济，2012（12）.

② 葛永波，赵国庆，王鸿哲. 村镇银行经营绩效影响因素研究——基于山东省的调研数据 ［J］. 农业经济问题，2015，36（09）：79 − 88.

势。年轻的员工有着初生牛犊不怕虎的干劲儿，愿意去拼去闯，有利于提升农村信用社的业务量，增加市场份额；而老员工比较有经验，处事比较谨慎，能够防止农村信用社犯激进型错误。

（2）员工学历构成，主要指农村信用社本科及以上学历人才的占比情况，这个比例越高，说明农村信用社员工的整体素质较高，在挖掘其潜力方面有着明显的优势，对提升农村信用社的可持续发展能力有着巨大的益处。

综上，农村信用社可持续性指标如表4-2所示。

表4-2　农村信用社可持续性指标

| 目标层 | 显示性指标 | 解释性指标 |
|---|---|---|
| 可持续性 | 资产规模 | 资产总额 |
| | | 存款余额 |
| | | 贷款余额 |
| | | 利润总额 |
| | 盈利性 | 总资产收益率 |
| | | 净资产收益率 |
| | 流动性 | 贷存比 |
| | | 资产负债率 |
| | 安全性 | 资本充足率 |
| | | 不良贷款率 |
| | 成长性 | 存款增长率 |
| | | 贷款增长率 |
| | | 净利润增长率 |
| | 人才资源 | 员工年龄构成（30~50岁） |
| | | 员工学历构成（本科及以上） |

（二）农村信用社服务质量指标

农村信用社服务质量是提升其金融服务能力的核心内容，本节对农村信用社服务质量的评价主要是借鉴 PZB（Parasuraman, Zeithaml, Berry）的 SERVQUAL 评价模型[①]。SERVQUAL 是英文"Service Quality"（服务质量）的缩写，该评价模型由 PZB 等在 1988 年提出。PZB 经过仔细的计算分析，剔除有效性较低的属性后，最终确定了五大属性 22 个项目，形成了 SERVQUAL 模型。该模型的五大属性具体指有形性、可靠性、响应性、保证性和移情性，如表4-3所示。

---

① 张竞丹. 普惠金融评估框架思考［J］. 工作论坛，2016（07）：116-118.

表 4 – 3　SERVQUAL 模型五大属性

| 属性 | 内容 |
| --- | --- |
| 有形性 | 有形的设备和设施，以及服务人员的精神面貌 |
| 可靠性 | 可靠、准确地履行服务承诺的能力 |
| 响应性 | 自愿积极地帮助顾客和快速地提供服务 |
| 保证性 | 服务人员的礼节、知识及表达自信的能力 |
| 移情性 | 企业为客户提供特别的、同情性的照顾 |

相较于其他任何方法，SERVQUAL 模型对服务质量的研究更为深入，它用系统性的方法构建了测量服务质量的有效工具，自提出后产生了巨大的影响。但该模型也存在着一些不足。其一，SERVQUAL 量表在最初开发时预期可以应用到所有服务行业，但在实际情况中，研究者需要依据具体对象对其进行适当修改才能运用。这意味着，在对不同行业的服务质量进行评价时，需要适当增减指标，或者改变指标的具体措辞。其二，有形性、可靠性、保证性、响应性和移情性这五个属性并不适用于所有行业中服务质量的衡量，行业类别不相同，服务质量属性的具体类别和维度也会发生变化。针对 SERVQUAL 模型的不足之处，本书在应用 SERVQUAL 模型对农村信用社服务质量进行评价时，根据农村信用社的实际状况，适当地增加了产品与价格这一属性，以使构建的指标体系能在最大程度上适合于评价农村信用社的服务质量。

1. 有形性

服务是无形的，但服务设施、营业环境、服务人员、客户资料等却是有形的。农村信用社的有形物件和人员不仅是无形服务的支撑，是服务质量的广告，也是农村信用社的语言，顾客可通过他们来推断农村信用社的服务质量，以便控制风险，确定购买服务质量较高的农村信用社的服务。有形性这一属性主要通过以下三个指标体现：

（1）农村信用社的大厅环境是否舒适整洁。

（2）服务人员是否仪表端庄、举止得体。

（3）农村信用社的 ATM 机能否方便地满足客户需求。

2. 可靠性

可靠性指农村信用社准确无误地完成服务承诺的能力。客户要求可靠的服务，排斥不可靠的服务。服务的可靠性要求农村信用社在"正确的时间、正确的地点用正确的方式提供正确的服务"，它具体体现在客户调查、服务设计、服务传递、服务操作、市场沟通等服务工作的各个方面。其中，任何一个环节出错，都会使服务的可靠性下降，进一步使得客户对服务质量产生负面的感知。可靠性这一属性主要通过以下两个指标得到体现：

（1）农村信用社能否使客户的个人隐私得到保障。

（2）农村信用社是否有很好的质量信誉。

3. 响应性

响应性是指农村信用社能够随时准备帮助客户，为客户提供快捷、有效的服务。研究表明，在接受服务过程中，客户的等候时间是影响其对农村信用社满意度的重要因素。所以，尽可能地缩短客户等候服务的时间，提高服务效率，无疑将大大提高农村信用社的服务质量。该属性将通过以下两个指标体现：

（1）服务人员是否乐于帮助客户。

（2）服务人员是否迅速提供服务，并及时响应客户需求。

4. 保证性

保证性指服务人员的知识、技能和礼节能使客户产生信任感。当客户同一位态度友好且专业知识丰富的服务人员打交道时，他会认为自己找对了银行，从而获得信任感和安全感。保证性指标包括态度友好、工作胜任能力和可信性等，它是对服务组合中人的要素的关注，能有效降低客户的物质风险。具体来说，保证性将通过以下三个指标体现：

（1）农村信用社的宣传资料是否美观大方、信息真实。

（2）服务人员是否有充足的专业知识。

（3）服务人员是否态度礼貌。

5. 移情性

移情性是指服务人员关心客户，设身处地为客户着想，为客户提供个性化服务等。PZB 把易于接触、易于沟通以及对客户的理解程度概括为移情性。对于农村信用社，具体包括以下两个指标：

（1）农村信用社的窗口服务类别是否标识清楚。

（2）农村信用社存贷款手续是否简便。

6. 产品与价格

产品是指农村信用社推出的金融服务或产品，价格是对接受农村信用社金融服务的客户收取的费用，是农村信用社的利润来源之一。服务和产品类别比较齐全、价格费用比较低的银行更易受到客户欢迎。农村信用社该属性主要通过以下三个指标体现：

（1）投资理财类金融产品是否齐全。

（2）农村信用社收费是否合理透明。

综上，农村信用社服务质量指标如表 4-4 所示：

表 4-4　农村信用社可持续性指标

| 目标层 | 显示性指标 | 解释性指标 |
|---|---|---|
| 服务质量 | 有形性 | 农村信用社的大厅环境是否舒适整洁 |
| | | 服务人员是否仪表端庄、举止得体 |
| | | 信用社的 ATM 机能否方便地满足客户需求 |
| | 可靠性 | 信用社能否使客户的个人隐私得到保障 |
| | | 信用社是否有很好的质量信誉 |
| | 响应性 | 服务人员是否乐于帮助客户 |
| | | 服务人员是否迅速提供服务，并及时响应客户需求 |
| | 保证性 | 信用社的宣传资料是否美观大方、信息真实 |
| | | 服务人员是否有充足的专业知识 |
| | | 服务人员是否态度礼貌 |
| | 移情性 | 信用社的窗口服务类别是否标识清楚 |
| | | 信用社存贷款手续是否简便 |
| | 产品与价格 | 投资理财类金融产品是否齐全 |
| | | 信用社收费是否合理透明 |

（三）农村信用社服务包容性指标

对于金融包容性水平的测度，Beck 等（2002）作出了开创性的贡献，他们尝试构建了测度金融机构覆盖广度的 8 个指标（每百平方千米 ATM 机数；每百平方千米金融网点数；每万人 ATM 机数；每万人金融机构网点数；人均贷款/人均GDP；人均储蓄/人均 GDP；每千人贷款账户数；每千人储蓄账户数），这些指标提供了不同维度下金融包容性水平的重要信息。但 Sarma 和 Pais（2011）指出，该指标体系也存在缺陷，即它在单个使用时，只能反映金融包容的部分信息，甚至会造成金融包容性程度的测量偏差，如银行账户拥有程度最高的俄罗斯，其人均银行机构数量却非常低。为此，他们借鉴联合国人力发展指数（HDI）的构建方法，从地理渗透性、产品接触性和使用效用性（Accessibility，Availability and Usage）三个维度构建了一个综合的金融包容指数（IFI）。Arora（2012）选取了银行覆盖面、交易成本及交易便捷性三个指标，用来比较发达国家与发展中国家金融包容性水平的差异。然而，Sarma 忽略了金融服务成本，Arora 忽略了金融服务使用情况。Gupte 等（2012）综合以上两类指标体系的优缺点，从覆盖面（Out-reach）、使用效用性（Usage）、交易便利性（Ease）和交易成本（Cost）四个方面提出了自己的指标体系设计。尽管学者们设计的测量指标存在差异，但基本上都把覆盖最大的区域和人群作为衡量金融包容性水平的标准，不足的是，在这些指标体系设计中，均未深入考虑各维度指标对包容性这一总指标的贡献程度①②。

针对上述研究的成果和不足，结合农村信用社服务农村的特殊性，遵循指标体系的设计原则，本书从渗透性、产品接触性、使用效用性三个基本维度建立了农村信用社服务包容性指标体系，这三个维度在包容程度方面渐次增强。

维度一：地理渗透性（Accessibility），是指一个地区提供的金融服务在其使用者中的渗透程度，即是否存在客户接触或获得金融服务的渠道，它是金融包容的基础层。包容性金融体系意味着现有的金融体系能使尽可能多的居民享受到金融服务，从供给角度看，即需保证有效设立金融机构网点和合理配备服务人员。一个地区机构网点数越多、金融服务人员越多，也就意味着该地区金融的渗透性越强，包容性越高③。这一维度设置了三个指标：每千人拥有农村信用社机构网点数、每千人拥有农村信用社服务人员数量、每千人拥有 ATM 机数，它们是农村金融包容程度的正向指标。

维度二：产品接触性（Availability）。包容性金融必须让更多人容易接触到金融产品，因此产品的接触性水平也是农村信用社是否实现其包容性金融服务的一个重要体现④⑤。一般而言，衡量包容性金融发展水平的一个重要指标就是一个国家或地区的储蓄水平、贷款水平，本书用储蓄存款总额、贷款总额来表示。考虑到农村信用社的"支农"目标，将具体的指标设置为：农村信用社涉农存款占其存款总额的比重、农村信用社涉农贷款占其贷款总额的比重，它们是包容程度的正向指标。

维度三：使用效用性（Usage），是指一个地区提供的金融服务的使用程度，如有多少人获得金融服务，获得的具体数量是多少，它是金融包容的核心层⑥。在包容性金融体系下，金融服务不仅可以使用，而且有效使用程度较高；而排斥性金融体系下，金融服务要么不能使用，要么使用程度不高。该维度选择储蓄和贷款两个基本的金融服务来衡量，具体指标为：储蓄存款总额占当地县域 GDP 的比重，贷款总额占当地县域 GDP 的比重，用于反映农村信用社对当地农村经济的支持情况，它们是包容程度的正向指标。

综上，农村信用社服务包容性指标如表 4-5 所示。

---

① 肖翔，张韶华，赵大伟. 金融包容指标体系的国际经验与启示 [J]. 上海金融，2013（08）.

② 刘波，王修华，彭建刚. 金融包容水平与地区收入差距——基于湖南省 87 个县（市）2008~2012 年的经验数据 [J]. 当代财经，2014（11）：46-56.

③ 杨俊仙，张娟. 山西省农村普惠金融水平测度与评价 [J]. 经济师，2015（01）：68-69.

④ 霍健，王兴盛. 普惠型农村金融服务体系的构建与发展 [J]. 青海金融，2013（03）：27-31.

⑤ 王修华，陈茜茜. 农户金融包容性测度及其影响因素实证分析——基于 19 省份的问卷调查数据 [J]. 农业技术经济，2016（01）：108-117.

⑥ 张竞丹. 普惠金融评估框架思考 [J]. 工作论坛，2016（07）：116-118.

表 4 – 5 农村信用社服务包容性指标

| 维度 | 统计指标 | 指标性质 |
|---|---|---|
| 地理渗透性 | 每千人拥有机构网点数量 | 正 |
| | 每千人拥有服务人员数量 | 正 |
| | 每千人拥有 ATM 机数量 | 正 |
| 产品接触性 | 涉农存款/储蓄存款总额 | 正 |
| | 涉农贷款/贷款总额 | 正 |
| 使用效用性 | 储蓄存款总额/县域 GDP | 正 |
| | 贷款总额/县域 GDP | 正 |

# 第四节 农村信用社金融服务能力评价模型与指标权重确定

农村信用社金融服务能力受到若干因素的影响，每一因素又可细分为多个子指标，这些指标对农村信用社金融服务能力的影响各不相同，因此需要按照各指标对农村信用社金融服务能力的重要程度，科学合理地确定指标权重。前文中已经指出，考虑到农村信用社需要使用半定性、半定量的方法进行研究，本书选用层次分析法确定各指标权重。

为了在层次分析法的决策过程中进行模型的构造、计算等，本书采用 yaahpv 0.6.0 层次分析法软件进行分析。首先通过该软件构造出农村信用社金融服务能力层次模型，其次通过德尔菲法确定判断矩阵后录入数据进行群决策，最后在通过一致性检验的前提下算出各指标的具体权重。

## 一、构造农村信用社金融服务能力评价层次分析模型

基于前文构建的农村信用社金融服务能力评价指标体系，并考虑到数据的重要性与可获得性，利用 yaahpv 0.6.0 层次分析软件构造了我国农村信用社金融服务能力层次分析模型。该层次分析模型共分为四个层次，即四级指标，每一级指标都是由上一级指标展开的，而上一级的指标则需通过下一级指标的测评结果来反映。具体的农村信用社金融服务能力层次分析模型如图 4 – 1 所示。

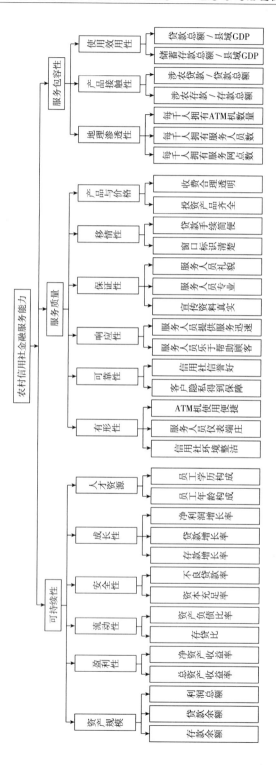

图 4 - 1　农村信用社金融服务能力层次分析模型

图4-1所示的指标体系模型的一级指标为目标层,即农村信用社金融服务能力;二级指标为准则层,由可持续性、服务质量、服务包容性这三大维度构成;三级指标也是准则层,由资产规模、盈利性、流动性、安全性、成长性、人才资源、有形性、可靠性、响应性、保证性、移情性、产品与价格、地理渗透性、产品接触性、使用效用性这15个要素构成;四级指标是具体的方案层,由资产总额、存款余额、贷款余额、利润总额、总资产收益率、净资产收益率、存贷比、资产负债比率、资本充足率、涉农不良贷款率、存款增长率、贷款增长率、净利润增长率、员工年龄构成、员工学历构成、信用社环境整洁、服务人员仪表端庄、ATM机使用便捷、客户隐私得到保障、信用社信誉好、服务人员乐于帮助顾客、服务人员提供服务迅速、宣传资料真实、服务人员专业、服务人员礼貌、窗口标识清楚、贷款手续简便、投资产品齐全、收费合理透明、每千人拥有服务网点数、每千人拥有服务人员数、每千人拥有ATM机数量、涉农存款/存款总额、涉农贷款/贷款总额、存款总额/县域GDP、贷款总额/县域GDP36个指标组成。

## 二、构造农村信用社金融服务能力判断矩阵

将同一层次各指标对上级层指标的重要性程度做两两比较,可依据定量评价值构造出判断矩阵。本书依据构造的农村信用社金融服务能力层次分析模型,设计调查问卷,并采用德尔菲法和"1"到"9"标度法确定出了判断矩阵。为了更加客观地确定各指标权重,本书共向该领域专家(包括5位农村信用社综合业务经理和5位高校金融专业教授)发放问卷12份,收回有效问卷10份。由于文章篇幅有限,此处仅以其中一位专家(W)的打分为例说明其具体的判断矩阵及权重,如表4-6~表4-24所示,容易看出各判断矩阵的一致性指标均小于0.1,通过了一致性检验。

表4-6 农村信用社金融服务能力判断矩阵(专家W)

| 农村信用社金融服务能力 | 可持续性 | 服务质量 | 服务包容性 | 指标权重 |
|---|---|---|---|---|
| 可持续性 | 1 | 3 | 5 | 0.6370 |
| 服务质量 | 1/3 | 1 | 3 | 0.2583 |
| 服务包容性 | 1/5 | 1/3 | 1 | 0.1047 |

注:专家W的权重:0.1;判断矩阵一致性比例:0.037;对总目标的权重:1.0000。

表4-7 可持续性判断矩阵(专家W)

| 可持续性 | 安全性 | 人才资源 | 成长性 | 盈利性 | 资产规模 | 流动性 | 指标权重 |
|---|---|---|---|---|---|---|---|
| 安全性 | 1 | 3 | 1/3 | 1 | 5 | 1 | 0.1665 |
| 人才资源 | 1/3 | 1 | 1/5 | 1/3 | 3 | 1/3 | 0.0675 |

续表

| 可持续性 | 安全性 | 人才资源 | 成长性 | 盈利性 | 资产规模 | 流动性 | 指标权重 |
|---|---|---|---|---|---|---|---|
| 成长性 | 3 | 5 | 1 | 3 | 7 | 3 | 0.3988 |
| 盈利性 | 1 | 3 | 1/3 | 1 | 5 | 1 | 0.1665 |
| 资产规模 | 1/5 | 1/3 | 1/7 | 1/5 | 1 | 1/5 | 0.0343 |
| 流动性 | 1 | 3 | 1/3 | 1 | 5 | 1 | 0.1665 |

注：专家 W 的权重：0.1；判断矩阵一致性比例：0.0196；对总目标的权重：0.6370。

表 4-8　服务质量判断矩阵（专家 W）

| 服务质量 | 有形性 | 响应性 | 产品与价格 | 移情性 | 可靠性 | 保证性 | 指标权重 |
|---|---|---|---|---|---|---|---|
| 有形性 | 1 | 9 | 7 | 9 | 5 | 9 | 0.5188 |
| 响应性 | 1/9 | 1 | 1/5 | 1 | 1/7 | 1 | 0.0367 |
| 产品与价格 | 1/7 | 5 | 1 | 5 | 1/5 | 5 | 0.1182 |
| 移情性 | 1/9 | 1 | 1/5 | 1 | 1/7 | 1 | 0.0367 |
| 可靠性 | 1/5 | 7 | 5 | 7 | 1 | 7 | 0.2530 |
| 保证性 | 1/9 | 1 | 1/5 | 1 | 1/7 | 1 | 0.0367 |

注：专家 W 的权重：0.1；判断矩阵一致性比例：0.0806；对总目标的权重：0.2583。

表 4-9　包容性判断矩阵（专家 W）

| 包容性 | 使用效用性 | 产品接触性 | 地理渗透性 | 指标权重 |
|---|---|---|---|---|
| 使用效用性 | 1 | 1/3 | 1/5 | 0.1047 |
| 产品接触性 | 3 | 1 | 1/3 | 0.2583 |
| 地理渗透性 | 5 | 3 | 1 | 0.6370 |

注：专家 W 的权重：0.1；判断矩阵一致性比例：0.0370；对总目标的权重：0.1047。

表 4-10　安全性判断矩阵（专家 W）

| 安全性 | 资本充足率 | 不良贷款率 | 指标权重 |
|---|---|---|---|
| 资本充足率 | 1 | 3 | 0.7500 |
| 不良贷款率 | 1/3 | 1 | 0.2500 |

注：专家 W 的权重：0.1；判断矩阵一致性比例：0.0000；对总目标的权重：0.1060。

表 4-11　人才资源判断矩阵（专家 W）

| 人才资源 | 员工年龄构成 | 员工学历构成 | 指标权重 |
|---|---|---|---|
| 员工年龄构成 | 1 | 1/5 | 0.1667 |
| 员工学历构成 | 5 | 1 | 0.8333 |

注：专家 W 的权重：0.1；判断矩阵一致性比例：0.0000；对总目标的权重：0.0430。

### 表 4 – 12 成长性判断矩阵（专家 W）

| 成长性 | 存款增长率 | 贷款增长率 | 净利润增长率 | 指标权重 |
|---|---|---|---|---|
| 存款增长率 | 1 | 1 | 3 | 0.4286 |
| 贷款增长率 | 1 | 1 | 3 | 0.4286 |
| 净利润增长率 | 1/3 | 1/3 | 1 | 0.1429 |

注：专家 W 的权重：0.1；判断矩阵一致性比例：0.0000；对总目标的权重：0.2540。

### 表 4 – 13 盈利性判断矩阵（专家 W）

| 盈利性 | 总资产收益率 | 净资产收益率 | 指标权重 |
|---|---|---|---|
| 总资产收益率 | 1 | 1 | 0.5000 |
| 净资产收益率 | 1 | 1 | 0.5000 |

注：专家 W 的权重：0.1；判断矩阵一致性比例：0.0000；对总目标的权重：0.1060。

### 表 4 – 14 资产规模判断矩阵（专家 W）

| 资产规模 | 资产总额 | 存款余额 | 贷款余额 | 利润总额 | 指标权重 |
|---|---|---|---|---|---|
| 资产总额 | 1 | 1/5 | 1/5 | 1/3 | 0.0675 |
| 存款余额 | 5 | 1 | 1 | 3 | 0.3908 |
| 贷款余额 | 5 | 1 | 1 | 3 | 0.3908 |
| 利润总额 | 3 | 1/3 | 1/3 | 1 | 0.1509 |

注：专家 W 的权重：0.1；判断矩阵一致性比例：0.0162；对总目标的权重：0.0218。

### 表 4 – 15 流动性判断矩阵（专家 W）

| 流动性 | 存贷比 | 资产负债比率 | 指标权重 |
|---|---|---|---|
| 存贷比 | 1 | 0.5 | 0.3333 |
| 资产负债比率 | 2 | 1 | 0.6667 |

注：专家 W 的权重：0.1；判断矩阵一致性比例：0.0000；对总目标的权重：0.1060。

### 表 4 – 16 有形性判断矩阵（专家 W）

| 有形性 | 服务人员仪表端庄 | 信用社环境整洁 | ATM 机使用便捷 | 指标权重 |
|---|---|---|---|---|
| 服务人员仪表端庄 | 1 | 1/3 | 1/7 | 0.0810 |
| 信用社环境整洁 | 3 | 1 | 1/5 | 0.1884 |
| ATM 机使用便捷 | 7 | 5 | 1 | 0.7306 |

注：专家 W 的权重：0.1；判断矩阵一致性比例：0.0624；对总目标的权重：0.1340。

#### 表 4-17 响应性判断矩阵（专家 W）

| 响应性 | 服务人员乐于帮助顾客 | 服务人员提供服务迅速 | 指标权重 |
|---|---|---|---|
| 服务人员乐于帮助顾客 | 1 | 1/5 | 0.1667 |
| 服务人员提供服务迅速 | 5 | 1 | 0.8333 |

注：专家 W 的权重：0.1；判断矩阵一致性比例：0.0000；对总目标的权重：0.0095。

#### 表 4-18 产品与价格判断矩阵（专家 W）

| 产品与价格 | 投资产品齐全 | 收费合理透明 | 指标权重 |
|---|---|---|---|
| 投资产品齐全 | 1 | 3 | 0.7500 |
| 收费合理透明 | 1/3 | 1 | 0.2500 |

注：专家 W 的权重：0.1；判断矩阵一致性比例：0.0000；对总目标的权重：0.0305。

#### 表 4-19 移情性判断矩阵（专家 W）

| 移情性 | 窗口标识清楚 | 贷款手续简便 | 指标权重 |
|---|---|---|---|
| 窗口标识清楚 | 1 | 1/7 | 0.1250 |
| 贷款手续简便 | 7 | 1 | 0.8750 |

注：专家 W 的权重：0.1；判断矩阵一致性比例：0.0000；对总目标的权重：0.0095。

#### 表 4-20 可靠性判断矩阵（专家 W）

| 可靠性 | 客户隐私得到保障 | 信用社信誉好 | 指标权重 |
|---|---|---|---|
| 客户隐私得到保障 | 1 | 7 | 0.8750 |
| 信用社信誉好 | 1/7 | 1 | 0.1250 |

注：专家 W 的权重：0.1；判断矩阵一致性比例：0.0000；对总目标的权重：0.0653。

#### 表 4-21 保证性判断矩阵（专家 W）

| 保证性 | 服务人员礼貌 | 服务人员专业 | 宣传资料真实 | 指标权重 |
|---|---|---|---|---|
| 服务人员礼貌 | 1 | 1 | 5 | 0.4806 |
| 服务人员专业 | 1 | 1 | 3 | 0.4054 |
| 宣传资料真实 | 1/5 | 1/3 | 1 | 0.1140 |

注：专家 W 的权重：0.1；判断矩阵一致性比例：0.0279；对总目标的权重：0.0095。

#### 表 4-22 使用效用性判断矩阵（专家 W）

| 使用效用性 | 贷款总额/GDP | 储蓄存款总额/GDP | 指标权重 |
|---|---|---|---|
| 贷款总额/GDP | 1 | 1 | 0.5000 |
| 储蓄存款总额/GDP | 1 | 1 | 0.5000 |

注：专家 W 的权重：0.1；判断矩阵一致性比例：0.0000；对总目标的权重：0.0110。

#### 表4-23　产品接触性判断矩阵（专家 W）

| 产品接触性 | 涉农存款/存款总额 | 涉农贷款/贷款总额 | 指标权重 |
|---|---|---|---|
| 涉农存款/存款总额 | 1 | 1/5 | 0.1667 |
| 涉农贷款/贷款总额 | 5 | 1 | 0.8333 |

注：专家 W 的权重：0.1；判断矩阵一致性比例：0.0000；对总目标的权重：0.0271。

#### 表4-24　地理渗透性判断矩阵（专家 W）

| 地理渗透性 | 每万人拥有机构网点数 | 每万人拥有服务人员数 | 每万人拥有 ATM 数 | 指标权重 |
|---|---|---|---|---|
| 每千人拥有机构网点数 | 1 | 1 | 1/3 | 0.1744 |
| 每千人拥有服务人员数 | 1 | 1 | 1/7 | 0.1315 |
| 每千人拥有 ATM 机数 | 3 | 7 | 1 | 0.6941 |

注：专家 W 的权重：0.1；判断矩阵一致性比例：0.0772；对总目标的权重：0.0667。

### 三、确定农村信用社金融服务能力评价指标权重

本节利用群决策模式，首先依据10位专家打分所形成的判断矩阵算出10组指标权重值，然后对这10组指标权重值以10%的权重加权平均，即可得到农村信用社金融服务能力各指标的最终权重。最终各指标权重及排序如表4-25所示。

#### 表4-25　农村信用社金融服务能力指标权重

| 维度 | 权重 | 排序 | 准则 | 指标 | 权重 | 排序 |
|---|---|---|---|---|---|---|
| 可持续性 | 0.4820 | 1 | 资产规模 | 资产总额 | 0.0107 | 31 |
| | | | | 存款余额 | 0.0131 | 29 |
| | | | | 贷款余额 | 0.0085 | 35 |
| | | | | 利润总额 | 0.0102 | 32 |
| | | | 盈利性 | 总资产收益率 | 0.0400 | 9 |
| | | | | 净资产收益率 | 0.0310 | 12 |
| | | | 流动性 | 存贷比 | 0.0252 | 15 |
| | | | | 资产负债比率 | 0.0331 | 11 |
| | | | 安全性 | 资本充足率 | 0.0580 | 4 |
| | | | | 不良贷款率 | 0.0772 | 1 |
| | | | 成长性 | 存款增长率 | 0.0294 | 13 |
| | | | | 贷款增长率 | 0.0232 | 18 |
| | | | | 净利润增长率 | 0.0470 | 7 |
| | | | 人才资源 | 员工年龄构成 | 0.0145 | 25 |
| | | | | 员工学历构成 | 0.0607 | 3 |

续表

| 维度 | 权重 | 排序 | 准则 | 指标 | 权重 | 排序 |
|---|---|---|---|---|---|---|
| 服务质量 | 0.2961 | 2 | 有形性 | 信用社环境整洁 | 0.0136 | 28 |
| | | | | 服务人员仪表端庄 | 0.0116 | 30 |
| | | | | ATM 机使用便捷 | 0.0244 | 17 |
| | | | 可靠性 | 客户隐私得到保障 | 0.0251 | 16 |
| | | | | 信用社信誉好 | 0.0217 | 20 |
| | | | 响应性 | 服务人员乐于帮助顾客 | 0.0139 | 27 |
| | | | | 服务人员提供服务迅速 | 0.0225 | 19 |
| | | | 保证性 | 宣传资料真实 | 0.0152 | 23 |
| | | | | 服务人员专业 | 0.0098 | 34 |
| | | | | 服务人员礼貌 | 0.0100 | 33 |
| | | | 移情性 | 窗口标识清楚 | 0.0047 | 36 |
| | | | | 贷款手续简便 | 0.0172 | 22 |
| | | | 产品与价格 | 投资产品齐全 | 0.0695 | 2 |
| | | | | 收费合理透明 | 0.0369 | 10 |
| 服务包容性 | 0.2219 | 3 | 地理渗透性 | 每千人拥有机构网点数 | 0.0426 | 8 |
| | | | | 每千人拥有服务人员数 | 0.0145 | 26 |
| | | | | 每千人拥有 ATM 机数 | 0.0206 | 21 |
| | | | 产品接触性 | 涉农存款/存款总额 | 0.0152 | 24 |
| | | | | 涉农贷款/贷款总额 | 0.0293 | 14 |
| | | | 使用效用性 | 储蓄存款总额/县域 GDP | 0.0481 | 6 |
| | | | | 贷款总额/县域 GDP | 0.0516 | 5 |

由上表易看出，就三个指标维度而言，可持续性以 0.4820 的权重居第 1 位[1]，服务质量指标与包容性指标分别以 0.2961 与 0.2219 的权重居第 2 位、第 3 位。由此看出，可持续性是影响农村信用社金融服务能力的首要因素，服务质量与包容性对其金融服务能力的贡献度有限。具体从以下几个方面来阐述：

第一，从可持续性指标下各项分指标的权重情况来看，安全性指标下不良贷款率的权重（0.0772）和资本充足率的权重（0.0580）分别排在第 1 位和第 4 位。成长性指标下净利润增长率的权重（0.0470）排在第 7 位，盈利性指标下总

---

[1] 本节中涉及的排序，是 36 项分指标的总排序。

资产收益率的权重（0.0400）和净资产收益率的权重（0.0310）分别排在第 9 位和第 12 位，流动性指标下流动性比率的权重（0.0331）排在第 11 位。这些权重排名比较靠前的指标，不仅印证了安全性、流动性、盈利性三性对于银行发展的重要性，也表明农村信用社应该将注意力从权重排序较为靠后的资产规模转移至排序较为靠前的安全性，注意风险控制、降低不良率，有所侧重地提升其可持续发展能力。此外，人才资源下的员工学历构成以 0.0607 的权重排在第 3 位，说明高学历人才的引进确实能够凭借其较高的综合素质提高农村信用社的可持续发展能力，进而对其金融服务能力产生促进作用。

第二，在服务质量这一维度下，产品与价格下投资产品齐全的权重（0.0695）排在第 2 位，收费合理透明的权重（0.0369）排在第 10 位，两者整体比较靠前，说明产品与价格对服务质量的贡献度最大。而且金融产品的丰富程度相较于收费的合理性更能吸引客户，表明当前农村信用社的客户群对于金融产品的需求层次越来越高，种类也越来越多样化。可靠性下客户隐私得到保障的权重（0.0251）和信用社信誉好的权重（0.0217）分别排在第 16 位和第 20 位，整体排序属于中间靠前，说明农村信用社是否具有可靠地、准确地履行服务承诺的能力也是客户比较看重的一个因素，表明农村信用社应该加大宣传，尽快树立起自己的品牌形象，让客户熟知且信任农村信用社。有形性下 ATM 机使用便捷的权重（0.0244）排在第 17 位，其明显优于信用社环境整洁的权重排序（第 28 位）和服务人员仪表端庄的权重排序（第 30 位），这说明，相较于良好的感官效用，客户更加看重的是信用社硬件设施的便利性。响应性下服务人员提供服务迅速以 0.0225 的权重排在第 19 位，说明信用社应该增加对员工的业务技能培训，使其对业务内容有足够的熟悉程度，以此来满足客户对农村信用社员工高工作效率的要求。此外，保证性、移情性下的各项分指标排序均靠后，说明农村信用社在近几年的改革过程中已经改善了其宣传资料真实、服务人员礼貌、窗口标识清楚等指标的情况，缩小了农村信用社与其他国有商业银行在此类指标方面的差距，因此获得了较低的权重值。

第三，在服务包容性下共有地理渗透性、产品接触性、使用效用性三大类指标，从各项分指标的权重排序容易看出，使用效用性对服务包容性的贡献度要明显大于地理渗透性和产品接触性。说明农村信用社要增加其服务的广度，关键还是要提高其金融产品的综合性能，使客户在使用其产品时实现效用最大化，从而吸引更多的客户群。具体来看，地理渗透性下每千人拥有机构网点数的权重（0.0426）排在第 8 位，每千人拥有 ATM 机数的权重（0.0206）排在第 21 位。这反映出，县域范围内以农民为主的客户群体结构决定了其对农村信用社物理网点的需求更多，其中的原因主要是农民的文化水平普遍较低，致使其不能很好地利用 ATM 机等电子化设备来获取金融服务，从而增加了农村信用社实体网点的压力。而产品接触性下涉农贷款/贷款总额的权重（0.0293）和涉农存款/存款总额的权重（0.0152）分别排在第 14 位和第 24 位，整体属于中间位置，一方面，这证明了农村信用社所在地的经济越活跃，客户的收入水平越高，越有利于提高其金融服务能力；另一方面，这说明经济发展水平对农村信用社的金融服务能力的促进作用十分有限。

总体而言，依据各指标权重所呈现出的信息，农村信用社需要通过以下几方面的努力，来进一步提升其金融服务能力：

（1）在可持续性方面，通过规范贷款流程、建立风险预警机制等措施来降低其不良贷款率；注重高学历员工的引进，提高员工的整体素质；凭借产品创新、拓展中间业务等方式提高净利润增长率。

（2）在服务质量方面，与时俱进地引入新的金融产品，丰富产品种类；在营业室内公示收费标准，使得收费更加合理透明；加强农村信用社的网络信息系统建设，使客户隐私得到充分保障；实时更新农村信用社的硬件设施，使得服务更加便捷。

（3）在包容性方面，农村信用社需要依据市场需求，适当增加其物理网点，提高每千人拥有机构网点数量；增加与当地龙头企业的合作，通过活跃当地经济活动，进一步带动农村信用社金融业务的发展。

# 第五节　农村信用社金融服务能力评价结果

计算了农村信用社金融服务能力各项指标的权重后，将各指标的具体数值代入，即可计算出农村信用社的金融服务能力水平。考虑到现阶段农村信用社在向农村商业银行的方向改制，本节分别测度了为改制完成的农村信用社[*]与改制完成的农村商业银行的金融服务能力，以便在两者的对比分析过程中更加清晰地了解农村信用社存在的服务问题。

## 一、样本选择与数据来源

为了尽可能全面地测度我国农村信用社的金融服务能力，本节试图在全国层面上选取指标、采用具体数值进行计算。其中，可持续性维度与包容性维度下的各项指标统计数据来源于《中国金融年鉴》《中国人民银行年报》《中国农村金融服务报告》以及银监会的相关统计信息等，数据直接查找或经过简单计算得到，部分缺损数据通过移动平滑法估计出来；而服务质量这一维度下的数据通过问卷调查的方式取得，从第三章关于农村信用社服务质量的问卷调查中，选取质量较高、符合本节要求的有效问卷 339 份作为有效数据。鉴于服务质量的有效问卷只涉及 2015 年的数据，而不同维度下各指标的取值需要相互对应，所以本节统一采用 2015 年的数据。

## 二、各指标的处理及取值

考虑到数据的可得性问题，对部分指标进行了如下处理：

（1）资产总额、存款余额、贷款余额、利润总额。这四项指标的具体数值虽然可通过相关的统计年鉴获得，但其指标属性使得其与其他维度指标的量纲存在差异，需要借助一个参考标准将其变换到百分制范围内。考虑到城市商业银行的规模、市场定位等各方面与农村信用社比较相近，两者具有一定的可比性，所以此处选取城市商业银行的这四项指标数值为基准，分别将农村信用社*与农村商业银行的实际值与基准值做比，所得比值将用于测算具体的金融服务能力水平。

（2）资本充足率。由于农村信用社*与农村商业银行的资本充足率在相关年鉴中均无记载，出现了数据不可得的难题，所以此处选用陕西样本农村信用社*及样本农村商业银行各自的资本充足率均值来替代。考虑到银监局对农村信用社*与农村商业银行的资本充足率水平有具体的监管标准，而且不同样本农村信用社的资本充足率之间差异并不大，所以这种替代方式存在一定的合理性。

（3）员工年龄构成、员工学历构成。由于无法获取农村信用社*与农村商业银行在全国层面上的员工年龄构成、员工学历构成情况，所以此处仍然选取陕西省的样本数据来替代，其中员工年龄构成用 30~50 岁员工占比来量化，而员工学历构成用本科及以上学历员工占比来量化。

（4）涉农存款。由于无法获取涉农存款数据，所以此处用农业存款来替代，但其 2015 年的数据存在缺失，故用移动平滑法估算出来以供使用。

对各指标数据进行处理之后的具体结果如表 4-26 所示。

**表 4-26　农村信用社金融服务能力各指标评价结果**

| 维度 | 指标 | 农村信用社* | 农村商业银行 |
|---|---|---|---|
| 可持续性 | 资产总额 | 0.4883 | 0.6374 |
| | 存款余额 | 0.5633 | 0.7489 |
| | 贷款余额 | 0.5882 | 0.7973 |
| | 税后利润 | 0.4462 | 0.7437 |
| | 总资产收益率 | 0.0095 | 0.0138 |

续表

| 维度 | 指标 | 农村信用社* | 农村商业银行 |
|------|------|-----------|------------|
| 可持续性 | 净资产收益率 | 0.1737 | 0.1723 |
| | 资产负债比率 | 0.9429 | 0.9192 |
| | 存贷比 | 0.6384 | 0.6510 |
| | 资本充足率 | 0.0866 | 0.1020 |
| | 涉农不良贷款率 | 0.0700 | 0.0210 |
| | 存款增长率 | 0.0218 | 0.3195 |
| | 贷款增长率 | 0.0319 | 0.3308 |
| | 净利润增长率 | 0.1380 | 0.2924 |
| | 员工年龄构成 | 0.5000 | 0.7000 |
| | 员工学历构成 | 0.1920 | 0.2830 |
| 服务质量 | 环境整洁 | 0.8418 | 0.8520 |
| | 仪表端庄 | 0.8452 | 0.8820 |
| | ATM 机便捷 | 0.8042 | 0.8520 |
| | 隐私得到保障 | 0.8711 | 0.9000 |
| | 信誉好 | 0.8619 | 0.8820 |
| | 乐于帮助顾客 | 0.8109 | 0.8120 |
| | 提供服务迅速 | 0.7967 | 0.8100 |
| | 宣传资料真实 | 0.8067 | 0.8240 |
| | 服务人员专业 | 0.8335 | 0.8740 |
| | 服务人员礼貌 | 0.8259 | 0.8360 |
| | 窗口标识清楚 | 0.7724 | 0.7940 |
| | 贷款手续简便 | 0.7506 | 0.8000 |
| | 投资产品齐全 | 0.8301 | 0.8220 |
| | 收费合理透明 | 0.8410 | 0.8200 |
| 服务包容性 | 每千人拥有机构网点数量 | 0.0309 | 0.0240 |
| | 每千人拥有服务人员数量 | 0.3099 | 0.2731 |
| | 每千人拥有 ATM 机数 | 0.0313 | 0.0311 |
| | 涉农存款/储蓄存款总额 | 0.0850 | 0.0479 |
| | 涉农贷款/贷款总额 | 0.7360 | 0.5599 |
| | 储蓄存款总额/县域 GDP | 0.1046 | 0.1390 |
| | 贷款总额/县域 GDP | 0.0668 | 0.0905 |

### 三、评价结果分析

在对各指标数据进行一定处理的基础上，根据所确定的权重综合计算，即可分别得到农村信用社*与农村商业银行的总体金融服务能力水平及其在不同维度下的金融服务能力水平。

不同维度下的评价模型为：

$$I_i = \sum_{j=1}^{k} X_{ij} W_{ij} \quad (i = 1, 2, 3)$$

式中，$X_{ij}$ 表示在第 $i$ 个维度下第 $j$ 个指标的值，$W_{ij}$ 表示在第 $i$ 个维度下第 $j$ 个指标的权重，$K$ 表示在第 $i$ 个维度下指标的个数，$I_i$ 表示在第 $i$ 个维度下的金融服务能力水平。

金融服务能力的总体水平可通过以下公式计算得到。

$$F = \sum_{i=1}^{3} I_i$$

将具体数值代入后得到如下结果，如表 4 – 27 所示。

表 4 – 27　农村信用社*与农村商业银行金融服务能力综合评价结果

| | 可持续性水平 | 服务质量水平 | 服务包容性水平 | 综合水平 |
|---|---|---|---|---|
| 农村信用社* | 0.1124 | 0.2446 | 0.0378 | 0.3948 |
| 农村商业银行 | 0.1473 | 0.2482 | 0.0341 | 0.4296 |

本书在参考中国人民银行清远市中心支行课题组《县域金融服务水平评估体系设计及应用研究》[①] 的基础上，确定了本书的金融服务能力评价标准：①若农村信用社*（或农村商业银行）总体的金融服务能力水平测度值在 0～0.6，则表明其金融服务能力的整体水平较差，可持续发展能力、服务质量及服务包容性未实现协调发展，一方面是可持续发展能力较强，忽略了服务质量及包容性水平的提高；另一方面是过于注重服务质量或包容性，而忽略了自身可持续发展能力的提高等。②若农村信用社*（或农村商业银行）总体的金融服务能力水平测度值在 0.6～0.8，说明其金融服务能力的整体水平一般，可持续发展能力、服务质量及服务包容性基本实现协调发展。③若农村信用社*（或农村商业银行）总体的金融服务能力水平测度值在 0.8～1，则表明其金融服务能力的整体水平相对较高，不仅实现了自身的可持续发展，而且兼顾了其服务质量与服务包容性水平的提高，三者之间形成了高度的协调发展。

---

① 中国人民银行清远市中心支行课题组．县域金融服务水平评估体系设计及应用研究［J］．"三农"金融，2012（07）：46–50.

依据金融服务能力评价标准可以得出以下结论：

第一，就总体的金融服务能力水平看，未改制完成的农村信用社\*总体的金融服务能力水平要低于改制完成的农村商业银行，这在一定程度上肯定了农村信用社改制为农村商业银行这一改制方向的正确性，即随着股权的进一步优化及内部治理的进一步科学化、规范化，农村商业银行确实呈现出了更好的精神面貌，能够为客户提供更优质的金融服务；与此同时，两者各自的金融服务能力水平测度值均低于0.6，说明农村信用社（无论是未改制完成的农村信用社\*还是改制完成的农村商业银行），其可持续性发展能力、服务质量及服务包容性都未实现协调发展，整体的金融服务能力水平比较差，有待提高的空间较大。此外，测度结果显示，未改制完成的农村信用社\*与改制完成的农村商业银行的总体金融服务能力水平仅相差0.0348，这就表明，虽然改制完成的农村商业银行整体金融服务能力水平要优于未改制完成的农村信用社\*，但其优势并不明显，表明改制完成的农村商业银行需要加快速度进一步完善其各方面的能力水平，以便更好地发挥其标杆作用。

第二，从三项维度指标下的金融服务能力水平看，首先，农村商业银行的可持续发展能力要优于农村信用社\*，这可能是因为改制之后的农村商业银行经营管理更加规范、高效，促进了其财务绩效水平的提高，当然也不排除这样一种可能，就是农村商业银行在改制之前为了达到银监会的标准已经消化了大量的不良资产，这会使得其改制成农村商业银行后的财务绩效呈现出比较可观的数值。其次，农村商业银行的服务质量要优于农村信用社\*，这也是与实际情况相吻合的，因为改制之后的农村商业银行无论在硬件方面还是软件方面都有了很大的提升，这无疑会吸引客户的注意力。而且随着越来越多的年轻大学生入职农村商业银行，其服务的专业性水平也得到了进一步的加强，这对其留住客户群会产生一定的助力。最后，在服务包容性这方面，农村信用社\*的优势要比农村商业银行大，这从其各自的网点数目就能很直观地反映出来，而且从包容性下面的"涉农存款/存款总额""涉农贷款/贷款总额"这两项指标看，农村信用社\*仍然承担着支农主力军的角色，改制后的农村商业银行则渐渐呈现出"脱农化"现象。

值得注意的是，虽然"脱农化"是农村商业银行走向商业化的必经之路，我们不能单纯因支农力度下降而对其持全面的否定态度，但农村商业银行的商业化行为与其政策性支农义务不兼容是毋庸置疑的，因此我们需要在新的市场环境下给予农村商业银行明确的市场定位：充分利用县域内的地缘、人缘优势继续支持第一产业，同时应把握经济脉络，挖掘二、三产业中的发展潜力，逐渐向二、三产业进行转移。由于经济发展的总趋势是二、三产业将逐渐取代第一产业成为带动经济增长的核心力量，所以农村商业银行也应顺应经济发展趋势，逐步调整发展战略,有农业的继续立足"三农",而没有农业的则应商业化发展,以便更好地支持县域经济。与此同时,虽然农村信用社正在向农村商业银行改制,并最终将全部改制为农村商业银行,但就当前而言,农村信用社在为县域居民提供金融服务、支持县域经济方面仍发挥着不可替代的作用,特别对"支持三农"的贡献尤为显著,因此农村信用社在依据自身市场定位继续运营发展的同时,必须坚定地朝着农村商业银行的方向进行改制,增强其金融服务能力。

## 第六节 本章小结

本章内容主要是对农村信用社金融服务能力进行评价,首先阐述了农村信用社金融服务能力的评价思路,选定了层次分析法来评价农村信用社的金融服务能力;其次依据农村信用社的实际情况构建了金融服务能力指标体系,之后将专家打分问卷的结果输入层次分析法软件加以运行,确定出各项指标的具体权重;最后将各指标的实际值加权求和,即可得到农村信用社总体的金融服务能力水平值。此外,为了更加清晰地了解农村信用社的金融服务能力现状,本章也对改制完成的农村商业银行的金融服务能力水平进行了测度,并对比分析未改制完成的农村信用社[*]与改制完成的农村商业银行各自的优势所在,并得出了如下结论:

(1)可持续性对农村信用社整体金融服务能力的贡献度最大,其次是服务质量,最后是服务包容性。

(2)农村商业银行的整体金融服务能力水平要高于农村信用社[*],说明农村信用社向农村商业银行改制的这一方向是正确的。

(3)农村商业银行在可持续性与服务质量方面优于农村信用社[*],但在包容性方面的金融服务能力却不及农村信用社[*]。

# 第五章 公司治理对农村信用社金融服务能力影响的实证分析

农村信用社金融服务能力的高低体现在自身可持续性、服务包容性和服务质量三方面。因此，要提升农村信用社金融服务能力应该从这三方面入手。影响农村信用社可持续性、服务包容性及服务质量的因素有很多，公司治理被认为是较为重要的一类（Rock et al.，1998；Labie，2001；Helms，2006；United Nations，2006；Oteroand Chu，2002）。厘清农村信用社公司治理与其金融服务能力之间的关系，通过优化农村信用社治理机制提升其金融服务能力具有重要意义。

现有研究由于各种因素的制约，对我国农村信用社公司治理与服务能力间的关系缺乏全面统一的探讨。Hartarska（2005）利用1998~2002年对东欧国家指定的或非指定的小型金融机构进行了三次调研取得三个自由样本，研究了公司治理机制和小型金融机构财务绩效之间的关系，认为公司治理机制对小型金融机构财务绩效是有影响的。但由于其数据来源于欧洲，因此其结论未必对我国具有参考价值。Culletal（2007）选取了全球124家小型金融机构的数据，从贷款种类、资本成本控制、劳动力成本控制和制度特征的视角研究小型金融机构的财务绩效和服务水平，但这一研究没有考虑类似股东特征或所有者类型等反映公司治理的变量。国内学者则受部分数据不可得性的限制，研究大多是基于某一省、市农村信用社的数据资料进行分析，其指标体系不够全面、数据库资源缺乏，因此说服力和适用性都受到了制约。本章在对国内外相关文献系统梳理的基础上，从农村信用社股权结构、董事会特征、监事会特征、高管激励、市场竞争机制和中介机构等公司治理角度出发，从全国农村信用社选点调研获取数据资料，通过理论分析提出研究假设，然后实证分析农村信用社公司治理对其金融服务能力的影响。

在实证研究过程中，数据主要来源于对农村信用社的走访调研，但由于高管激励的数据具有较强的隐私性，可得性受到限制，而高管激励对农村信用社金融服务能力的提升具有重要作用，所以有必要对其进行深入研究，明晰不同高管激励方式对农村信用社金融服务能力的具体影响。因此，本书利用陕西数据调研的便利性，以陕西为例单独研究了高管激励对农村信用社金融服务能力的影响。故本书的实证分析共分为两个部分：①实证一在问卷调查所涉及的12个省（市）

中，利用数据的可得性及走访调研的便利性，从东、中、西部分别选取天津、山东、河南、陕西4个省（市）的32家农村信用社2009~2015年的统计数据为原始数据库，实证分析了股权结构、董事会特征、监事会特征、市场竞争机制和中介机构对农村信用社金融服务能力的影响；②实证二以陕西省10个市52家农村信用社（36家农村信用联社和16家农村商业银行）2010~2015年的统计数据为原始数据库，重点分析了高管激励对农村信用社金融服务能力的影响。

# 第一节 公司治理特征对农村信用社金融服务能力影响的实证分析

## 一、理论分析及假设提出

（一）股权结构与农村信用社金融服务能力

股权结构决定了公司控制权的分配，决定了股东与管理者之间、大股东与中小股东及债权人之间的委托代理关系，是公司治理的重要组成部分。本书主要分析股权集中度（用前五大股东持股比例表示）与农村信用社金融服务能力之间的关系。

传统的委托代理理论认为股东（委托人）与管理者（代理人）之间存在利益冲突，解决这种利益冲突的有效办法是对经营者进行监督，即股东约束经营者的行为，以保证经营者按照股东的委托行事，确保股东的利益最大化。但是，这种监督是有成本的。对于小股东来说监督成本往往大于监督收益，因此小股东一般不愿意花费成本去监督，会出现"搭便车"现象。在股权相对集中、有大股东的情况下，大股东的监督成本小于监督收益，此时，大股东有动力对经营者进行有效的监督，从而缓解股东和经营者之间的利益冲突。从这个思路看，股权集中度越高越有利于解决股东和经营者之间的矛盾。然而，随着股权集中度的提升，大股东可能会利用信息优势等手段对经营者施加压力或者与经营者之间形成合谋，从而侵害小股东的利益，这就产生了第二类委托代理问题。从这个思路看，股权集中度越低越有利于解决大股东和小股东之间的矛盾。

股权集中度过高会出现第二类委托代理问题，而股权集中度过低会出现第一类委托代理问题。无论是哪类委托代理问题的出现，都会影响到农村信用社的金融服务能力。要解决这种双重委托代理问题，应该找到适度的股权集中度。农村信用社的股权集中度应控制在何种范围之内，在这一范围内不同的股权集中度是否会对农村信用社金融服务能力产生不同的影响，都需要进一步的研究。

因此，本书提出假设：

H1：前五大股东持股比例和农村信用社金融服务能力的关系呈倒"U"型。

（二）董事会特征与农村信用社金融服务能力

最先提出董事会规模将影响公司治理行为这一观点的学者是 Lipton（1992），他认为一方面董事会的监督能力会随着董事数量的增加而提高，另一方面董事数量的增加也会加大董事间组织和协调的成本，而且后者往往大于前者。当董事会规模过大时，"搭便车"等类型的代理问题会出现，董事会的真实作用将无法完全发挥，所以大董事会不如小董事会有效，最优董事会规模应保持在 8～9 人，最大不应超过 10 人。Lipton 和 Jensen（1993）从董事会规模同 CEO 之间的关系这一角度进行分析，认为董事之间的矛盾会降低董事会对 CEO 的监督作用，当董事数量超过 8 人时，董事会就不能完全发挥作用，并易受 CEO 的控制。随后，Yermach（1996）、Eisenberg 等（1998）证实了 Lipton 和 Jensen 的观点，认为较小规模的董事会解雇管理绩效较差的 CEO 的概率更大，并且随着董事会规模的增加，CEO 的报酬与公司绩效的相关性会减弱，认为董事会规模和公司绩效之间存在显著负相关关系。随后 Loderer 等（2002）的研究对董事会规模同企业经营绩效之间的关系提出质疑，他们更加认可董事会规模较大是公司营运较差的标识这一结论。Hermalin 等（2003）认为，不是董事会规模太大导致了企业的低绩效，而是企业前期较差的绩效导致当期董事会规模的增加。

关于董事会（理事会）对诸如农村信用社这类小型金融机构监督和控制效果的研究，是由 Fama 和 Jensen 于 1983 年提出的，随后 Becht 等（2003）、Hermalin 和 Weisbach（2003）、Bohren 和 Strom（2005）等学者也开始涉足这一领域。他们研究的主要内容：董事会如何与所有者利益保持一致、董事会的构成、董事的确定，以及董事会的这些特征如何影响小型金融机构的经营绩效，具体包括以下几个方面：

（1）董事会（理事会）规模。有研究认为小型金融机构的董事会（理事会）规模小，在决策时的争议也较小，有利于其持续经营。而规模大虽然有利于其提高金融服务水平（Valentina Hartarska，2005），但会减少平均贷款规模、增加个人担保贷款（Roy Mersland，R. Âystein Strom，2007）。

（2）董事会（理事会）会议次数。农村信用社的董事会（理事会）会议次数对财务效率指标（ROA）的影响在统计意义上不显著，但是对农户贷款率有不同程度的负向影响（中国人民银行成都分行金融研究处课题组，2001）。

（3）员工董事（理事）。员工董事的存在会降低小型金融机构的财务绩效，降低其金融服务水平（Hartarska，2005）。

（4）独立董事（理事）。独立董事能够代替股东更好地监督 CEO 行为。有研究发现，小型金融机构的董事会（理事会）中，独立董事（理事）的比例越高，越有利于提高其财务效率（ROA）（Bhagat & Jefferie，2002；Hartarska，2005）。

目前农村信用社章程均对其董事会（理事会）规模、董事会（理事会）会议次数、员工董事（理事）数量、独立董事（理事）占比等内容做了明确规定，但在实际经营过程中，一些农村信用社可能鉴于业务变动的需要对董事会规模进行调整，调研结果也显示农村信用社的董事会特征与章程不尽相同。据此，在前人研究的基础上，基于数据的可得性，就农村信用社董事会（理事会）规模、独立董事（理事）占比两大特征提出如下假设：

H2：农村信用社董事会（理事会）规模越大，其金融服务能力越低。

H3：独立董事（理事）占比越高，越有利于提高其经营效率，提高其金融服务的能力。

（三）监事会特征与农村信用社金融服务能力

从世界各国公司治理的实践来看，公司治理的监管模式主要分为两种：一种是以美英为代表的独立董事监督模式；另一种是以德日为代表的监事会监督模式。我国农村信用社实施的是独立董事和监事会"双头"监督模式。该模式的实施导致农村信用社中产生了双重监管机制并存的局面。目前，关于这种双重监管机制是否有利于农村信用社金融服务能力提升的研究还不多见。

本书认为，这种双重监管机制可能导致三种结果：第一，独立董事和监事会均形同虚设，两者互相推诿责任；第二，独立董事和监事会均全面发挥监管职能，形成重叠监管；第三，独立董事和监事会通过某项规章划分责任，各司其职。如果出现第一种结果，农村信用社将处于缺乏内部监管的状态，显然不利于其金融服务能力的提升；如果出现第二种结果，农村信用社得到了双重监管，重复的监管一方面耗费大量人力、财力，另一方面过度的监管将会限制经理人的创新，从而抑制农村信用社金融服务能力的提升；如果出现第三种结果，独立董事和监事会合起来组成一个完整的内部监管主体，只要相关规章能够保证这一监管主体内部做到各司其职，将有利于农村信用社金融服务能力的提高。但是，要实现"相关规章能够保证这一监管主体内部做到各司其职"是要花费成本的。

综上所述，本书提出如下假设：

H4："双头"监管模式不利于农村信用社金融服务能力的提升。

（四）市场竞争机制与农村信用社金融服务能力

市场竞争机制是公司外部治理的重要组成部分，主要包括控制权市场、产品市场和经理人市场等竞争性市场机制。由于这些机制有助于减少信息不对称、降低代理成本，因此市场竞争机制越发达，农村信用社的经营环境越完善，越有利于提升其金融服务能力。调研发现，目前农村信用社经理人市场、公司控制权市场都是不健全的，经理人、董事等的聘用均按"上级管理部门提名，董事会批准认可"的程序进行。因此，本课题不讨论经理人市场和公司控制权市场，仅讨论产品市场。

产品市场充分的竞争至少可以起到三个作用：一是完善治理机制，提高治理效率；二是对管理者施加压力，迫使他们改善管理方式、调整经营模式；三是区分管理者的素质，通过声誉机制迫使现任经理努力工作，驱逐劣质管理者，提高管理者的整体素质。目前，农村信用社产品市场的竞争源主要包括：邮政储蓄银行、国有商业银行的县域分支机构等。如果农村信用社面临的产品市场竞争较为充分，则农村信用社的经理人员将不得不通过完善产品创新机制以满足不同层次的金融服务需求，从而保证农村信用社的市场份额，进而保证经理人自身的收益。但如果农村信用社面临的产品市场竞争不够充分，或者是垄断市场，则经理人将失去产品创新的内在动力。同时，如果农村信用社所面临的控制权市场、经理人市场都不健全，则经理人正确决策、积极创新的内在动机也就随之丧失，从而制约农村信用社的发展，限制其金融服务的供给。因此，本书提出以下假设：

H5：农村信用社所在区域市场竞争越充分，其金融服务能力越高。

（五）中介机构与农村信用社金融服务能力

银行的中介机构主要包括投资银行、外部审计机构、评级机构等，其存在的本意是获取公司信息，为投资者提供服务，但其提供的信息却间接对公司有监督的作用。对农村信用社而言，中介组织能够自发形成一张强大的监督网，从而促进农村信用社公司治理的完善，更好地保护投资者利益，进而提升农村信用社的金融服务能力。

我国农村信用社可能涉及的中介机构主要就是外部审计机构。目前，关于外部审计对金融机构产生影响的研究存在不同的观点，比较普遍的观点认为，小型金融机构的透明度有助于加强市场约束，因为透明度越高的小型金融机构越容易接触更多的投资者、债权人和捐赠者。因此，本书提出假设：

H6：进行外部审计的农村信用社的金融服务能力优于未进行外部审计的农村信用社。

## 二、模型设立

本书设定模型如下：

$$SERVICE = \beta_0 + \beta_1 GOV + \beta_2 CONTROL + \mu \tag{5.1}$$

式中：SERVICE 为被解释变量，即农村信用社金融服务能力的反映；GOV

为本书解释变量，代表农村信用社公司治理的指标；CONTROL 为控制变量；μ 为随机扰动项；$\beta_0$ 为常数项；$\beta_1$、$\beta_2$ 分别是 GOV、CONTROL 的回归系数。

### 三、指标选取

研究农村信用社公司治理对其金融服务能力的影响，需要从农村信用社金融服务能力、农村信用社公司治理以及控制变量三个方面建立指标体系。其中，农村信用社金融服务能力指标是被解释变量，农村信用社公司治理指标是解释变量。

（一）农村信用社金融服务能力指标建立

农村信用社的金融服务能力目标可具体拆分为两个方面：第一个目标是满足其自身的发展定位，即获取更多的客户和服务更多的穷人（Helms，2006；Johnson et al.，2006）。第二个目标是实现金融的可持续发展和出资者的利益需求。同时实现这两个目标对于农村信用社来说就是达到了一种双赢状态（Rhyne，1998），并且这种"双赢"状态是可以实现的（Woller et al.，1999）。然而也有学者持相反观点，认为这种"双赢"状态的实现需要持续的资助，那些实力雄厚的小额信贷组织，并不愿意为贫穷客户提供服务（Morduch，2000）。本书认为，农村信用社的"双赢"目标可以通过治理机制的调节实现，因此，从农村信用社财务绩效和金融服务水平两个方面确定农村信用社金融服务能力指标，如表 5 - 1 所示。

表 5 - 1　被解释变量

| 变量 | 变量说明 |
| --- | --- |
| 财务绩效 | |
| ROA | 总资产收益率 = 净利润/平均资产总额 |
| ROE | 净资产收益率 = 净利润/平均净资产 |
| 运营成本（O_ costs） | 运营成本 = 营业费用/年平均贷款总额 |
| 金融服务水平 | |
| 平均贷款余额（A_ loan） | 客户平均未偿还贷款 |
| 信贷客户数（N_ customer） | 信贷客户数量 |
| 分支机构数（N_ branches） | 分支机构数量 |

1. 农村信用社财务绩效指标

依据 Christen（2000）的观点，本书选用 ROA、ROE、运营成本三个变量作为衡量农村信用社财务绩效的指标。ROA 是总资产收益率（总资产收益率 = 净利润/平均资产总额×100%）；ROE 是净资产收益率（净资产收益率 = 净利润/平均净资产×100%）；运营成本是营业费用与年平均贷款总额的比值（运营成本 = 营业费用/年平均贷款总额×100%）。

2. 农村信用社金融服务水平指标

本部分选取平均贷款余额（农村信用社的金融服务深度）、接受信贷服务的客户人数（农村信用社的金融服务广度）和农村信用社的分支机构数量三个指标评价农村信用社的金融服务水平，如表 5-1 所示。

（二）农村信用社公司治理指标的选取

依据假设 H1~假设 H6，本书从股权结构、董事会特征、监事会特征、市场竞争机制、中介机构等方面选取农村信用社公司治理的指标，如表 5-2 所示。

表 5-2　解释变量

| 序号 | 自变量 | 变量说明 |
|---|---|---|
| 股权结构 | | |
| 1 | 前五大股东持股比例（5_ shareholder） | |
| 2 | 前五大股东持股比例的平方［5_ shareholder (2)］ | |
| 董事会特征 | | |
| 3 | 董事会（理事会）规模（ln（boards + 1）） | 董事会（理事会）人数，以董事会人数加1的自然对数来表示 |
| 4 | 独立董事（理）比例（independent_ director） | 独立董事（理事）人数/董事会人数 |
| 监事会特征 | | |
| 5 | 监事会规模同独立董事比例的交叉项（supervising_ independentdirector） | |
| 市场竞争机制 | | |
| 6 | 农村信用社面临的市场竞争程度（compete） | 农村信用社所在区域其他金融机构数量/农村信用社分支机构数量 |
| 中介机构 | | |
| 7 | 是否进行了外部审计（audit） | 进行了外部审计为1，未进行外部审计为0 |

在股权结构方面选用前五大股东持股比例指标；董事会特征选用董事会（理事会）规模和独立董事（理事）比例两个指标；监事会特征选用监事会规模同独立董事比例的交叉项；市场竞争机制选用农村信用社面临的市场竞争程度指标；中介机构选用是否进行了外部审计这一指标。

（三）相关控制变量的确定

农村信用社经营能力的高低受多方面因素的影响，借鉴已有研究，本书从农村信用社面临的外部经济环境、自身规模和员工能力三个方面选取 4 个指标作为控制变量（见表 5 - 3）。

表 5 - 3　控制变量

| 控制变量 | 解释 |
|---|---|
| 宏观经济形势 | |
| 宏观经济表现（GDP） | 当地人均国民生产总值 |
| 自身规模 | |
| 农村信用社规模（S_ asset） | 农村信用社资产的自然对数 |
| 员工能力 | |
| 信贷人数/员工人数（N_ Credit/employees） | 获得信贷的人数除以员工总人数，反映农村信用社员工服务能力的控制变量 |
| 农村信用社员工潜力（P_ employees） | 根据农村信用社员工受高等教育的程度，主观判定农村信用社员工潜力，按潜力高低从 5～1 进行赋值 |

## 四、数据来源及数据特征描述

（一）数据来源

本书以天津、山东、河南、陕西 4 个省（市）的 32 家农村信用社（包括农村信用合作联社、农村商业银行和农村合作银行）2009～2015 年的统计数据为原始数据库。因为在这期间这些农村信用社未进行重大改革，也未发生统计上的重大事件，因此在回归分析过程中并未采用面板数据进行分析，而是将不同年份的数据合并在一起，统一采用横截面数据进行回归分析。

（二）数据特征描述

利用 STATA 计量经济学软件，在剔除极端数据后得出各变量的数据统计特征，如表 5 - 4 所示。

表 5 - 4　变量统计特征

| Variable | Obs | Std. Dev. | Mean | Min | Max |
|---|---|---|---|---|---|
| roa | 216 | 0.0203069 | 0.0079186 | − 0.1254071 | 0.0435233 |
| roe | 213 | 1.004914 | 0.5085887 | − 3.359926 | 6 |
| o_ costs | 216 | 0.037166 | 0.0744498 | 0.000133 | 0.2574602 |

续表

| Variable | Obs | Std. Dev. | Mean | Min | Max |
|---|---|---|---|---|---|
| a_ loan | 216 | 1573049 | 452050.9 | 18903 | 1.25E+07 |
| n_ customer | 216 | 444185 | 48623.94 | 53 | 6544135 |
| n_ branches | 216 | 78.99845 | 42.68981 | 11 | 511 |
| _ shareholder | 209 | 0.1190554 | 0.1277981 | 0 | 0.48 |
| _ sharehold ~ 2 | 216 | 0.0473617 | 0.0294523 | 0 | 0.2304 |
| lnboards1 | 216 | 0.3995672 | 2.424244 | 2.079442 | 4.59512 |
| independen ~ r | 216 | 0.063934 | 0.0936006 | 0 | 0.3333333 |
| supervisin ~ r | 216 | 6.411707 | 6.657407 | 0 | 45 |
| compete | 216 | 411.7504 | 92.29167 | 3 | 2518 |
| audit | 216 | 0.469115 | 0.6759259 | 0 | 1 |
| agdp | 216 | 2.941458 | 3.203748 | 0.6437317 | 17.20856 |
| s_ asset | 216 | 1.015582 | 12.66668 | 10.53871 | 17.05773 |
| n_ creditem ~ s | 216 | 44.03391 | 71.67639 | 0.2774869 | 199.2334 |
| p_ employees | 216 | 0.8706008 | 1.430556 | 1 | 5 |

## 五、实证分析

依据计量经济学中"由大到小"的建模思路，以稳健标准误为依据，在回归过程中首先用所有解释变量和控制变量对被解释变量依次进行回归，然后逐步剔除统计上不显著的变量和经济上不显著的变量，最终得到回归分析结果如表5-5~表5-10所示。

（一）对 ROA 的影响分析

由表5-5可以看出：①农村信用社前五大股东持股比例同农村信用社 ROA 呈正相关关系。用前五大股东持股比例的平方替代前五大股东持股比例后发现，前五大股东持股比例同农村信用社 ROA 呈倒"U"型关系。综合这两个结论，本书认为，农村信用社前五大股东持股比例同农村信用社 ROA 呈倒"U"型关系，但目前农村信用社前五大股东持股比例普遍偏低，因此大部分农村信用社还处于倒"U"型的升函数阶段。②独立董事和监事会的双重监督模式对农村信用社 ROA 有促进作用，但其促进效果极小，这一结论与假设不符。究其原因，这恰与农村信用社独立董事的"花瓶"特征有关系，即独立董事与农村信用社 ROA 不相关，监事会几乎独立承担了农村信用社的监管责任。③外部竞争对农村信用社 ROA 有负向影响，但由于系数较小，故其经济意义不大。④控制变量中的当地人均 GDP 对农村信用社 ROA 有正向影响，这一结论符合"经济金融协调发展"的理论。

表 5 - 5　对 ROA 的回归分析

| | 模型（1） | 模型（2） | 模型（3） | 模型（4） |
|---|---|---|---|---|
| 5_ shareholder | +0.03131<br>（0.0170）** | +0.034<br>（0.0070）*** | +0.0346<br>（0.0060）*** | |
| 5_ shareholder（2） | | | | -0.092<br>（0.0140）** |
| ln（boards + 1） | +0.004<br>（0.2410） | | | |
| independent_ director | -0.0060<br>（0.8920） | -0.009<br>（0.8210） | | |
| supervising_ independentdirector | +0.0011<br>（0.0600）* | +0.001<br>（0.0580）* | +0.00099<br>（0.0010）*** | +0.001<br>（0.0000）*** |
| compete | -0.0000269<br>（0.0000）*** | -0.00002<br>（0.0000）*** | -0.000021<br>（0.0000）*** | -0.0000243<br>（0.0000）*** |
| audit | -0.0003<br>（0.9240） | +0.014<br>（0.6330） | | |
| AGDP | +0.0019<br>（0.0000）*** | +0.0204<br>（0.0000）** | +0.002<br>（0.0000）*** | +0.0022<br>（0.0060）*** |
| S_ asset | +0.0012<br>（0.5950） | | | |
| N_ Credit/employees | -0.000014<br>（0.6820） | | | |
| P_ employees | +0.0017<br>（0.5290） | | | |
| 统计指标 | | | | |
| R - squared | 0.2172 | 0.2034 | 0.2022 | 0.1987 |
| F | 5.49 | 8.6 | 12.92 | 13.08 |
| P - value | 0.0000 | 0.0000 | 0.0000 | 0.0000 |
| Observations | 209 | 209 | 209 | 209 |

注：***、**、*分别表示在1%、5%和10%水平下显著；其中（）内给出的是t值。

（二）对 ROE 的影响分析

由表 5－6 可以看出：①农村信用社前五大股东持股比例同农村信用社 ROE 呈正相关关系。用前五大股东持股比例的平方替代前五大股东持股比例后发现，前五大股东持股比例的平方同农村信用社 ROE 关系不显著。综合这两个结论，本书认为，并不能完全否定农村信用社前五大股东持股比例同农村信用社 ROE 呈倒"U"型关系的假设。原因在于，目前农村信用社前五大股东持股比例普遍偏低，因此大部分农村信用社可能还处于倒"U"型的升函数阶段。②农村信用社前五大股东持股比例、独立董事和监事会的双重监督模式、外部竞争、人均GDP 对农村信用社 ROE 的影响和对 ROA 的影响效果相同。

表 5－6　对 ROE 的回归分析

| | 模型（1） | 模型（2） | 模型（3） |
|---|---|---|---|
| 5_ shareholder | ＋1.204<br>（0.0780）* | | ＋1.29<br>（0.0510）* |
| 5_ shareholder（2） | | ＋2.94<br>（0.1340） | |
| ln（boards＋1） | ＋0.17<br>（0.3440） | ＋0.17<br>（0.3300） | |
| independent_ director | －3.82<br>（0.0980） | －3.59<br>（0.1160） | |
| supervising_ independentdirector | ＋0.09<br>（0.0030）*** | ＋0.096<br>（0.0020）*** | ＋0.043<br>（0.0070）*** |
| compete | －0.0015<br>（0.0000）*** | －0.017<br>（0.0000）*** | －0.01<br>（0.0000）*** |
| audit | －0.14<br>（0.3870） | －0.146<br>（0.3620） | |
| AGDP | ＋0.08<br>（0.0030）*** | ＋0.08<br>（0.0020）*** | ＋0.075<br>（0.0020）*** |
| S_ asset | ＋0.095<br>（0.4330） | ＋0.1097<br>（0.3590） | |
| N_ Credit/employees | －0.004<br>（0.0170）** | －0.0047<br>（0.0080）*** | －0.003<br>（0.0600）** |
| P_ employees | －0.033<br>（0.8170） | －0.033<br>（0.8110） | |

续表

| 统计指标 | 模型（1） | 模型（2） | 模型（3） |
|---|---|---|---|
| R – squared | 0.1637 | 0.1701 | 0.1392 |
| F | 3.82 | 4.14 | 6.47 |
| P – value | 0.0010 | 0.0000 | 0.0000 |
| Observations | 206 | 213 | 206 |

注：***、**、*分别表示在1%、5%和10%水平下显著；其中（）内给出的是t值。

由此分析看出，农村信用社公司治理对 ROA、ROE 的影响基本一致。从经济意义上来看，ROA、ROE 都可以反映农村信用社的经济绩效。因此，当这两组回归结果基本一致时，我们认为两组结论可以相互证明通过了稳健性检验。

（三）对 O_ costs 的影响分析

由表5-7可以看出：①农村信用社前五大股东持股比例同农村信用社运营成本呈倒"U"型关系，即随着农村信用社前五大股东持股比例的增加，农村信用社的运营成本会增加，但当农村信用社前五大股东持股比例超过一定的界限时，又会因股东集权而降低运营成本。②独立董事的数量同农村信用社的运营成本负相关，对其他变量均不产生影响。即：独立董事数量的增加会促使农村信用社节约运营成本，而不影响农村信用社的其他方面。这也许和运营成本信息较容易被独立董事获得有关系，独立董事容易根据运营成本信息对农村信用社进行监管。③独立董事和监事会的双重监督模式对农村信用社节约运营成本有促进作用，这证明监事会确实对农村信用社履行了监管责任。④董事会、外部竞争、外部审计、农村信信用社所在地区经济状况、农村信用社自身规模、农村信用社员工能力均对农村信用社运营成本不产生影响。

表5-7　对 O_ costs 的回归分析

| | 模型（1） | 模型（2） | 模型（3） |
|---|---|---|---|
| 5_ shareholder | − 0.048<br>(0.0530) * | _ 0.051<br>(0.0280) * | |
| 5_ shareholder（2） | | | − 0.125<br>(0.0530) * |
| ln（boards + 1） | − 0.0069<br>(0.2910) | | |

续表

| | 模型（1） | 模型（2） | 模型（3） |
|---|---|---|---|
| independent_ director | −0.3176<br>（0.0000）*** | −0.3005<br>（0.0000）*** | −0.335<br>（0.0000）*** |
| supervising_ independentdirector | +0.0019<br>（0.1050） | +0.0016<br>（0.0340）* | +0.002<br>（0.0110）** |
| compete | −0.0000<br>（0.6780） | | |
| audit | +0.0094<br>（0.1140） | +0.0074<br>（0.1630） | |
| AGDP | −0.0012<br>（0.2210） | | |
| S_ asset | +0.0033<br>（0.4600） | | |
| N_ Credit/employees | +0.0001<br>（0.2160） | | |
| P_ employees | −0.003<br>（0.9560） | | |
| 统计指标 | | | |
| R − squared | 0.1716 | 0.1504 | 0.1469 |
| F | 4.1 | 9.03 | 12.16 |
| P − value | 0.0000 | 0.0000 | 0.0000 |
| Observations | 209 | 209 | 216 |

注：***、**、*分别表示在1%、5%和10%水平下显著；其中（）内给出的是 t 值。

（四）对 A_ loan 的影响分析

由表5−8可以看出：①外部竞争对农村信用社贷款余额有正向影响，即农村信用社面临的市场竞争越充分，其发放的贷款量越大。②控制变量中的当地人均 GDP、农村信用社资产规模都对农村信用社贷款额有正向影响，这一结论符合经济发展规律。③农村信用社内部治理各因素对农村信用社贷款均无显著影响。

表 5 - 8　对 A_ loan 的回归分析

| | 模型（1） | 模型（2） | 模型（3） |
|---|---|---|---|
| 5_ shareholder | +29357<br>(0.9080) | | |
| 5_ shareholder（2） | +273479<br>(0.7050) | | |
| ln（boards +1） | +19109<br>(0.7760) | +18379<br>(0.7790) | |
| independent_ director | -203113<br>(0.8140) | -185101<br>(0.8250) | |
| supervising_ independentdirector | +3595<br>(0.7590) | +3074<br>(0.7870) | |
| compete | +3418<br>(0.0000)*** | +3407<br>(0.0000)*** | +3446.021<br>(0.0000)*** |
| audit | -14640<br>(0.8100) | -14799<br>(0.8010) | |
| AGDP | +18865<br>(0.0590)* | +18900<br>(0.0530)* | +16403.96<br>(0.0690)* |
| S_ asset | +138127<br>(0.0030)*** | +136064<br>(0.0020)*** | +132385.5<br>(0.0000)*** |
| N_ Credit/employees | +547.345<br>(0.4110) | +544.16<br>(0.3890) | |
| P_ employees | -1979<br>(0.9710) | -1338<br>(0.9790) | |
| 统计指标 | | | |
| R - squared | 0.9533 | 0.9534 | 0.9531 |
| F | 404.57 | 419.78 | 1435.45 |
| P - value | 0.0000 | 0.0000 | 0.0000 |
| Observations | 209 | 216 | 216 |

注:*** 、** 、* 分别表示在1%、5%和10%水平下显著;其中（）内给出的是 t 值。

（五）对 N_ customer 的影响分析

由表5-9可以看出:①外部竞争对农村信用社贷款客户数量有正向影响,即农村信用社面临的市场竞争越充分,其贷款客户量也就越大。②外部竞争对农村信用社贷款余额和贷款客户数量这两个指标的影响基本一致。从经济意义上看，贷款余额和贷款客户数量都可以反映农村信用社的服务范围。因此，当这两组回归结果基本一致时，我们认为两组结论可以相互证明通过了稳健性检验。

表 5 – 9　对 N_ customer 的回归分析

| | 模型（1） | 模型（2） |
|---|---|---|
| 5_ shareholder | +24082 (0.9370) | |
| 5_ shareholder（2） | | |
| ln（boards + 1） | +8741.9 (0.9130) | |
| independent_ director | –305099 (0.7670) | |
| supervising_ independentdirector | +6774 (0.6270) | |
| compete | +420 (0.0080)*** | +438.07 (0.0000)*** |
| audit | –1959 (0.9780) | |
| AGDP | –8520.8 (0.4720) | |
| S_ asset | –17423 (0.7490) | |
| N_ Credit/employees | +31.94 (0.9680) | |
| P_ employees | +6968 (0.7480) | |
| 统计指标 | | |
| R – squared | 0.1712 | 0.1649 |
| F | 4.09 | 42.26 |
| P – value | 0.0000 | 0.0000 |
| Observations | 209 | 216 |

注：\*\*\*、\*\*、\*分别表示在1%、5%和10%水平下显著；其中（）内给出的是 t 值。

（六）对 N_branches 的影响分析

由表 5-10 可以看出：①前五大股东持股比例同农村信用社分支机构数量之间呈倒"U"型关系，即随着农村信用社前五大股东持股比例的增加，农村信用社有增加分支机构的动力。但当持股比例超过某一临界值时，农村信用社又会倾向于减少分支机构数量。②董事会规模同农村信用社分支机构之间呈正相关关系，但到底是"董事会规模决定了分支机构数量"还是"分支机构数量决定了董事会规模"，有待后续验证。③外部竞争对农村信用社分支机构数量有正向影响，即农村信用社面临的市场竞争越充分，其增加分支机构的动力就越大。④控制变量中的当地人均 GDP、农村信用社资产规模都对农村信用社分支机构数量有正向影响，这一结论符合经济发展规律。

表 5-10　对 N_branches 的回归分析

| | 模型（1） | 模型（2） | 模型（3） |
|---|---|---|---|
| 5_shareholder | -19.2<br>(0.0010)*** | | |
| 5_shareholder（2） | | -39.74<br>(0.0160)** | -35.76<br>(0.0240)** |
| ln（boards+1） | +4.7<br>(0.0020)*** | +4.68<br>(0.0020)*** | +4.77<br>(0.0010)*** |
| independent_director | -6.76<br>(0.7260) | -8.98<br>(0.6370) | |
| supervising_independentdirector | +0.25<br>(0.3370) | +0.22<br>(0.3880) | |
| compete | +0.18<br>(0.0000)*** | +0.18<br>(0.0000)*** | +0.18<br>(0.0000)*** |
| audit | +0.22<br>(0.8690) | +0.24<br>(0.8570) | |
| AGDP | -1.58<br>(0.0000)*** | -1.61<br>(0.0000)*** | -1.58<br>(0.0000)*** |
| S_asset | +9.81<br>(0.0000)*** | +9.42<br>(0.0000)*** | +9.24<br>(0.0000)*** |
| N_Credit/employees | -0.0078<br>(0.5970) | -0.0069<br>(0.6320) | |

续表

| | 模型（1） | 模型（2） | 模型（3） |
| --- | --- | --- | --- |
| P_employees | −2.58<br>(0.0330)** | −2.45<br>(0.0370)** | −2.16<br>(0.0460)** |
| 统计指标 | | | |
| R − squared | 0.9908 | 0.9905 | 0.9905 |
| F | 2129.01 | 2140.19 | 3615.48 |
| P − value | 0.0000 | 0.0000 | 0.0000 |
| Observations | 209 | 216 | 216 |

注：***、**、*分别表示在1%、5%和10%水平下显著；其中（）内给出的是t值。

## 第二节 高管激励对农村信用社金融服务能力影响的实证分析

高管激励对组织的影响已引起广泛关注，其相应研究主要集中于对组织创新能力和绩效两方面的研究，课题组在前期研究中也涉及农村信用社高管激励的研究，发现高管激励会对农村信用社绩效产生影响（王文莉、赵芸，2014）。在本次国家社科基金课题的调研过程中，课题组进一步发现，高管激励对农村信用社的金融服务能力也有重要作用，有必要对农村信用社的高管激励机制进行深入研究，明晰不同高管激励方式对农村信用社金融服务能力的具体影响。因此，在上一节公司治理特征对农村信用社服务能力影响的研究基础上，本节运用实证研究方法进一步分析高管激励机制对农村信用社金融服务能力的影响。

在样本数据的选取过程中，由于农村信用社高管激励的数据具有较强的隐私性，可得性受限制。因此，本节内容首先依据相关理论与从全国样本地区的调研结果，分析高管激励的不同方式对农村信用社服务能力的影响机理，然后主要运用陕西省的数据进行相应的实证检验。研究结论，一方面在理论上可充实公司治理与农村信用社金融服务能力的关系，另一方面可在实际中对国内其他地区农村信用社高管激励问题提供参考价值。

### 一、理论分析及研究假设

（一）高管激励对农村信用社金融服务能力的影响机理与假设

高管激励是公司治理制度的核心内容之一。强化高级管理者的激励与约束机制是公司治理的重要环节。农村信用社的所有者（主要是股东）需要运用奖金、年薪、股权激励、隐形福利等将高管报酬与经营绩效相挂钩，使剩余索取权和剩余控制权相匹配，最大程度减少代理成本，并达到对高管的有效激励。有效的激励机制能确保高管为实现股东利益最大化而行动，是提高农村信用社金融服务能力的重要保障。高管的激励机制主要包括高管货币薪酬、高管持股比例及高管在职消费三部分内容，因此本部分将在这三部分内容的基础上探讨高管激励对农村信用社金融服务能力的影响机理与假设。

1. 高管货币薪酬对农村信用社金融服务能力的影响机理与假设

国外有学者在20世纪70年代对高管薪酬与绩效的相关性进行了研究，验证高管薪酬机制是否发挥激励约束作用，前期的大多数研究结论多认为两者几乎不相关。Jensen 和 Murphy（1990）研究发现，二者相关性极低[1]。但之后也有学者研究表明，公司的经营绩效与CEO的薪酬正相关，并且这种效果具有统计上的显著性（Hall et al.，1998；Canarella et al.，2008）[2][3]。还有学者发现，银行业CEO的薪酬普遍较高，激励效果也更明显（Ang & Lauterhach，2000）[4]。在国内，不同的学者有不同的研究结论，早期学者的研究表明，高管货币薪酬对企业绩效并没有显著的影响，这是由于高管的薪酬较低，还没有达到能对其起到激励的水平（刘善敏、堪新民，2008）[5]。之后有学者得出相反的研究结论，认为高管人员的薪酬水平与农村信用社绩效有显著的正相关关系（曹廷求等，2005）[6]。上述结论出现差异的主要原因在于随着市场经济和资本市场的发展，高级管理者的薪酬水平提高，高管薪酬对企业绩效的激励作用增强。另外，不同学者对于高管激励的概念界定和样本选取的不同也导致上述差异的出现。

　　农村信用社管理层拥有绝对的经营垄断信息，利用信息的优势，管理层有可能最大限度为自身谋利益，甚至损害股东或农村信用社的利益，从而引发"败德

①　Jensen，M. C. & Meckling，*W. H. Theory of the firm：Managerial behavior，agency costs and ownership structure* [J]. Journal of Financial Economics，1976，3（04）：309 - 360.

②　Hall，B. J. & Liebman，J. B. *Are CEOS Really Paid Like Bureaucrats?* [J]. The Quarterly Journal of Economics，1998，113（03）：655 - 689.

③　Ganarella，G. & Gasparyan，A. New insights into executive compensation and firm performance：Evidence from a panel of "hew economy" firms，1996 - 2002 [J]. Managerial Finance，2008，34（08）：540 - 550.

④　Ang J. S.，Cole R. A.，Lin G. W. Agency cost and structure [J]. Journal of Finance，2010（01）：81 - 106.

⑤　刘善敏，林斌，聂毅俊. 投资者关系管理与股权融资成本——来自公司网站投资者关系管理的实证发现 [J]. 财经研究，2008（05）：75 - 86.

⑥　曹廷求，段玲玲. 治理机制、高管特征与农村信用社经营绩效——以山东省为例的实证分析 [J].南开管理评论，2005（04）：51 - 54 + 57.

行为"和"逆向选择"问题，这就是代理问题。股东为防止高管层损害自身利益，会与高管层签订薪酬契约来激励并约束高管层，以实现其自身财富的最大化。在薪酬契约下，管理层为了增加收入，势必会努力提高农村信用社的金融服务能力，从而维护股东利益。另外，农村信用社作为银行业金融机构，其高管拥有较高的货币薪酬，此时高管被动离职的机会成本就较大，所以会更加努力地工作，以保持现有的职务并继续获取高额薪酬。因此，本书提出以下假设：

H1：高管薪酬对农村信用社金融服务能力有显著正向影响。

2. 高管持股比例对农村信用社金融服务能力的影响机理与假设

"利益汇聚假说"和"管理者防御假说"两种假说分析了高管持股比例对企业绩效的影响。"利益汇聚假说"认为高管持股是对管理层拥有剩余索取的肯定，是一种行之有效的长期薪酬激励方案，有利于管理层与股东的利益相一致，为提升公司的经营绩效而共同努力，有助于实现企业的战略目标。"管理者防御假说"认为高管持有的股份过多，会使高管不仅是公司的经营管理者，还是公司实际的控制人。管理层利用其持股多的优势，会选择对自身有利的董事会成员，就存在干预董事会决策进而侵占外部投资人利益的可能，反而不利于企业战略目标的实现。Grove 等（2011）学者的研究表明，银行类金融机构经营业务的不透明和风险管理的复杂性，加剧了管理层代理问题的发生，高管持股比例的增加对银行的风险有显著的正向影响①。

农村信用社高管持有股份，拥有一定的剩余索取权，能够使高管与股东的目标和利益趋于一致，使高管的经营行为更注重长期效益，是缓解委托代理矛盾的重要措施。自2003年各地区的农村信用联社、农村合作银行、农村商业银行入股组建了省联社，高管任命全部由省联社提名任命，并不能代表股东的真实意愿。农村信用社高管持有股份在一定程度上能缓解农村信用社股东和高管利益不一致的情况，持股的高管改善农村信用社经营状况和提高农村信用社金融服务能力的积极性更高，高管持股比例越高，这种效果越显著。已有学者的研究表明，农村信用社高管持股对总资产收益率呈正面影响，不良贷款率呈负面影响（马宇等，2009）②。基于此，本书提出以下假设：

H2：高管持股比例对农村信用社金融服务能力有显著正向影响。

① Grove H, Patelli L, Victoravich L M, et al. Corporate governance and performance in the wake of the financial crisis: Evidence from US commercial banks [J]. Corporate Governance: An International Review, 2011, 19 (05): 418-436.

② 马宇，许晓阳，韩存，张广现. 经营环境、治理机制与农村信用社经营绩效——来自安徽省亳州市的证据 [J]. 金融研究，2009 (07): 185-196.

3. 高管在职消费对农村信用社金融服务能力的影响机理与假设

借鉴孙世敏等（2016）关于高管在职消费经济效应的研究①，结合农村信用社的实际状况，本书总结了高管在职消费对农村信用社金融服务能力的影响机理，如图 5-1 所示。

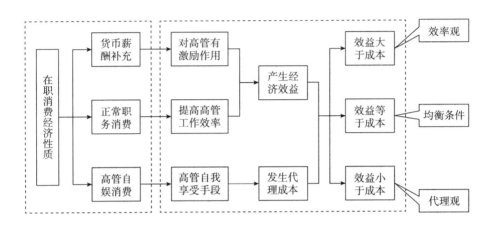

**图 5-1 高管在职消费对农村信用社金融服务能力的作用机理**

如图 5-1 所示，农村信用社高管在职消费的经济成分主要有货币薪酬补充、正常职务消费、高管自娱消费构成：

（1）高管在职消费作为货币薪酬的补充，同货币薪酬激励一样，对农村信用社金融服务能力产生正向的影响。陈冬华等（2005）实证研究指出，在职消费是当前中国薪酬管制较严情况下的一种替代选择，是对高管货币薪酬的合理补充，更多对高管起正向激励作用，对绩效的提升有显著正向影响②。傅颀等（2013）研究同样表明，相比于货币化薪酬，高管在职消费作为一种隐性收入，不仅仅是高管身份和地位的象征，还有避税功效，因此高管更乐于接受这种非货币化薪酬③。

（2）高管在职消费作为正常职务消费，同样会对农村信用社金融服务能力产生正向影响。为维系客户关系产生的业务招待费，有利于维护农村信用社的

---

① 孙世敏，柳绿，陈怡秀. 在职消费经济效应形成机理及公司治理对其影响［J］. 中国工业经济，2016（01）：37-51.

② 陈冬华，陈信元，万华林. 国有企业中的薪酬管制与在职消费［J］. 经济研究，2005（02）：92-100.

③ 傅硕，汪祥耀. 所有权性质、高管货币薪酬与在职消费——基于管理层权力的视角［J］. 中国工业经济，2013（12）：104-116.

"关系网络"，增加社会资源，降低交易成本，提高业务竞争力。正常的通信费、用车费、出差费有利于增加管理层的业务能力，提高管理层为农村信用社办事的效率。王曾等（2014）研究发现，在管制市场与竞争市场并存的情况下，商业成功至关重要的条件之一是与政府官员及商业伙伴建立良好关系；Caietal（2011）发现，娱乐费用和旅游费用大多数被用于与政企建立关系网络，缓和缺乏正式制度对企业发展产生的阻碍①；Fanetal（2007）的研究表明，国有企业中高管的政治关系是先天的，在职消费伴随着政企网络密度增加而上升②；周玮等（2011）证实，国有企业高管的政治关系网络与在职消费正相关③。

（3）高管在职消费为管理者自我娱乐、自我享受提供了机会，比如不必要的差旅费、招待费，是管理层自己的消费，这些费用对农村信用社金融服务能力的提升没有任何正向影响。Hart（2001）认为，在职消费虽然是为了使高管的工作效率提高，但也不一定是最合理的策略。比如，高管本可以乘车出行但却选择配备专车、本可以在会议室举行会议却选择在五星级酒店或高级会所举办，等等④。王曾等（2014）认为，国有企业高管在保持较低显性薪酬的同时享有种类繁多的在职消费⑤。卢锐等（2008）指出，高管权力增大导致在职消费水平显著增加，高管自利动机引发腐败行为⑥。这些高管自我娱乐消费在高管职业生涯晚期表现得尤为明显。

高管在职消费表现为"效率观"还是"代理观"，取决于其作为货币薪酬的补充、作为正常职务消费、作为管理者自我娱乐这三种构成的比例，也就是取决于最后一种构成带来的成本与前两种构成带来的收益比较。如果成本大于收益，符合"代理观"；如果成本小于收益，符合"效率观"。近年来，中国政府出台了一系列的政策规范，约束央企和地方国企高管的在职消费，以强化高管在职消费对国有企业绩效的正向影响，减少高管个人的自我娱乐和享受。因此，政策的出台对以上在职消费的三种成分产生影响，高管自娱消费构成会减少，在职消费

① Cai, H. , H. Entertainment. Fang, and L. C. Xu. Eat, and Travel Costs of Chinese Drink, Firms [J] . Firms and Government: An Investigation of CorruptionJournal of Law and Economics, 2011 (01): 55 – 78.

② Fan, J. T. J. Wong, and T. Zhang. Politically Connected CEO's Corporate Governance, and Post – IPO Performance of China's Newly Partially Privatized Firms [J] . Journal of Financial Economics, 2007 (84): 330 – 357.

③ 周玮，徐玉德，李慧云. 政企关系网络、在职消费与市场化制度建设 [J] . 统计研究, 2011 (02): 53 – 58.

④ Hart, O. D. Financial Contracting [J] . Journal of Economic, 2001, 39 (04): 1079 – 1100.

⑤ 王曾，符国群，黄丹阳，汪剑锋. 国有企业 CEO "政治晋升" 与 "在职消费" 关系研究 [J] . 管理世界, 2014 (05): 157 – 171.

⑥ 卢锐，魏明海，黎文靖. 管理层权力、在职消费与产权效率——来自中国上市公司的证据 [J] . 南开管理评论, 2008 (05): 85 – 92 + 112.

更多地表现为前两种,作为货币薪酬的补充产生激励效果和正常职务消费提高经营绩效,更符合"效率观"。农村信用社高管在职消费与国有企业类似,同样受到各地政府严格管制,尤其是自 2012 年"八项规定"出台后,农村信用社高管在职消费呈明显下降趋势。因此,本书推测农村信用社高管在职消费表现为效率观,对农村信用社绩效有正向影响。据此,本书提出以下假设:

H3:高管在职消费对农村信用社金融服务能力有显著正向影响。

(二)　股权结构对高管激励与农村信用社金融服务能力关系的影响机理与假设

由于农村信用社长期以来股权结构较为分散,缺乏真正意义上的大股东。分散的小股东没有能力也没有动力对管理者进行监督,股东的"搭便车"行为、管理者的"内部控制"行为就容易成为制约农村信用社绩效提升的因素。因此,分析股权结构在高管激励对农村信用社金融服务能力影响机制中所起的调节作用,对于真正发挥农村信用社高管激励的作用、提升农村信用社金融服务能力具有重要意义。作用机制如图 5-2 所示。

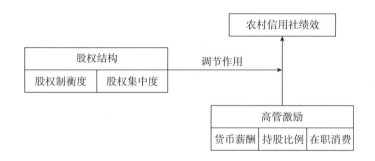

**图 5-2　股权结构对高管激励与农村信用社金融服务能力关系的作用机制**

1. 股权集中度对高管激励与农村信用社金融服务能力关系的调节效应

薪酬理论和激励理论认为薪酬对高管可以起到激励作用,使得管理层与企业的利益相一致。但在股权集中度低的企业,分散的股东对高管监督的成本过高,因此股东缺乏监督管理层的动力和意愿,这时很容易导致内部人控制的现象。由于疏于对管理层的监督,高管薪酬不再由绩效决定,即使企业的经营绩效较差,高管依然可以获得高额薪酬,此时高管薪酬等的激励作用失效。因此,股权的集中程度决定了股东对管理层监管的强弱,从而影响了高管薪酬等激励效果的发挥。企业的股权越集中,股东对管理层的监管强度越大,高管激励越能发挥作用;企业的股权越分散,股东对管理层的监管强度越小,高管激励的效果越难以体现。可见,股权集中度是影响高管激励与企业绩效相关性的重要因素。

当股权集中度高时,第一大或前几大控股股东有动力也有能力加强对管理者的监督，以提高企业经营绩效。在动力方面，因为控股股东是公司的主要投资者，他们承担着公司经营不善、破产清算所带来的损失，为了避免经营风险、提高公司绩效，控股股东有动力加大对管理层的监管强度以最大化增加收益，减少损失。在能力方面，控股股东持有的股份最多，拥有企业的绝对控制权，董事会能够代表股东的利益，控股股东可通过董事会加强对管理层的监督；此外，控股股东自身拥有雄厚的资金支撑能够弱化对管理层监管带来的代理成本。相反，当股权集中度低，即股权分散时，任何一个股东都无法对公司的决策构成决定性影响，那么公司实际上由管理者控制，分散的股东毫无动力和能力治理企业、监督管理者，这时管理者就有可能滥用职权进行寻租，提高自身的报酬，而不会通过努力工作来提高公司的绩效。Hartzell 等（2003）以 1914 家上市公司为研究样本，控制公司规模、行业、地区等因素后，实证研究了股权集中度对高管薪酬与绩效相关性的影响，结果表明，上市公司的股权越集中，高管薪酬对绩效的敏感性越强，由此得出股权集中度对高管薪酬与绩效间的相关性产生正向影响的结论①。

不同的股权集中度，对农村信用社激励机制的影响不同。在股权较为集中的情况下，农村信用社被一个或几个大股东控制，通常这些大股东的所有权优势极为显著，有能力对高管实施监督和控制，以最大化提高农村信用社的盈利能力，增加大股东自身收益。因此，股权集中度越高的农村信用社，高管薪酬、持股、在职消费与绩效间的联系更紧密，越有利于这些高管激励手段发挥作用。与此相比，高度分散的股权结构下，由于缺乏大股东，分散的小股东极易出现"搭便车"的行为，从而导致对高管进行有效监督的动力不足。在这种情况下，农村信用社的实际控制权较容易被高管掌握，高管在管理和决策时就会倾向于考虑自身利益的提高，而非考虑农村信用社金融服务能力的提高，与股东利益目标相背离的现象时有发生。这种弱股东的治理模式下，高管薪酬激励机制是否有效也会受到一定的质疑，高管极有可能为谋取个人私利而减弱其薪酬、持股、在职消费与金融服务能力间的联系程度，高管激励机制很难发挥作用。因此我们认为，随着股权集中度的提高，大股东对高管的监督能力呈递增趋势，越能保证农村信用社高管不采取过分的机会主义行为，与股东利益趋于一致，高管薪酬、股权激励、在职消费等激励手段越能发挥作用。据此，本书提出以下假设：

H4：股权集中度正向调节高管薪酬与农村信用社金融服务能力的作用关系。

H5：股权集中度正向调节高管持股比例与农村信用社金融服务能力的作用关系。

① Hartzell J C, Starks L T. Institutional investors and executive compensation ［J］. The Journal of Finance, 2003, 58（6）: 2351 - 2374.

H6：股权集中度正向调节高管在职消费与农村信用社金融服务能力的作用关系。

2. 股权制衡度对高管激励与农村信用社金融服务能力关系的调节效应

股权制衡是企业控制权由两个或多个大股东共同分享，并能对第一大股东有效制衡的股权安排模式。股权制衡不仅能够降低企业代理成本、显著缓解大股东与小股东之间的利益冲突，而且能够加强对管理者的有效监督，及时替换无效的管理者，提高公司治理效率。因此，股权制衡是对集中股权结构的一种优化。孙永祥、黄祖辉等（1999）研究表明，有相对控股股东存在、股权集中且能对第一大股东形成有效制衡的股权结构，更有利于加强股东对管理层的监管，提高对管理层的激励效率[①]。但陈冬华等（2010）以 2002～2007 年沪深股市 A 股上市公司为研究样本，采用回归分析实证研究发现，股权制衡度越高对高管机会主义行为约束越小，因为董事会总是被某一大股东完全控制，并通过"掏空"将公司利益转化为私有利益，股权制衡度高的企业在职消费被滥用的可能性越大[②]。

农村信用社制衡股东的存在，对管理者具有激励与约束的双重作用。在激励方面，大股东行为被制衡股东有效牵制，能避免大股东与管理者合谋对其他股东利益的侵害（如避免农村信用社股权过度集中于某一股东手中时，农村信用社管理层会倾向缩减贷款范围，为这一大股东利益服务），加强农村信用社管理者决策的自主性和独立性，因此在制衡股东的监督下，有利于农村信用社高管激励机制作用的发挥；在约束方面，由于制衡股东的监督，管理者同时受到内部力量和外部力量的约束，管理者经营决策时不能仅从自身和大股东的利益出发，还必须从其他股东和利益相关者角度考虑。约束与监督作用的加强，能够有效避免农村信用社高管在经营管理过程中发生的不当在职消费，使农村信用社的代理成本减少，有利于保障高管薪酬、股权激励、在职消费等激励机制的效果。据此，本书认为，农村信用社前五大股东制衡度越高，越有利于加强对高管的激励与约束作用，高管薪酬、股权激励、在职消费等激励手段越能发挥作用。据此，本书提出以下假设：

H7：股权制衡度正向调节高管薪酬与农村信用社金融服务能力的作用关系。

H8：股权制衡度正向调节高管持股比例与农村信用社金融服务能力的作用关系。

H9：股权制衡度正向调节高管在职消费与农村信用社金融服务能力的作用关系。

---

① 孙永祥，黄祖辉. 上市公司的股权结构与绩效 [J]. 经济研究，1999（12）：23－30.

② 陈冬华，梁上坤. 在职消费、股权制衡及其经济后果——来自中国上市公司的经验证据 [J]. 上海立信会计学院学报，2010（01）：19－27＋97.

## 二、模型设立

根据研究假设，本书构建逐步加入控制变量、自变量、调节变量、自变量与调节变量交叉项的层次回归模型。

为了验证假设 H1、H2、H3，实证检验高管激励对农村信用社金融服务能力的影响，逐步引入控制变量、自变量，设定如下模型：

$$SERVICE = \alpha_0 + \alpha_1 CONTROL + \mu \qquad (5.2)$$
$$SERVICE = \alpha_0 + \alpha_1 INCENT + \alpha_2 CONTROL + \mu \qquad (5.3)$$

式中：$SERVICE$ 为因变量，代表农村信用社金融服务能力的指标；$CONTROL$ 为相关控制变量；$INCENT$ 为自变量，代表农村信用社高管激励的指标；$\mu$ 为随机扰动项。

为了验证假设 H4、H5、H6，进一步检验股权集中度对高管激励与农村信用社金融服务能力关系的调节作用，在模型（5.2）、模型（5.3）的基础上逐步引入调节变量（$TOP5$）、自变量与调节变量的交叉项（$INCENT * TOP5$），设定如下模型：

$$SERVICE = \alpha_0 + \alpha_1 INCENT + \alpha_2 TOP5 + \alpha_3 CONTROL + \mu \qquad (5.4)$$
$$SERVICE = \alpha_0 + \alpha_1 INCENT + \alpha_2 TOP5 + \alpha_3 INCENT \times TOP5 + \alpha_4 CONTROL + \mu$$
$$\qquad (5.5)$$

为了验证假设 H7、H8、H9，进一步检验股权制衡度对高管激励与农村信用社金融服务能力关系的调节作用，在模型（5.2）、模型（5.3）的基础上逐步引入调节变量（$Z$）、自变量与调节变量的交叉项（$INCENT \times Z$），设定如下模型：

$$SERVICE = \alpha_0 + \alpha_1 INCENT + \alpha_2 Z + \alpha_3 CONTROL + \mu \qquad (5.6)$$
$$SERVICE = \alpha_0 + \alpha_1 INCENT + \alpha_2 Z + \alpha_3 INCENT \times Z + \alpha_4 CONTROL + \mu \qquad (5.7)$$

## 三、指标选取

本部分研究变量包括被解释变量、解释变量、调节变量及控制变量四类。其中，被解释变量为农村信用社金融服务能力指标，解释变量为高管激励指标，调节变量为股权结构指标，控制变量为宏观经济水平和农村信用社自身资产规模等。

（一）农村信用社金融服务能力指标的选取

本部分依然本着农村信用社可以实现"双赢"的原则，从农村信用社财务绩效和服务水平两个方面确定农村信用社服务能力指标。鉴于高管往往根据当年的高管薪酬激励的水平采取下一年的经营决策，本书将农村信用社服务能力进行了滞后一年的处理。

1. 农村信用社服务水平指标

在分析高管激励对农村信用社服务水平影响的过程中，本节选取了能够综合反映农村信用社服务深度和广度的指标——支农效率（SAE）作为农村信用社服务水平指标。

农村信用社支农效率（SAE）是指农村信用社投入资源的有效支农程度，使用农村金融制度安排下金融信贷资源的投入产出比表示。数据包络分析（DEA）是目前应用较为广泛的效率评价方法（马占新等，2013）[①]。由于农村信用社具有服务"三农"的政策性任务，涉农贷款具有高风险性，使得农村信用社不良贷款率高于一般商业银行。因此，选择非期望产出 DEA 模型测度农村信用社支农效率，能够较好地考虑到非期望产出不良贷款率，与其他方法相比具有明显优势。

（1）非期望产出 DEA 模型。一般来说，决策单元（DMU）的生产过程是消耗资源以获得产品输出的过程。评价决策单元（DMU）的效率，就是评价以最少的投资获得最多产出的效率。当输出量不变时，输入量越小，决策单元（DMU）的效率就越高。但是，一些生产过程会同时产生期望的输出和非期望的输出，例如，在金融机构的运作中，不良贷款的出现是非期望的产出。对于非期望的产出，提高效率的方法与期望的产出并不相同，并不是以最少的投入生产最多的产出，而尽可能地减少非期望产出。在对农村信用社支农效率进行评估时，本书将非期望产出的不良贷款率与期望产出进行不同的对比分析，更科学地评估农村信用社的支农效率，在提高期望产出的同时减少非期望产出，促进农村信用社健康、协调、可持续发展。

假设 $y_{rj}^g$ 和 $y_{rj}^b$ 分别代表期望产出和非期望产出，增加期望产出 $y_{rj}^g$，减少非期望产出 $y_{rj}^b$，可以提高支农效率。为了转换非期望产出，本书借鉴蓝虹等（2016）的方法，将非期望产出取倒数，得到 $\overline{y_{rj}^b} = 1/y_{rj}^b$（$y_{rj}^b > 0$），使非期望产出具有正面期望产出的特性。假设有 $n$ 个决策单元（DMU），每个决策单元（DMU）有 $s$ 个期望产出、$q$ 个非期望产出和 $m$ 个投入，$x_{rj}$ 和 $y_{rj}$ 分别代表第 $i$ 个决策单元（DMU）的第 $j$ 项投入变量和第 $r$ 项产出变量（$j = 1, 2, \cdots, m; r = 1, 2, \cdots, s$），可以得到投入导向的 CRS 模型如下：

$$\sigma^* = \min\sigma$$

$$st. \begin{cases} \sum_{j=1}^{n} \lambda_j x_{ij} \leq \sigma x_{i0} & i = 1,2,\cdots,m \\ \sum_{j=1}^{n} \lambda_j y_{rj}^g \geq y_{r0}^g & r = 1,2,\cdots,s \\ \sum_{j=1}^{n} \lambda_j \overline{y_{rj}^b} \geq y_{r0}^b & r = 1,2,\cdots,q \\ \lambda_j \geq 0, & j = 1,2,\cdots,n \end{cases} \quad (5.8)$$

① 马占新等. 数据包络分析及其应用案例 ［M］. 第 1 版. 北京：科学出版社，2013（3）：1-3.

为了更加真实客观地反映现实情况，本书采用 Banker、Charncs 和 Cooper（1984）提出的 VRS 模型，通过增加一个凸性假设 $\sum_{j=1}^{n} \lambda_j = 1$，以去除规模效率的影响，得到农村信用社的支农纯技术效率。

$$\sigma^* = \min\sigma$$

$$st. \begin{cases} \sum_{j=1}^{n} \lambda_j x_{ij} \leqslant \sigma x_{i0} \\ \sum_{j=1}^{n} \lambda_j y_{rj}^g \geqslant y_{r0}^g \\ \sum_{j=1}^{n} \lambda_j \overline{y_{rj}^b} \geqslant y_{r0}^b \\ \sum_{j=1}^{n} \lambda_j = 1 \\ \lambda_j \geqslant 0, \quad j = 1,2,\cdots,n \end{cases} \tag{5.9}$$

上式中，$\sigma^*$ 表示 VRS 模型下的技术有效性，$x_j$ 和 $y_j$ 分别代表第 $j$ 个县（区）农村信用社的投入要素和产出要素，$x_0$ 和 $y_0$ 分别代表 $5 \times 52$ 维投入矩阵和 $4 \times 52$ 维产出矩阵（52 为样本农商行数量），$\lambda_j$ 是 $52 \times 1$ 维常数向量，$\sigma$ 是第 $j$ 个县（区）农村信用社支农纯技术效率，满足 $0 \leqslant \sigma \leqslant 1$。本书采用 VRS 模型，主要研究考虑非期望产出不良贷款率的农村信用社支农纯技术效率。

（2）评价指标体系的构建。构建科学合理的指标体系对农村信用社支农效率的评价结果具有重要影响。本文根据数据的可得性，借鉴谢志忠等（2011）[1]、师荣蓉（2013）[2]、孟晓霞等（2016）[3] 的研究，选取投入产出指标，构建农村信用社支农效率评价指标体系，如表 5－11 所示。

其中，营业网点数、从业人员、存款总额、资产规模为投入指标，期望产出指标为农户贷款总额、涉农企业贷款总额、获得贷款农户数、获得贷款企业数，非期望产出指标为不良贷款率。如前文所述，为了将不良贷款率转化为期望产出，本书在后续的统计分析中，将不良贷款率采用取倒数的方法进行处理。

---

① 谢志忠，刘海明，赵莹，黄初升. 福建省农村信用社经营效率变动的测度评价分析［J］. 农业技术经济，2011（06）：62－69.

② 师荣蓉. 中国农村信用社支农效率及其区域差异研究［D］. 西北大学博士学位论文，2013.

③ 孟晓霞，曹洪军，焦勇. 我国农业生产技术效率评价研究——基于修正的三阶段 DEA 模型［J］. 财经问题研究，2016（04）：124－129.

表5-11　农村信用社支农效率评价指标体系

| 变量 | 名称 | 描述与衡量 |
|---|---|---|
| 期望产出指标 | | |
| Y1 | 农户贷款总额 | 农村信用社发放的农户贷款（万元） |
| Y2 | 涉农企业贷款总额 | 县域涉农企业获得农村信用社贷款总额（万元） |
| Y3 | 获得贷款农户数 | 获得农村信用社贷款的农户数目（户） |
| Y4 | 获得贷款企业数 | 获得农村信用社贷款的企业数目（个） |
| 非期望产出指标 | | |
| Y5 | 不良贷款率 | 不良贷款占总贷款总额的比重 |
| 投入指标 | | |
| X1 | 营业网点数 | 能够办理农村信用社业务的营业网点数目（个） |
| X2 | 从业人员 | 农村信用社工作的人员数目（人） |
| X3 | 存款总额 | 农村信用社吸纳的存款总额（万元） |
| X4 | 资产规模 | 使用农村信用社资产总额对数来衡量（万元） |

（3）统计分析。在用 DEA 方法进行效率测度时，必须满足投入指标和产出指标具有显著的正相关关系，且各投入指标之间和各产出指标之间不存在较强的线性关系，本书利用 Pearson 相关系数表得到投入指标和产出指标间的相关关系，如表5-12所示。

表5-12　农村信用社支农效率投入产出指标之间的 Pearson 相关系数

| | Y1 | Y2 | Y3 | Y4 | Y5 | X1 | X2 | X3 | X4 |
|---|---|---|---|---|---|---|---|---|---|
| Y1 | 1 | | | | | | | | |
| Y2 | 0.5622 | 1 | | | | | | | |
| Y3 | 0.4637 | 0.2792 | 1 | | | | | | |
| Y4 | 0.1874 | 0.5946 | 0.2438 | 1 | | | | | |
| Y5 | 0.3424 | 0.1432 | 0.1607 | 0.0918 | 1 | | | | |
| X1 | 0.4989 | 0.4424 | 0.4995 | 0.2794 | 0.1034 | 1 | | | |
| X2 | 0.5034 | 0.4691 | 0.4108 | 0.4157 | 0.1503 | 0.5095 | 1 | | |
| X3 | 0.7799 | 0.7574 | 0.3577 | 0.5227 | 0.2885 | 0.4205 | 0.6821 | 1 | |
| X4 | 0.8482 | 0.7844 | 0.4040 | 0.4872 | 0.2934 | 0.6128 | 0.6451 | 0.6707 | 1 |

由表 5 - 12 可知，投入指标和产出指标之间存在正相关关系，各投入指标和产出指标之间相关系数均在 0.7 以下，不存在较强线性关系，适合进行 DEA 效率分析。本书采用 DEAP2.1 软件，运用 VRS 模型对 52 家样本农村信用社2010～2015 年的支农效率进行测度，测度结果在附录 1 进行列示。

2. 农村信用社财务绩效指标

好的高管激励不仅能提高农村信用社的盈利能力，还能很好地控制农村信用社的经营风险，因此，本部分将从这两方面选择农村信用社财务绩效指标。

盈利性指标用来衡量农村信用社利用资金获取收益的情况，借鉴马宇（2009）[①]、黄惠春等（2014）[②] 的研究，在此选择总资产收益率（ROA），即净利润与平均资产总额的比值来衡量农村信用社的盈利能力。总资产收益率越高，农村信用社盈利能力越强。

风险性指标用来衡量农村信用社的经营风险，借鉴马宇等（2009）[③]、何婧等（2015）[④] 的研究，在此选择不良贷款率（NPL）衡量农村信用社的经营风险。不良贷款率越高，表明农村信用社贷款质量越差，经营风险越大。

（二）高管激励指标的选取

本部分解释变量为高管激励，选取代表高管激励三个方面的指标作为实证分析的自变量，主要包括代表显性激励的高管货币薪酬和高管持股比例，代表隐性激励的高管在职消费。

高管货币薪酬，指的是高管在农村信用社所取得的工资、奖金等以货币形式存在的总收入。高管货币薪酬用 lnPAY 表示，采用农村信用社高管平均年薪的对数衡量。

高管持股，作为高管股权激励的代表变量，是指为激励农村信用社高管提高经营绩效，赋予其一定份额的股份。高管持股比例用 SP 表示，采用农村信用社高管持有股份占农村信用社全部股份的比例衡量。

对于高管在职消费的衡量，国内外学者主要有绝对法和相对法两种度量方法，如表 5 - 13 所示。

① 马宇. 如何增强农村信用社信贷支农的作用 [J]. 金融经济, 2013 (02): 142 - 144.

② 黄惠春, 杨军. 县域农村金融市场结构与农村信用社绩效关系检验——基于 GMM 动态面板模型 [J]. 中国农村经济, 2014 (08): 63 - 71.

③ 马宇, 许晓阳, 韩存, 张广现. 经营环境、治理机制与农村信用社经营绩效——来自安徽省亳州市的证据 [J]. 金融研究, 2009 (07): 185 - 196.

④ 何婧, 何广文. 农村商业银行股权结构与其经营风险、经营绩效关系研究 [J]. 农业经济问题, 2015 (12): 65 - 73 + 111.

表5-13 高管在职消费的计量方法汇总表

| 方法 | 公式 | 代表学者 |
|---|---|---|
| 绝对法 | (办公费+差旅费+业务招待费+通信费+出国培训费+小车费+董事会费+会议费) 取自然对数 | 陈冬华等 (2005)①; 陈冬华等 (2010)② |
| | (办公费+差旅费+业务招待费+通信费+出国培训费+小车费) 取自然对数 | 张力等 (2009)③ |
| | "支付的其他与经营活动有关现金" 取自然对数 | 陈震等 (2010)④ |
| 相对法 | (差旅费+业务招待费+通信费+出国培训费+小车费) /主营业务收入 | 卢锐等 (2008)⑤ |
| | 经营费用率和总资产周转率 | Ang 等 (2000)⑥ |
| | 总资产费用率 | 王满四 (2006)⑦ |
| | 销售收入管理费率 | 李寿喜 (2007)⑧ |
| | 管理费用/主营业务收入 | 罗进辉等 (2009)⑨ |
| | "管理费用" 取自然对数 | 方明等 (2010)⑩ |

为了能更加细致、准确地度量农村信用社高管的在职消费情况，本书在借鉴卢锐等 (2008)⑪、陈冬华等 (2010)⑫ 做法的基础上，结合农村信用社高管的实

① 陈冬华，陈信元，万华林. 国有企业中的薪酬管制与在职消费 [J]. 经济研究，2005 (02): 92-100.

② 陈冬华，梁上坤. 在职消费、股权制衡及其经济后果——来自中国上市公司的经验证据 [J]. 上海立信会计学院学报，2010 (01): 19-27+97.

③ 张力，潘青. 董事会结构、在职消费与公司绩效——来自民营上市公司的经验证据 [J]. 经济学动态，2009 (03): 82-85.

④ 陈震，丁忠明. 高管报酬契约与心理契约互补效应研究——基于我国上市公司的经验分析 [J]. 商业经济与管理，2010 (12): 38-45.

⑤ 卢锐，魏明海，黎文靖. 管理层权力、在职消费与产权效率——来自中国上市公司的证据 [J]. 南开管理评论，2008 (05): 85-92+112.

⑥ Ang J. S.，Cole R. A.，Lin G. W. Agency cost and structure [J]. Journal of Finance，2010 (01): 81-106.

⑦ 王满四. 上市公司负债融资的激励效应实证研究——针对经理人员工资和在职消费的分析 [J]. 南方经济，2006 (07): 65-74.

⑧ 李寿喜. 产权、代理成本和代理效率 [J]. 经济研究，2007 (01): 102-113.

⑨ 罗进辉，万迪昉. 大股东减持对管理者过度在职消费行为的治理研究 [J]. 证券市场导报，2009 (06): 64-70.

⑩ 方明，洪或. 上市公司股权激励与盈余管理的相关性研究 [J]. 财会通讯，2010 (08): 131-133.

⑪ 卢锐，魏明海，黎文靖. 管理层权力、在职消费与产权效率——来自中国上市公司的证据 [J]. 南开管理评论，2008 (05): 85-92+112.

⑫ 陈冬华，梁上坤. 在职消费、股权制衡及其经济后果——来自中国上市公司的经验证据 [J]. 上海立信会计学院学报，2010 (01): 19-27+97.

际情况，扣除争议较大的办公费、会议费、董事会费，此外农村信用社高管出国培训费很少，因此将上述四类项目予以扣除，将差旅费、业务招待费、通信费、汽车使用费四类项目之和的自然对数作为农村信用社高管在职消费的衡量指标，用 lnNPC 表示。

（三）调节变量的选取

本书调节变量为股权结构。借鉴已有研究（陈德萍等，2011；杨林，2014；王文莉等，2015），本书股权结构主要包括股权集中度和股权制衡度两个方面①②③。其中，股权集中度用农村信用社前五大股东持股比例（TOP5）衡量，数值越大，股权集中度越高；股权制衡度用农村信用社第二大~第五大股东持股比例和第一大股东持股比例之比（Z）衡量，数值越大，股权制衡度越高。

（四）控制变量的选取

农村信用社金融服务能力不仅受自身经营管理的影响，还受到企业规模、宏观经济形势等因素影响。借鉴已有研究（师荣蓉、徐璋勇，2011）④，并考虑到数据的可得性，本书主要选择地区经济发展水平等宏观因素，以及资产规模等影响农村信用社绩效的微观因素作为控制变量。其中，地区经济发展水平（lnG-DP）用当地国民生产总值的对数衡量；资产规模（lnSIZE）用农村信用社总资产的自然对数衡量。此外，考虑到不同年份的宏观经济差异对农村信用社绩效产生影响，本部分加入年度虚拟变量对模型进行控制。

具体的变量选取如表 5 – 14 所示。

表 5 – 14　变量定义与测量

| 变量类型 | 变量名称 | | | 变量解释 |
|---|---|---|---|---|
| 因变量 | 金融服务能力（Perfor） | 支农效率 | SAE | 通过 DEA 方法测度所得 |
| | | 盈利能力 | ROA | 总资产收益率 = 净利润/平均资产总额 |
| | | 经营风险 | NPL | 不良贷款/贷款总额 |

① 陈德萍，陈永圣. 股权集中度、股权制衡度与公司绩效关系研究——2007 ~ 2009 年中小企业板块的实证检验 [J]. 会计研究，2011（01）：38 – 43.

② 杨林. 公司股权结构、高管团队认知多样性与创业战略导向关系研究 [J]. 科研管理，2014（05）：93 – 106.

③ 王文莉，孙倩，胡平仍. 农村信用社最优股权结构问题研究——基于双重委托代理理论的实证分析 [J]. 宏观经济研究，2015（11）：93 – 105.

④ 师荣蓉，徐璋勇. 基于随机边界分析的农村信用社利润效率及其影响因素研究 [J]. 中国软科学，2011（09）：76 – 83.

| 变量类型 | 变量名称 | | | 变量解释 |
|---|---|---|---|---|
| 自变量 | 高管激励<br>（Incent） | 高管货币薪酬 | lnPAY | 高管平均年薪的对数 |
| | | 高管持股比例 | SP | 高管持有股份总额占总股本的比例 |
| | | 高管在职消费 | lnNPC | 高管差旅费、业务招待费、通信费、汽车使用费之和的对数 |
| 调节变量 | 股权集中度 | | TOP5 | 前五大股东持有股份总和 |
| | 股权制衡度 | | Z | 第二大到第五大股东持股之和与第一大股东持股之比 |
| 控制变量 | 地区经济发展水平 | | lnGDP | 当地国民生产总值的对数 |
| | 资产规模 | | lnSIZE | 农村信用社总资产的对数 |
| | 年度 | | Year | 以2015年度取值为1，其他年度取值为0 |

## 四、数据来源及数据特征描述

### （一）数据来源

本部分数据主要来源于农村信用社财务数据调查问卷，调研获得2010～2015年陕西省10个市52家农村信用社（36家农村信用联社和16家农村商业银行）的有效数据，同时结合2012～2016年《陕西区域年鉴》，共获得260个有效样本。样本的选取如表5-15所示。数据处理采用EXCEL 2007软件，统计分析软件采用DEAP 2.1和STATA1 2.0。为控制极端值的影响，本书利用STATA软件对所有连续变量的1%和99%百分位进行winsorize处理，并基于处理后的数据结果进行后续的描述性统计及实证分析。

表5-15 样本农村信用社的选取

| 市区 | 所在市区样本的选取 | | | | | | | |
|---|---|---|---|---|---|---|---|---|
| 西安 | 户县 | 蓝田 | 阎良 | 周至 | | | | |
| 宝鸡 | 凤翔 | 扶风 | 金台 | 陇县 | 眉县 | | | |
| 咸阳 | 彬县 | 长武 | 淳化 | 乾县 | 旬邑 | 永寿 | | |
| 渭南 | 白水 | 大荔 | 富平 | 临渭 | 蒲城 | | | |
| 安康 | 白河 | 汉阴 | 平利 | 石泉 | 旬阳 | 紫阳 | | |
| 汉中 | 汉台 | 留坝 | 略阳 | 南郑 | 洋县 | | | |
| 商洛 | 洛南 | 山阳 | 商南 | 镇安 | 柞水 | | | |

续表

| 市区 | 所在市区样本的选取 | | | | | | | | |
|------|------|------|------|------|------|------|------|------|------|
| 铜川 | 印台 | 宜君 | | | | | | | |
| 延安 | 安塞 | 黄龙 | 洛川 | 宝塔 | 延长 | 延川 | 宜川 | 志丹 | 子长 |
| 榆林 | 定边 | 府谷 | 米脂 | 清涧 | 榆阳 | | | | |

（二）数据特征描述

利用 STATA 计量经济学软件对所有变量的 1% 和 99% 百分位进行 winsorize 处理后得出各变量的数据统计特征，如表 5-16 所示。

**表 5-16　样本描述性统计**

| 变量名称 | 样本量 | 均值 | 标准差 | 最小值 | 最大值 |
|------|------|------|------|------|------|
| SAE | 260 | 0.8092908 | 0.1665486 | 0.4600 | 1.0000 |
| ROA | 260 | 0.0095765 | 0.0063099 | 0.0005 | 0.0271 |
| NPL | 260 | 0.0521721 | 0.0461634 | 0.0016 | 0.2335 |
| lnPAY | 260 | 12.24539 | 0.3018286 | 11.4076 | 12.7465 |
| SP | 260 | 0.0090886 | 0.0149143 | 0.0001 | 0.0900 |
| lnNPC | 260 | 13.13667 | 0.6489667 | 11.4532 | 14.5101 |
| TOP5 | 260 | 0.1312815 | 0.1074488 | 0.0033 | 0.4829 |
| Z | 260 | 2.635743 | 0.943257 | 0.5890 | 4.0000 |

表 5-16 列出了全部样本农村信用社支农效率、盈利能力、经营风险、高管薪酬、高管持股比例、前五大股东持股比例以及 Z 指标等主要变量的各项统计值。由以上数据可知，样本农村信用社支农效率（SAE）均值为 0.8093，表明样本农村信用社支农效率总体较高。但支农效率最大值为 1.0000，最小值为 0.4600，表明不同县（区）农村信用社支农效率差距较大。总资产收益率（ROA）均值为 0.0096，最大值为 0.0271，最小值仅为 0.0005；不良贷款率（NPL）均值为 0.0522，最大值高达 0.2334，最小值仅为 0.0016，同样表明不同县（区）农村信用社盈利能力和经营风险有较大差异。样本农村信用社高管的货币薪酬（lnPAY）均值为 12.2454，最大值为 12.7465，最小值为 11.40757，不同县（区）农村信用社高管薪酬存在差距但不明显。样本农村信用社高管持股比例（SP）均值为 0.0091，最大值为 0.09，表明农村信用社高管总体持股比例不高。样本农村信用社高管在职消费（lnNPC）最小值为 11.45318，最大值为 14.51011，不同年份、不同县（区）农村信用社高管在职消费额差距较大。样本

农村信用社前五大股东持股比例（TOP5）均值仅为 0.1313，表明农村信用社股权结构仍然较为分散。样本农村信用社 Z 指数均值为 2.6357，最大值为 4，总体而言农村信用社第二大~第五大股东对第一大股东的制衡程度较高。

### 五、实证分析

#### （一）相关性分析

在对检验模型进行多元线性回归之前，本部分先对涉及的主要变量进行多重共线性检验（Pearson 相关性检验），如表 5 - 17 所示。

表 5 - 17　变量间 Pearson 相关系数矩阵

|  | SAE | ROA | NPL | lnPAY | SP | lnNPC | lnGDP | lnsize |
|---|---|---|---|---|---|---|---|---|
| SAE | 1.0000 | | | | | | | |
| ROA | 0.2308 *** | 1.0000 | | | | | | |
| NPL | - 0.1347 ** | - 0.2712 * | 1.0000 | | | | | |
| lnPAY | 0.0785 * | 0.2023 ** | - 0.1714 * | 1.0000 | | | | |
| SP | - 0.1118 * | - 0.0723 | 0.0179 | 0.0609 | 1.0000 | | | |
| lnNPC | 0.0984 | 0.2791 ** | - 0.1810 * | - 0.0009 | 0.0359 | 1.0000 | | |
| lnGDP | 0.1491 ** | 0.1796 ** | - 0.0471 | 0.4258 *** | - 0.1124 * | 0.0876 | 1.0000 | |

注：*** 、** 、* 分别表示在1%、5%、10%统计水平上显著。

由表 5 - 17 结果可知，解释变量间的相关系数均在 0.5 以下，即不存在多重共线性问题。农村信用社高管货币薪酬（lnPAY）与支农效率（SAE）在 10% 水平上显著正相关，与总资产收益（ROA）在 5% 水平上显著正相关，与不良贷款率（NPL）在 5% 水平上显著负相关。农村信用社高管持股比例（SP）与支农效率（SAE）显著负相关、总资产收益（ROA）显著负相关，与不良贷款率（NPL）正相关，但并不显著。农村信用社高管在职消费（lnNPC）与总资产收益（ROA）在 5% 水平上显著正相关，与不良贷款率（NPL）在 5% 水平上显著负相关。本书所选控制变量（lnGDP）与农村信用社支农效率（SAE）、总资产收益（ROA）有较强的相关性。

#### （二）高管激励对农村信用社金融服务能力影响的实证检验

1. 高管激励对农村信用社支农效率影响的实证检验

逐个引入高管货币薪酬、高管持股比例、高管在职消费等解释变量，分析高管激励对农村信用社支农效率的影响，回归结果如表 5 - 18 所示。

表5-18  高管激励对农村信用社支农效率影响的回归分析结果

被解释变量：SAE

| 变量 | M1 | M2 | M3 | M4 | M5 |
|------|------|------|------|------|------|
| lnGDP | 0.0188 | 0.0176 | 0.0173 | 0.0161 | 0.0138 |
| Year | 控制 | 控制 | 控制 | 控制 | 控制 |
| lnPAY | | 0.0937 ** | | | 0.0996 ** |
| SP | | | -1.6150 * | | -1.8716 *** |
| lnNPC | | | | 0.0415 * | 0.0299 |
| R-squared | 0.1687 | 0.1831 | 0.1891 | 0.1807 | 0.2164 |
| F 值 | 3.11 *** | 7.03 *** | 3.81 *** | 6.92 *** | 6.68 *** |
| Observations | 260 | 260 | 260 | 260 | 260 |

注：***、**、*分别表示在1%、5%、10%统计水平上显著。

在 M2 引入解释变量高管货币薪酬（lnPAY）之后，回归结果显示，高管货币薪酬对农村信用社支农效率在5%水平上产生显著的正向影响，表明当高管薪酬激励单独作用时，高管货币薪酬的增加能显著地提升农村信用社支农效率。在 M3 引入解释变量高管持股比例（SP）之后，回归结果显示，高管持股比例对农村信用社支农效率在10%水平上有显著的负向影响，表明当高管股权激励单独作用时，高管持股比例的增加并不利于农村信用社支农效率的提高，这可能是由于农村信用社涉农贷款的风险性较高，持股高管会出于自身的利益和绩效考虑，不愿意向"三农"服务，对农村信用社支农效率产生负面影响。在 M4 引入解释变量高管在职消费（lnNPC）之后，回归结果显示高管在职消费对农村信用社支农效率在10%水平上产生显著的正向影响，表明高管在职消费的增加能显著地提升农村信用社支农效率。M5 同时引入解释变量高管货币薪酬（lnPAY）、高管持股比例（SP）、高管在职消费（lnNPC）三种激励方式，回归结果显示，当三种激励方式共同作用时，高管货币薪酬对农村信用社支农效率的影响较为稳定，仍在5%水平上产生显著正向影响；高管持股比例仍对农村信用社支农效率有负向影响，且显著水平增强至1%；高管在职消费对农村信用社支农效率的影响不显著，表明当三种激励方式共同作用时，高管在职消费的增加不会引起农村信用社支农效率的显著提升。

2. 高管激励对农村信用社盈利能力影响的实证检验

逐个引入高管货币薪酬、高管持股比例、高管在职消费三种解释变量，回归分析高管激励对农村信用社盈利能力的影响，回归结果如表5-19所示。

表 5 – 19　高管激励对农村信用社盈利能力影响的回归分析结果

被解释变量：ROA

| 变量 | M1 | M2 | M3 | M4 | M5 |
|------|------|------|------|------|------|
| lnGDP | 0. 0011 * | 0. 0010 ** | 0. 0011 * | 0. 0008 * | 0. 0008 * |
| Year | 控制 | 控制 | 控制 | 控制 | 控制 |
| lnPAY | | 0. 0049 ** | | | 0. 0032 * |
| SP | | | – 0. 0220 | | – 0. 0315 |
| lnNPC | | | | 0. 0042 *** | 0. 0038 ** |
| R – squared | 0. 1140 | 0. 1413 | 0. 1166 | 0. 1998 | 0. 2137 |
| F 值 | 8. 77 *** | 8. 86 *** | 7. 88 *** | 10. 25 *** | 8. 90 *** |
| Observations | 260 | 260 | 260 | 260 | 260 |

注：*** 、** 、* 分别表示在 1% 、5% 、10% 统计水平上显著。

表 5 – 19 中 M1 显示，当地 GDP 对农村信用社盈利能力（ROA）有显著的正向影响。在 M2 引入解释变量高管货币薪酬（lnPAY）之后，结果显示，高管货币薪酬对农村信用社 ROA 在 5% 水平上产生显著正向影响，即当高管薪酬激励单独作用时，高管货币薪酬的增加能显著地促进农村信用社盈利能力的增强。在 M3 引入解释变量高管持股比例（SP）之后，回归结果显示，高管持股比例对农村信用社 ROA 的影响不显著，表明高管持股比例的增加并不能起到提升农村信用社盈利能力的作用。在 M4 引入解释变量高管在职消费（lnNPC）之后，回归结果显示，高管在职消费对农村信用社 ROA 在 1% 水平上产生显著正向影响，即高管在职消费的增加能显著地提升农村信用社盈利能力。M5 同时引入高管货币薪酬（lnPAY）、高管持股比例（SP）、高管在职消费（lnNPC）三种激励方式，回归结果显示，当三种激励方式共同作用时，高管货币薪酬仍对农村信用社 ROA 产生显著正向影响，在 10% 水平上显著；高管持股比例对农村信用社 ROA 的影响仍不显著；高管在职消费对农村信用社 ROA 产生显著正向影响，在 5% 水平上显著。相比单独作用时，三种激励方式共同作用下高管货币薪酬和高管在职消费对农村信用社盈利能力正向影响的显著性有所下降。

3. 高管激励对农村信用社经营风险影响的实证检验

引入高管货币薪酬、高管持股比例、高管在职消费三种解释变量，回归分析高管激励对农村信用社经营风险的影响，回归结果如表 5 – 20 所示。

表 5 – 20 中 M1 显示，在未加入解释变量之前，当地 GDP 对农村信用社经营风险（NPL）不产生显著的影响。在 M2 引入解释变量高管货币薪酬（lnPAY）

表 5 – 20　高管激励对农村信用社经营风险影响的回归分析结果

被解释变量：NPL

| 变量 | M1 | M2 | M3 | M4 | M5 |
|---|---|---|---|---|---|
| lnGDP | – 0. 0002 | – 0. 0000 | – 0. 0002 | 0. 0014 | – 0. 0015 |
| Year | 控制 | 控制 | 控制 | 控制 | 控制 |
| lnPAY | | – 0. 0140 | | | – 0. 0018 |
| SP | | | 0. 0815 * | | 0. 9652 * |
| lnNPC | | | | – 0. 0252 ** | – 0. 0250 ** |
| R – squared | 0. 0742 | 0. 0798 | 0. 0951 | 0. 1510 | 0. 1522 |
| F 值 | 7. 67 *** | 6. 73 *** | 6. 54 *** | 8. 08 *** | 6. 30 *** |
| Observations | 260 | 260 | 260 | 260 | 260 |

注：***、**、*分别表示在1%、5%、10%统计水平上显著。

之后，回归结果显示，高管货币薪酬对农村信用社经营风险不产生显著影响。在 M3 引入解释变量高管持股比例（SP）之后，回归结果显示，高管持股比例对农村信用社经营风险产生显著的正向影响，原因可能在于农村信用社高管持股比例越多，越容易采取较为激进的策略，加大农村信用社的经营风险。在 M4 引入解释变量高管在职消费（lnNPC）之后，回归结果显示，高管在职消费对农村信用社经营风险在5%水平上产生显著的负向影响，即高管在职消费的增加能显著地降低农村信用社经营风险，原因可能在于，在职消费的增加会提升高管的责任心，使得高管在经营管理中更加谨慎，因此能够降低农村信用社的经营风险。M5 同时引入高管货币薪酬（lnPAY）、高管持股比例（SP）、高管在职消费（lnNPC）三种激励方式，回归结果显示，当三种激励方式共同作用时，高管货币薪酬对农村信用社经营风险的影响仍不显著；高管持股比例对农村信用社经营风险在10%水平上产生显著的正向影响；高管在职消费对农村信用社经营风险在5%水平上产生显著的负向影响，与单独作用结果一致。

4. 结果讨论

通过回归分析，实证检验高管激励对农村信用社金融服务能力的影响，汇总结果如表 5 – 21 所示。

如表 5 – 21 所示，高管货币薪酬对农村信用社支农效率（SAE）和盈利能力（ROA）均产生显著的正向影响，但高管货币薪酬对农村信用社经营风险（NPL）的影响不显著，因此假设 H1 得到部分验证。高管持股比例对农村信用社支农效率（SAE）产生显著的负向影响，对经营风险（NPL）产生显著的正向影响，与

表 5 - 21　高管激励对农村信用社金融服务能力影响的假设检验结果

| 高管激励变量 | 农村信用社金融服务能力变量 | 高管激励对金融服务能力的影响 | 假设检验结果 |
|---|---|---|---|
| 高管货币薪酬 | 支农效率（SAE） | 显著正向 | H1 部分成立 |
| | 盈利能力（ROA） | 显著正向 | |
| | 经营风险（NPL） | 不显著 | |
| 高管持股比例 | 支农效率（SAE） | 显著负向 | H2 不成立 |
| | 盈利能力（ROA） | 不显著 | |
| | 经营风险（NPL） | 显著正向 | |
| 高管在职消费 | 支农效率（SAE） | 不显著 | H3 部分成立 |
| | 盈利能力（ROA） | 显著正向 | |
| | 经营风险（NPL） | 显著负向 | |

假设 H2（高管持股比例对农村信用社金融服务能力产生显著正向影响）相悖，因此假设 H2 不成立。高管在职消费对农村信用社盈利能力（ROA）产生显著的正向影响，对经营风险（NPL）产生显著的负向影响，但对农村信用社支农效率（SAE）的影响不显著，因此假设 H3 得到部分验证。

（三）股权结构对高管激励与农村信用社金融服务能力关系的调节作用检验

为避免加入股权结构与高管激励交叉项后带来的多重共线性问题，本书在检验调节效应之前分别对解释变量和调节变量进行了中心化处理，采用层级回归的方法对股权集中度及股权制衡度在高管激励与农村信用社金融服务能力关系间的调节效应进行检验。

1. 股权集中度对高管激励与农村信用社金融服务能力关系的调节作用

（1）股权集中度对高管激励与农村信用社支农效率关系的调节效应。在依次引入控制变量、解释变量、调节变量的基础上，引入股权集中度与高管激励的交叉项，检验是否存在股权集中度对高管激励与农村信用社支农效率关系的调节效应，结果如表 5 - 22 所示。

表 5 - 22　高管激励对农村信用社支农效率影响的回归结果——股权集中度作为调节变量

被解释变量：SAE

| 变量 | M1 | M2 | M3 | M4 |
|---|---|---|---|---|
| lnGDP | 0.0188 | 0.0138 | 0.0088 | 0.0121 |
| lnSIZE | - 0.1101 ** | - 0.1368 *** | - 0.1245 *** | - 0.1284 *** |
| Liquid | 0.4386 ** | 0.3692 *** | 0.3277 *** | 0.3179 * |

续表

| 变量 | M1 | M2 | M3 | M4 |
|---|---|---|---|---|
| Year | 控制 | 控制 | 控制 | 控制 |
| lnPAY | | 0.0996 ** | 0.0809 * | 0.0088 * |
| SP | | −1.8716 *** | −1.8005 *** | −0.7181 * |
| lnNPC | | 0.0299 | 0.0242 | 0.0105 |
| TOP5 | | | 0.2862 *** | 8.7090 * |
| lnPAY × TOP5 | | | | 0.6748 ** |
| SP × TOP5 | | | | 13.0006 * |
| lnNPC × TOP5 | | | | 0.0631 |
| R − squared | 0.1687 | 0.2164 | 0.2434 | 0.2689 |
| F 值 | 3.11 *** | 6.68 *** | 7.25 *** | 3.79 *** |
| Observations | 260 | 260 | 260 | 260 |

注：*** 、** 、* 分别表示在1% 、5% 、10%统计水平上显著。

表5－22 中 M3 在 M1、M2 的基础上引入了调节变量，结果显示，股权集中度（TOP5）对农村信用社支农效率（SAE）有显著的正向影响。M4 进一步引入高管货币薪酬与股权集中度的交叉项（lnPAY × TOP5）、高管持股比例与股权集中度的交叉项（SP × TOP5）、高管在职消费与股权集中度的交叉项（lnNPC × TOP5），回归结果显示，高管货币薪酬与股权集中度的交叉项（lnPAY × TOP5）与农村信用社支农效率（SAE）在 5% 水平上显著正相关，表明股权集中度正向调节高管货币薪酬与农村信用社支农效率的关系，对两者的正向关系有加强的作用；高管持股比例与股权集中度的交叉项（SP × TOP5）与农村信用社支农效率（SAE）在 10% 水平上显著正相关，表明股权集中度正向调节高管持股比例与农村信用社支农效率的关系，进一步加强高管持股比例对农村信用社支农效率的负向影响；高管在职消费与股权集中度的交叉项（lnNPC × TOP5）与农村信用社支农效率（SAE）的关系不显著，表明股权集中度未对高管在职消费与农村信用社支农效率的关系起到调节作用。

（2）股权集中度对高管激励与农村信用社盈利能力关系的调节效应。在依次引入控制变量、解释变量、调节变量的基础上，引入股权集中度与高管激励的交叉项，检验是否存在股权集中度对高管激励与农村信用社盈利能力关系的调节效应，结果如表5－23 所示。

表 5 - 23　高管激励对农村信用社盈利能力影响的回归结果——股权集中度作为调节变量

被解释变量：ROA

| 变量 | M1 | M2 | M3 | M4 |
|---|---|---|---|---|
| lnGDP | 0.0011 * | 0.0008 * | 0.0006 | 0.0008 * |
| lnSIZE | -0.0002 | -0.0012 | -0.0008 | -0.0009 |
| Liquid | 0.0168 *** | 0.0090 | 0.0076 | 0.0066 |
| Year | 控制 | 控制 | 控制 | 控制 |
| lnPAY | | 0.0032 * | 0.0026 | 0.0018 * |
| SP | | -0.0315 | -0.0290 | -0.0145 * |
| lnNPC | | 0.0038 ** | 0.0036 ** | 0.0027 * |
| TOP5 | | | 0.0098 ** | 0.5423 *** |
| lnPAY × TOP5 | | | | 0.0388 *** |
| SP × TOP5 | | | | 0.0905 * |
| lnNPC × TOP5 | | | | 0.0058 ** |
| R - squared | 0.1140 | 0.2137 | 0.2357 | 0.3179 |
| F 值 | 8.77 *** | 8.90 *** | 9.16 *** | 12.60 *** |
| Observations | 260 | 260 | 260 | 260 |

注：*** 、** 、* 分别表示在 1%、5%、10% 统计水平上显著。

表 5 - 24 中 M3 在 M1、M2 的基础上引入了调节变量，结果显示，股权集中度（TOP5）对农村信用社盈利能力（ROA）有显著的正向影响。M4 进一步引入高管货币薪酬与股权集中度的交叉项（lnPAY × TOP5）、高管持股比例与股权集中度的交叉项（SP × TOP5）、高管在职消费与股权集中度的交叉项（lnNPC × TOP5），回归结果显示，高管货币薪酬与股权集中度的交叉项（lnPAY × TOP5）与农村信用社盈利能力（ROA）在 1% 水平上显著正相关，表明股权集中度正向调节高管货币薪酬与农村信用社盈利能力的关系，有利于加强两者的正向关系；高管持股比例与股权集中度的交叉项（SP × TOP5）与农村信用社盈利能力（ROA）在 10% 水平上显著正相关，表明股权集中度正向调节高管持股比例与农村信用社盈利能力的关系，进一步加强高管持股比例对农村信用社盈利能力的负向影响；高管在职消费与股权集中度的交叉项（lnNPC × TOP5）与农村信用社盈利能力（ROA）在 5% 水平上显著正相关，表明股权集中度正向调节高管在职消费与农村信用社盈利能力的关系，有利于加强两者的正向关系。

（3）股权集中度对高管激励与农村信用社经营风险关系的调节效应。在依次引入控制变量、解释变量、调节变量的基础上，引入股权集中度与高管激励的交叉项，检验是否存在股权集中度对高管激励与农村信用社经营风险关系的调节效应，结果如表 5 - 24 所示。

表 5 - 24　高管激励对农村信用社经营风险影响的回归结果——股权集中度作为调节变量

被解释变量：NPL

| 变量 | M1 | M2 | M3 | M4 |
| --- | --- | --- | --- | --- |
| lnGDP | - 0.0002 | 0.0015 | 0.0040 | 0.0033 |
| lnSIZE | 0.0066 | 0.0033 | - 0.0029 | - 0.0022 |
| Liquid | - 0.0059 | 0.0426 | 0.0636 * | 0.0665 ** |
| Year | 控制 | 控制 | 控制 | 控制 |
| lnPAY | | - 0.0018 | 0.0076 | - 0.0215 |
| SP | | 0.9652 | 0.0605 | 0.1409 * |
| lnNPC | | - 0.0250 ** | - 0.0221 ** | - 0.0181 *** |
| TOP5 | | | - 0.1448 *** | 1.7073 |
| lnPAY × TOP5 | | | | - 0.1267 |
| SP × TOP5 | | | | - 2.3584 * |
| lnNPC × TOP5 | | | | - 0.0240 |
| R - squared | 0.0742 | 0.1522 | 0.2716 | 0.3021 |
| F 值 | 7.67 *** | 6.30 *** | 7.12 *** | 6.88 *** |
| Observations | 260 | 260 | 260 | 260 |

注：*** 、** 、* 分别表示在 1% 、5% 、10% 统计水平上显著。

表 5 - 24 中 M3 在 M1、M2 的基础上引入了调节变量，结果显示，股权集中度（TOP5）对农村信用社经营风险（NPL）有显著的负向影响。M4 进一步引入高管货币薪酬与股权集中度的交叉项（lnPAY × TOP5）、高管持股比例与股权集中度的交叉项（SP × TOP5）、高管在职消费与股权集中度的交叉项（lnNPC × TOP5），回归结果显示，高管货币薪酬与股权集中度的交叉项（lnPAY × TOP5）、高管在职消费与股权集中度的交叉项（lnNPC × TOP5）与农村信用社经营风险（NPL）的关系均不显著；高管持股比例与股权集中度的交叉项（SP × TOP5）与农村信用社经营风险（NPL）在 10% 水平上显著负相关，表明股权集中度负向调节高管持股比例与农村信用社支农效率的关系，有利于削弱高管持股比例对农村信用社经营风险的正向影响。

（4）结果讨论。通过逐步加入控制变量、解释变量、调节变量、解释变量与调节变量交叉项的层级回归方法，本书实证检验股权集中度在高管激励与农村信用社金融服务能力关系间的调节效应，汇总结果如表5-25所示。

表5-25 股权集中度的调节效应假设检验结果

| 高管激励变量 | 农村信用社金融服务能力变量 | 高管激励对金融服务能力的影响 | 股权集中度是否为调节变量 | 调节效应的方向 | 假设是否成立 |
|---|---|---|---|---|---|
| 高管货币薪酬 | 支农效率（SAE） | 显著正向 | 是 | 正向 | H4部分成立 |
| | 盈利能力（ROA） | 显著正向 | 是 | 正向 | |
| | 经营风险（NPL） | 不显著 | 否 | — | |
| 高管持股比例 | 支农效率（SAE） | 显著负向 | 是 | 正向 | H5部分成立 |
| | 盈利能力（ROA） | 显著负向 | 是 | 正向 | |
| | 经营风险（NPL） | 显著正向 | 是 | 负向 | |
| 高管在职消费 | 支农效率（SAE） | 不显著 | 否 | — | H6部分成立 |
| | 盈利能力（ROA） | 显著正向 | 是 | 正向 | |
| | 经营风险（NPL） | 显著负向 | 否 | — | |

股权集中度显著正向调节高管货币薪酬与农村信用社支农效率及盈利能力的正向关系，显著正向调节高管在职消费与农村信用社盈利能力的正向关系。这说明，股权集中度越高，高管货币薪酬和在职消费这种短期激励越有利于农村信用社服务能力的提升。

股权集中度显著正向调节高管持股比例与农村信用社支农效率（SAE）及盈利能力（ROA）的负向关系，显著负向调节高管持股比例与农村信用社经营风险（NPL）的正向关系。表明股权集中度越高，高管持股对农村信用社支农效率及盈利能力的负向影响越大，对经营风险的正向影响越小。这就说明，股权集中度越高，股权激励这种长期激励手段虽然有利于减少经营风险，但总体上不利于农村信用社服务能力的提升。究其原因，可能是在股权集中度较高的情况下，大股东和享受股权激励的经理人之间很容易形成合谋局面，成为利益共同体，从这个利益共同体宁可惜贷，也不愿将金融资源用于高风险的支农项目。此外，由于所选样本是陕西省的农村信用社，陕西农村经济发展水平较东部地区落后，导致其涉农贷款仍具有高风险性，因此，大股东和享受股权激励的经理人的利益共同体会做出上述决策。如果样本数据扩大，包括了东部经济发达地区，研究结论可能会有不同，股权激励这种长效激励手段的作用会有不同。

2. 股权制衡度对高管激励与农村信用社金融服务能力关系的调节作用

（1）股权制衡度对高管激励与农村信用社支农效率关系的调节效应。在依次引入控制变量、解释变量、调节变量的基础上，引入股权制衡度与高管激励的交叉项，检验是否存在股权制衡度对高管激励与农村信用社支农效率关系的调节效应，结果如表5-26所示。

表5-26　高管激励对农村信用社支农效率影响的回归结果——股权制衡度作为调节变量

被解释变量：SAE

| 变量 | M1 | M2 | M3 | M4 |
|---|---|---|---|---|
| lnGDP | 0.0188 | 0.0138 | 0.0086 | 0.0042 |
| lnSIZE | −0.1101** | −0.1368*** | −0.1236*** | −0.1149*** |
| Liquid | 0.4386** | 0.3692*** | 0.4090*** | 0.4273*** |
| Year | 控制 | 控制 | 控制 | 控制 |
| lnPAY | | 0.0996** | 0.0932** | 0.0845* |
| SP | | −1.8716*** | −1.4224** | −2.4744* |
| lnNPC | | 0.0299 | 0.0316 | 0.0265 |
| Z | | | 0.0304*** | −0.0161 |
| lnPAY∗Z | | | | 0.0020 |
| SP∗Z | | | | 0.4898* |
| lnNPC∗Z | | | | 0.0019 |
| R-squared | 0.1687 | 0.2164 | 0.2422 | 0.2502 |
| F值 | 3.11*** | 6.68*** | 7.21*** | 5.84*** |
| Observations | 260 | 260 | 260 | 260 |

注：\*\*\*、\*\*、\*分别表示在1%、5%、10%统计水平上显著。

表5-26中M3在M1、M2的基础上引入了调节变量，结果显示，股权制衡度（Z）对农村信用社支农效率（SAE）有显著的正向影响。M4进一步引入高管货币薪酬与股权制衡度的交叉项（lnPAY×Z）、高管持股比例与股权制衡度的交叉项（SP×Z）、高管在职消费与股权制衡度的交叉项（lnNPC×Z），回归结果显示，高管货币薪酬与股权制衡度的交叉项（lnPAY×Z）、高管在职消费与股权制衡度的交叉项（lnNPC×Z）与农村信用社支农效率（SAE）的关系均不显著，表明股权制衡度未对高管货币薪酬、高管在职消费与农村信用社支农效率的关系产生显著调节作用。高管持股比例与股权制衡度的交叉项（SP×Z）与农村信用社支农效率（SAE）在10%水平上显著正相关，表明股权制衡度正向调节高管持股比例与农村信用社支农效率的关系，进一步加强高管持股比例对农村信用社支农效率的负向影响。

（2）股权制衡度对高管激励与农村信用社盈利能力关系的调节效应。在依次引入控制变量、解释变量、调节变量的基础上，引入股权制衡度与高管激励的交叉项，检验股权制衡度对高管激励与农村信用社盈利能力关系的调节效应是否存在，结果如表 5 - 27 所示。

表 5 - 27　高管激励对农村信用社盈利能力影响的回归结果——股权制衡度作为调节变量

被解释变量：ROA

| 变量 | M1 | M2 | M3 | M4 |
|---|---|---|---|---|
| lnGDP | 0.0011* | 0.0008* | 0.0006 | 0.0007* |
| lnSIZE | − 0.0002 | − 0.0012 | − 0.0008 | − 0.0008 |
| Liquid | 0.0168*** | 0.0090 | 0.0103** | 0.0111 |
| Year | 控制 | 控制 | 控制 | 控制 |
| lnPAY | | 0.0032* | 0.0030* | 0.0033* |
| SP | | − 0.0315 | − 0.0174 | − 0.1671* |
| lnNPC | | 0.0038** | 0.0039*** | 0.0030* |
| Z | | | 0.0010** | − 0.0026 |
| lnPAY * Z | | | | − 0.0001 |
| SP * Z | | | | 0.0808* |
| lnNPC * Z | | | | 0.0003 |
| R − squared | 0.1140 | 0.2137 | 0.2313 | 0.2449 |
| F 值 | 8.77*** | 8.90*** | 6.78*** | 7.61*** |
| Observations | 260 | 260 | 260 | 260 |

注：***、**、*分别表示在1%、5%、10%统计水平上显著。

表 5 - 27 中 M3 在 M1、M2 的基础上引入了调节变量，结果显示，股权制衡度（Z）对农村信用社盈利能力（ROA）有显著的正向影响。M4 进一步引入高管货币薪酬与股权制衡度的交叉项（lnPAY × Z）、高管持股比例与股权制衡度的交叉项（SP × Z）、高管在职消费与股权制衡度的交叉项（lnNPC × Z），回归结果显示，高管货币薪酬与股权制衡度的交叉项（lnPAY × Z）、高管在职消费与股权制衡度的交叉项（lnNPC × Z）与农村信用社盈利能力（ROA）的关系均不显著，表明股权制衡度未对高管货币薪酬、高管在职消费与农村信用社盈利能力的关系产生显著调节作用。高管持股比例与股权制衡度的交叉项（SP × Z）与农村信用社盈利能力（ROA）在 10% 水平上显著正相关，表明股权制衡度正向调节高管持股比例与农村信用社盈利能力的关系，进一步加强高管持股比例对农村信用社

盈利能力的负向影响。

（3）股权制衡度对高管激励与农村信用社经营风险关系的调节效应。在依次引入控制变量、解释变量、调节变量的基础上，引入股权制衡度与高管激励的交叉项，检验股权制衡度在高管激励与农村信用社经营风险关系间的调节效应是否存在，结果如表 5-28 所示。

表 5-28　高管激励对农村信用社经营风险影响的回归结果——股权制衡度作为调节变量

被解释变量：NPL

| 变量 | M1 | M2 | M3 | M4 |
|------|------|------|------|------|
| lnGDP | − 0.0002 | 0.0015 | 0.0030 | 0.0033 |
| lnSIZE | 0.0066 | 0.0033 | − 0.0003 | − 0.0015 |
| Liquid | − 0.0059 | 0.0426 | 0.0316 | 0.0289 |
| Year | 控制 | 控制 | 控制 | 控制 |
| lnPAY | | − 0.0018 | − 0.0001 | − 0.0006 |
| SP | | 0.9652 | − 0.0279 | 0.4936* |
| lnNPC | | − 0.0250** | − 0.0255 | − 0.0300* |
| Z | | | − 0.0084** | − 0.0286 |
| lnPAY * Z | | | | − 0.0001 |
| SP * Z | | | | − 0.2674* |
| lnNPC * Z | | | | 0.0017 |
| R − squared | 0.0742 | 0.1522 | 0.1865 | 0.1907 |
| F 值 | 7.67*** | 6.30*** | 6.87*** | 6.09*** |
| Observations | 260 | 260 | 260 | 260 |

注：***、**、*分别表示在1%、5%、10%统计水平上显著。

表 5-28 中 M3 在 M1、M2 的基础上引入了调节变量，结果显示，股权制衡度（Z）对农村信用社经营风险（NPL）有显著的负向影响。M4 进一步引入高管货币薪酬与股权制衡度的交叉项（lnPAY×Z）、高管持股比例与股权制衡度的交叉项（SP×Z）、高管在职消费与股权制衡度的交叉项（lnNPC×Z），回归结果显示，高管货币薪酬与股权制衡度的交叉项（lnPAY×Z）、高管在职消费与股权制衡度的交叉项（lnNPC×Z）与农村信用社经营风险（NPL）的关系不显著，表明股权制衡度未对高管货币薪酬、高管在职消费与农村信用社经营风险的关系产生显著调节作用。高管持股比例与股权制衡度的交叉项（SP×Z）与农村信用

社经营风险（NPL）在10%水平上显著负相关，表明股权制衡度负向调节高管持股比例与农村信用社经营风险的关系，有利于削弱高管持股比例对农村信用社经营风险的正向影响。

（4）结果讨论。本书实证检验股权制衡度在高管激励与农村信用社金融服务能力关系间的调节效应，汇总结果如表5-29所示。

表5-29　股权制衡度的调节效应假设检验结果

| 高管激励变量 | 农村信用社金融服务能力变量 | 高管激励对金融服务能力的影响 | 股权制衡度是否为调节变量 | 调节效应的方向 | 假设是否成立 |
|---|---|---|---|---|---|
| 高管货币薪酬 | 支农效率（SAE） | 显著正向 | 否 | — | H7 不成立 |
| | 盈利能力（ROA） | 显著正向 | 否 | — | |
| | 经营风险（NPL） | 不显著 | 否 | — | |
| 高管持股比例 | 支农效率（SAE） | 显著负向 | 是 | 正向 | H8 成立 |
| | 盈利能力（ROA） | 显著负向 | 是 | 正向 | |
| | 经营风险（NPL） | 显著正向 | 是 | 负向 | |
| 高管在职消费 | 支农效率（SAE） | 不显著 | 否 | — | H9 不成立 |
| | 盈利能力（ROA） | 显著正向 | 否 | — | |
| | 经营风险（NPL） | 显著负向 | 否 | — | |

股权制衡度未对高管货币薪酬、高管在职消费与农村信用社金融服务能力的关系产生显著的调节作用。股权制衡度显著正向调节高管持股比例与农村信用社支农效率和盈利能力的关系，显著负向调节高管持股比例与农村信用社经营风险（NPL）的关系。表明股权制衡度的提升，会加强高管持股比例对农村信用社支农效率和盈利能力的负向影响，会减弱高管持股比例对农村信用社经营风险的正向影响。这就说明，股权制衡度越高，股权激励这种长期激励手段虽然有利于减少经营风险，但总体上仍不利于农村信用社服务能力的提升。结合股权集体中度的影响，认为股权制衡度较高的情况下，大股东们（股权制衡度高说明前五大股东实力互相制衡，都有发言权）和享受股权激励的经理人之间也很容易成为利益共同体，从而导致和股权集中度较高时相同的激励结果，即股权激励这种长效激励手段的无效性。

# 第三节　本章小结

通过本章分析，本课题组得出以下研究结论：

（1）前五大股东持股比例存在一个最优值，这个最优值有利于农村信用社ROA、ROE、运营成本和分支机构数量的优化。

（2）独立董事仅对农村信用社的运营成本产生影响，加入监事会后的双重监管模式对农村信用社财务绩效的影响会增加，这说明目前农村信社这种双重监管模式中，独立董事基本处于"花瓶"地位，真正起到监管作用的是监事会。

（3）外部监管中的外部竞争对农村信用社的服务范围有正向影响，即外部竞争越充分，农村信用社服务范围越广。

（4）高管货币薪酬对农村信用社金融服务能力起正向激励作用。股权集中度显著正向调节高管货币薪酬与农村信用社支农效率、盈利能力的关系。

（5）高管持股比例对农村信用社支农效率产生显著的负向影响，对农村信用社经营风险产生显著的正向影响。股权集中度的提高和股权制衡度的提高，都会加强高管持股比例对农村信用社支农效率和盈利能力的负向影响，削弱高管持股比例对农村信用社经营风险的正向影响。高管在职消费对农村信用社盈利能力产生显著的正向影响，对经营风险产生显著的负向影响。股权集中度显著正向调节高管在职消费与农村信用社盈利能力的关系，但未对高管在职消费与农村信用社支农效率、经营风险的关系产生显著的调节作用。也就是说，在股权集中度较高和股权制衡度较高的情况下，货币薪酬激励和在职消费激励等短期激励手段对农村信用社服务能力的提升是有效的，而股权激励这种长效激励手段对农村信用社服务能力的提升是无效的。这一结论在西北地区有一定的代表性，在中东部地区还需在数据可得性及样本扩大的基础上进一步验证。

# 第六章  公司治理对农村信用社金融服务能力影响的路径分析

相较于上市公司的公司治理，农村信用社的公司治理存在特殊之处。本节主要是在前文对农村信用社金融服务能力的现状调查、综合评价及影响因素实证分析的基础上，归纳总结农村信用社的公司治理对其金融服务能力的影响路径及公司治理不完善对其金融服务能力的制约，以期为后文策略的提出提供依据。分析认为公司治理对农村信用社金融服务能力影响的路径可以从内部治理和外部治理两个方面进行研究（见图6-1）。从内部治理角度来看，合理的内部治理能够保障农村信用社投资者（股东）的投资回报、促进治理主体的关系协调，以及提高自身抗风险能力，而这些都是农村信用社服务能力提升的前期保障；从外部治理角度看，外部"收购"威胁、管理人才市场、破产威胁、完善的产品市场等又通过激励机制、监督机制和竞争机制等不同侧面促使内部治理完善、市场竞争度提高等，实现提升农村信用社金融服务能力的目标，进而提升农村信用社金融服务能力。

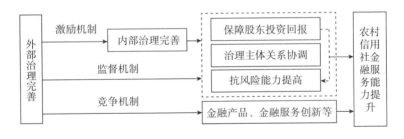

图6-1  公司治理影响农村信用社金融服务能力机理

## 第一节  内部治理对农村信用社金融服务能力影响的路径

良好的农村信用社内部治理可以通过保障股东投资回报、协调农村信用社内部利益集团关系、提高农村信用社抗风险能力三条途径影响农村信用社的金融服务能力。

**一、基于股东投资回报保障的影响路径**

股权分散是农村信用社的特性，这一特性使得大众股东不具有对农村信用社的控制权，农村信用社主要被内部管理者控制，这些内部管理者具有做出违背股东利益决策的动机，因此股东投资回报得不到保障。这种情况将会引起潜在投资者不愿投资或已投资股东撤回投资，进而限制了农村信用社资本金①的增加。资本金受到抑制对农村信用社来说包括可供放贷的资金受到抑制（具体表现为一方面自有资金不足，另一方面由自有资金不足引发吸收存款能力降低）、风险保障金的充裕程度受到限制、经营管理的资金受到制约。这将直接导致农村信用社经营收益水平、风险控制水平、经营管理能力受限，进而制约农村信用社的服务能力。反之，可以有效提高农村信用社金融服务能力（见图6-2）。

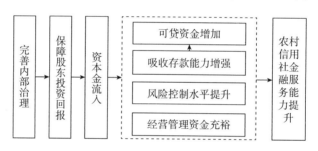

**图6-2 内部治理、保障股东投资回报与农村信用社金融服务能力**

目前，很多农村信用社意识到股东投入资本金的重要性，但由于短期内无法利用完善内部治理的手段来吸引投资，因此不惜通过提高管理费用（给股东高额的、固定的、无风险的分红承诺）的手段来吸引投资。然而，这种手段具有很高的经营风险，长期来看会抑制农村信用社金融服务能力的提升。

**二、基于治理主体关系协调的影响路径**

农村信用社内部治理主体的关系协调主要包括对经理层与其他员工的激励、治理主体间的制衡两个方面，农村信用社内部治理的优化可以有效协调治理主体间的关系，进而提升农村信用社的金融服务能力，如图6-3所示。

---

① 资本金是农村信用社股东为赚取利润而投入的货币和农村信用社经营过程中留存的收益，它是农村信用社得以经营的基础、风险的保障、管理资金的来源。

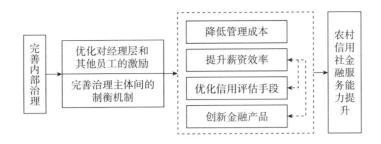

**图6-3 内部治理、协调治理主体关系与农村信用社金融服务能力**

农村信用社对经理层和其他员工的有效激励可以通过降低管理成本、提升薪资效率、优化信用评估手段和创新金融产品等路径提升农村信用社的金融服务能力。首先，对经理层和其他员工的激励将提高他们的工作积极性，减少不必要的监督，因此节约了管理成本；其次，有效的激励就是一定薪酬成本下的产出最大化，即提升薪资效率；最后，农村信用社对经理层和其他员工的有效激励，可以促使其优化信用评估手段、创新金融产品，进而扩大服务范围。

农村信用社各治理主体间制衡机制的完善也有助于提升农村信用社的服务能力。首先，在完善的制衡机制约束下，农村信用社将明确各方的权责利关系，实现权、责、利三者的对等均衡。这三者的均衡将直接提升农村信用社薪资效率，促使各方责任人选择目标客户时，更注重目标客户自身的质量和国家支农政策导向，间接促成不断优化信用评估手段、创新金融产品的新局面。其次，完善的制衡机制约束将优化内部用人制度，促使用人以"选贤"为标准，这一标准有助于农村信用社管理成本的降低、金融产品创新能力的提升。最后，完善的制衡机制能够有效约束治理主体间的行为选择方式，从而减少农村信用社内部的交易费用、降低经营成本，从而提升农村信用社金融服务能力。

### 三、基于抗风险能力提高的影响路径

随着农村信用社发展的不断加速，其规模不断扩大，股东与农村信用社的利益关系、农村信用社内各利益集团之间的关系，以及农村信用社与政府的关系都将趋于复杂化，使其在发展过程中的风险增加。在此背景下，高效的内部治理能有效缓解各方冲突，增强农村信用社自身的抗风险能力。具体来说，包括以下两点：①内部治理的完善使得股东回报有了基本保障。这一保障将增加股东对农村信用社的信心，当风险出现时，有信心的股东更容易采取积极有效的措施来抵御风险。②内部治理的完善使得治理主体之间产生有效的制衡。这种有效制衡本身就会减少各治理主体的违规行为和寻租行为，直接减少了农村信用社面临的风险，并且节约了管理费用，进一步使得其在发生风险时有更充裕的资金抵御风险。由于农村信用社扩大

服务范围、创新金融产品都是有风险的，因此随着抵御风险能力的提升，农村信用社将有能力扩大服务范围、创新金融产品。由此可见，农村信用社抗风险能力的提升，一方面为其不断扩大服务范围提供了保障，另一方面为业务创新提供了基础。这几点都将有利于农村信用社金融服务能力的提升，如图 6 - 4 所示。

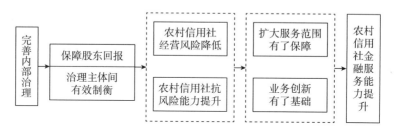

图 6 - 4    内部治理、提高抗风险能力与农村信用社金融服务能力

# 第二节    外部治理对农村信用社金融服务能力影响的路径

完善的外部治理应该包括完善的控制权市场、产品市场、经理人市场，繁荣的中介机构市场，健全的法律支持下的有效的政府监管，正确价值导向的社会舆论监督和社会伦理道德等。但是农村信用社面临的外部治理是不充分的，除了具有少许的产品市场竞争外，其他外部治理基本不存在。即便如此，我们仍能从理论上分析得出，完善的外部治理机制将对农村信用社金融服务能力产生间接影响。外部治理间接影响农村信用社金融服务能力的路径主要有三条：①激励机制，即外部治理通过一系列机制（包括控制权市场、经理人市场、社会舆论、社会伦理道德等）促进农村信用社内部治理完善，进而影响农村信用社金融服务能力；②监管机制，即外部治理中的政府监督有利于农村信用社股东投资回报得到保障、治理主体关系实现协调及抗风险能力有所提高，进而提升农村信用社金融服务能力；③竞争机制，即外部治理中的产品市场竞争机制能够促进农村信用社加快自身产品创新来提升竞争力，进而提升农村信用社金融服务能力。

## 一、基于外部治理激励机制的影响路径

企业控制权可能掌握在不同主体中，有时由大股东掌握，有时由董事会掌

握，还有可能由经理人掌握，其实现方式有股份控制方式、合同控制方式或人事连锁方式。当外部主体认为公司潜在价值没有得到充分挖掘时，基于利益驱使，会努力通过各种方式争夺公司控制权，然后通过重整实现公司价值最大化。

在经理人市场上，经理人的价格和就业机会取决于经理人所经营企业的业绩好坏、对股东负责任程度等因素。有能力、对股东负责任的经理人会被高薪雇用，其人力资本价值会大幅增值；反之，就会有被解雇的风险，其人力资本价值会贬值。

此外，媒体、社会公众等可以利用网络、报刊等新闻媒体获得相关信息，同时公开发表意见，进而对企业进行评价和监督；健全的社会金融经济伦理道德，也会通过根植于一个社会文化之中的，并且具有广泛社会认同和潜在约束力的道德准则，对公司利益相关者产生影响和约束。

因此，如果农村信用社外部存在完善的控制权市场、经理人市场，存在正确的社会舆论导向、积极向上的社会金融经济伦理道德，那么这些外部治理机制将会激励农村信用社不断完善其内部治理，以确保股东投资回报有保障、治理主体关系得到协调、抗风险能力加强，进而提升农村信用社金融服务能力，如图6-5所示。

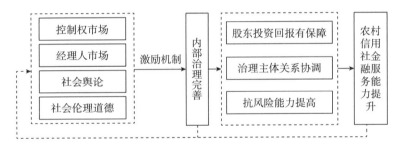

图 6 - 5　外部治理的激励机制

## 二、基于外部治理监督机制的影响路径

政府在公司治理过程中扮演了重要的角色，一方面，政府要通过法律、制度、市场体系等为公司治理提供制度框架和运作规范；另一方面，通过加强相关机构的监管来保障这些体系正常运行。因此，如果没有政府的参与，公司治理机制将很难有效运行。

法律法规及相关的监管机制一方面为公司治理的建立和运作提供了基本的框架；另一方面通过对违规行为的惩罚保证了良好公司治理的实现。具体来说，健全的外部监督机制能够保障股东投资回报、协调治理主体关系、提高抗风险能力。如果约束公司治理的现行法律法规体系都能高效地用于农村信用社，那么农村信用社股东投资将得到保障、治理主体关系得到协调、抗风险能力得到提升，从而加大农村信用社的负债业务量及资本存量。农村信用社负债业务量的提升及资本存量的增加能够为资产业务提供雄厚的资金保障，在各种监管制度健全的前提下，其金融服务能力必将有所提升，如图6-6所示。

**图6-6　外部治理的监督机制**

### 三、基于外部治理竞争机制的影响路径

产品市场竞争的结果是使经营效率不高的公司被淘汰，因此如果管理者不愿被解雇、股东期望最大化投资收益，那么他们将有足够的动力去优化自己的产品、推销自己的产品以增加利润。当农村信用社面临的金融产品市场是自由竞争市场、充分竞争市场时，农村信用社要想立于不败之地，必须从以下几个方面入手：第一，不断创新金融服务产品和金融服务方式。同时，为了提高经营收益，必须通过创新信用评估手段来降低运营成本、发掘潜在客户，这个过程我们称为竞争机制中的竞争效应。第二，在竞争过程中，农村信用社不仅仅要创新，还要不断学习其他金融机构先进的金融产品、运营模式及管理体制等，通过学习完善自身、提高服务能力，我们将这一过程称为竞争机制中的学习效应。无论是竞争效应还是学习效应最终都能提高农村信用社的金融服务能力，如图6-7所示。

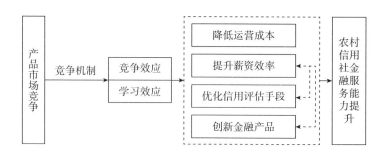

**图6-7　外部治理的竞争机制**

## 第三节　公司治理对农村信用社金融服务能力的制约

### 一、股权结构失衡导致农村信用社服务能力依赖"内部人"决策

2003 年，农村信用社展开了新一轮的增资扩股，很多农村信用社采取了"先清退后增资扩股"的手段。增资扩股后农村信用社股金大幅增加，农民、城镇居民、农村信用社职工、私营企业、个体工商户等社会各群体的人们都对农村信用社入了股。从表 6－1 中可以看出，自然人持股比例均值比法人持股比例高，分别为 67.6% 和 31.1%，其中员工持股均值为 16.9%，自然人持股比例最大值高达 99.9%，法人持股比例仅为 0.1%。由此可见，农村信用社的股东主要由自然人组成。

表 6－1　2015 年农村信用社（含农村合作银行、农村商业银行）股权结构特征

| 项目 | 均值 | 中值 | 标准差 | 最大值 | 最小值 |
| --- | --- | --- | --- | --- | --- |
| 法人持股比例（%） | 0.311 | 0.351 | 0.167 | 0.849 | 0.001 |
| 自然人持股比例（%） | 0.676 | 0.649 | 0.180 | 0.999 | 0.049 |
| 其中：员工持股比例（%） | 0.169 | 0.172 | 0.110 | 0.772 | 0.001 |

数据来源：根据调研数据统计所得。

从大股东的持股比例来看（见表 6－2），前十大股东持股比例均值为 27%，最大值和最小值分别为 48.2% 和 3.6%；第一大股东的持股比例均值为 5.6%，最大值和最小值分别为 25% 和 0.6%。由此可见，农村信用社目前的股权集中度相对较低，几乎不存在真正意义上的大股东。

表 6－2　2015 年农村信用社（含农村合作银行、农村商业银行）大股东持股比例

| 项目 | 均值 | 中值 | 标准差 | 最大值 | 最小值 |
| --- | --- | --- | --- | --- | --- |
| 第一大股东持股比例（%） | 0.056 | 0.050 | 0.039 | 0.250 | 0.006 |
| 前五大股东持股比例（%） | 0.195 | 0.221 | 0.088 | 0.400 | 0.023 |
| 前十大股东持股比例（%） | 0.270 | 0.309 | 0.113 | 0.482 | 0.036 |
| 股权制衡度 | 2.860 | 3.022 | 0.923 | 3.973 | 0.600 |

数据来源：根据调研数据统计所得。

股权制衡是几个主要股东通过内部相互牵制，使得任何一个大股东都不能进行单独决策，实现相互监督的股权分配模式。这种模式不仅具有相对集中的股权优势，而且有效地抑制了大股东对公司利益的侵害。本节用第二大～第五大股东的持股比例之和除以第一大股东持股比例表示股权制衡度。从表6-2中可以看出，制衡度最大值为3.973，最小值为0.6，均值为2.86，表明农村信用社股权制衡度较为理想，第二大～第五大股东对第一大股东形成了有效的制衡。

农村信用社股东以自然人为主，股权分散的特点使得自然人、小股东在农村信用社中基本不具有话语权、习惯于"搭便车"，因此不会积极争取自身利益。此外，股东间高制衡度特点，使得农村信用社不存在控股股东，因此，即使是持股比例最高的一组股东，也缺少参与农村信用社日常经营的动力。在这种股东"搭便车"、内部人严重控制的现状下，农村信用社的经营策略容易以经理人等内部人的偏好为导向。农村信用社的经营策略是注重利润率，还是注重服务包容性，抑或关注服务质量，都取决于内部人的偏好。此外，农村信用社"内部人"的任免，不来自外部的控制权市场，多是依赖于政府、省联社的推荐、选举和任命，因此，这部分"内部人"更倾向于依据政府和省联社的偏好行事，这进一步加重了"内部人"控制的程度。

## 二、董事会、监事会治理不完善抑制农村信用社监管作用的充分发挥

董事会是由董事组成的，对内掌管公司事务，对外代表公司的经营决策，包括董事和独立董事。农村信用社董事会人数平均在10人，最多为15人，最少为7人，基本符合《中华人民共和国公司法》（以下简称《公司法》）的规定；但独立董事平均为1人，少于《公司法》规定的标准（《公司法》规定独立董事不少于董事会总人数的1/3），甚至有些农村信用社根本就没有独立董事。在调研过程中，有些农村信用社的负责人表示独立董事委托他人出席会议的频率比较高，并且这种现象更多地出现在未完全改制的农村信用社中，这就说明独立董事对农村信用社各项决策参与度不高，缺乏对农村信用社进行监督管理的动力。从表6-3中数据可知，农村信用社2015年平均召开3.84次董事会会议，与上市公司每年平均召开9.28次董事会会议相比[1]，农村信用社会议召开次数较少，这将导致农村信用社的经营权主要掌握在董事长（理事长）或管理层（主任）手中，其他董事很难深入了解农村信用社真实的经营状况，造成内部人控制和不规范操作等问题。独立董事不作为和董事会会议次数有限等现象的存在都使董事会的管理职能弱化。

---

[1] 数据来源于田笑丰、陈巧《董事会特征对现金持有价值的影响研究》，2016（12）。

表 6 - 3　2015 年农村信用社（含农村合作银行、农村商业银行）董事会规模

| 项目 | 均值 | 中值 | 标准差 | 最大值 | 最小值 |
|---|---|---|---|---|---|
| 董事会规模 | 10. 19 | 9 | 2.079 | 15 | 7 |
| 独立董事人数 | 1. 27 | 1 | 1. 283 | 6 | 0 |
| 董事会会议次数 | 3. 84 | 4 | 2.66 | 18 | 1 |

数据来源：根据调研数据统计所得。

监事会是股份公司法定的监督机关，是在股东大会领导下，与董事会并列设置。调研数据显示，农村信用社监事会人数平均为 7 人，最多为 13 人，最少为 3 人，其中外部监事平均为 3 人，2015 年监事会平均会议次数为 2. 86 次。从这些数据可以看出，农村信用社监事会规模设置和会议次数均符合《公司法》的规定。虽然监事会各项设置均符合规定，但从其实际情况来看，监事会并没有起到应有的监督管理作用。主要原因有两点：其一，从监事会的人员构成来看，监事会主要成员的身份和行政关系并没有实现完全的独立，内部监事受制于管理层，基本无法发挥作用。虽然多数农村信用社都设立了外部审计，但外部审计的作用仍微乎其微，导致监事会监督功能无效率。其二，从监事会应具有知情权看，我国农村信用社目前还没有建立保证监事会能够获取足够信息的制度体系，因此监事会获取信息的真实性无从判断，从而无法对农村信用社的风险状况作出准确的把握，也就无法发挥应有的监督职能。

表 6 - 4　2015 年农村信用社（含农村合作银行、农村商业银行）监事会规模

| 项目 | 均值 | 中值 | 标准差 | 最大值 | 最小值 |
|---|---|---|---|---|---|
| 监事会规模 | 7. 460 | 7 | 1.709 | 13 | 3 |
| 外部监事人数 | 3. 382 | 3 | 1. 037 | 6 | 1 |
| 监事会会议次数 | 2. 860 | 3 | 1. 058 | 4 | 1 |

数据来源：根据调研数据统计所得。

由此可见，农村信用社董、监事会治理不完善的特点，使得农村信用社处于内部人控制状态；独立董事对农村信用社各项决策参与度并不高，缺乏对农村信用社进行监督管理的动力；监事会不能起到应有的监督管理作用。这些监督管理机制的不健全严重制约了农村信用社服务能力的提升。此外，我国农村信用社实施独立董事和监事会的"双头"监管模式，本意是要加强对农村信用社的监管，但实际情况却是：目前很多农村信用社独立董事和监事处于"双不管"的状态，这种状态本身也导致农村信用社缺乏内部监管，因此不利于其金融服务能力的提升。

### 三、高管激励方式不合理使得农村信用社服务能力提升动力不足

高级管理层是具体实施公司各种决策的组织，是董事会的代理人。为了促使管理层做好农村信用社日常经营管理工作，就必须对其实施相应的激励。目前农村信用社高管激励机制采取多样化政策，概括起来主要包括物质激励与精神激励两个方面。由于通过已有的农村信用社财务报表无法获得高管人员精神激励方面的数据，因此，精神激励无法作为可量化的指标分析（第五章所用的高管精神激励数据仅来源于陕西的农村信用社，在此分析不具有代表性）。本节主要从物质激励中的高管持股比例着手进行分析。农村信用社高管持有一定的股份，能使其更关注农村信用社的经营绩效和长远发展。目前农村信用社高管持股状况如下：

高管持股比例总体呈下降趋势。由表 6-5 可知，2012 年农村信用社高管平均持股比例为 0.77%，到 2015 年高管平均持股比例为 0.62%，呈现下降趋势。从最大值、最小值的情况看，最大值由 2012 年的 9.00% 下降到 2015 年的 4.12%，2014 年、2015 年最小值均为 0，存在农村信用社高管未持股的情况。

表 6-5　农村信用社高管持股比例情况　　　　　　　单位：%

| 年份 | 平均值 | 中位数 | 标准差 | 最大值 | 最小值 |
|---|---|---|---|---|---|
| 2012 | 0.77 | 0.30 | 0.0138 | 9.00 | 0.01 |
| 2013 | 0.79 | 0.37 | 0.0136 | 9.00 | 0.01 |
| 2014 | 0.64 | 0.37 | 0.0082 | 5.71 | 0.00 |
| 2015 | 0.62 | 0.30 | 0.0074 | 4.12 | 0.00 |

数据来源：根据调研数据统计所得。

东部地区农村信用社高管持股比例低于西部地区。为进一步了解全国不同区域农村信用社高管持股的差异，本节将上述农村信用社按不同省份进行统计分析。其中，辽宁、广东、江苏、山东代表东部地区，陕西代表西部地区。

由图 6-8 可知，2012 ~ 2015 年西部地区农村信用社高管持股比例基本呈下降趋势，东部地区农村信用社高管持股呈现先上升后下降的趋势。从区域差异看，农村信用社高管持股比例呈现西部地区大于东部地区的态势。东部地区农村信用社完成改制较早，经营绩效优于西部地区，但从高管持股状况看，高管持股比例却低于西部地区农村信用社。这种现象也说明高管持股比例并不会对农村信用社经营绩效产生显著正向影响。

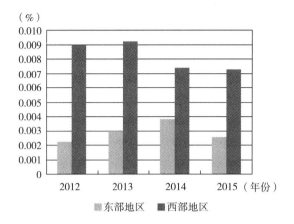

**图 6 - 8 东、西部地区农村信用社高管持股比例差异**

　　未改制完成的农村信用社*高管持股比例高于农村商业银行。按产权模式的不同，分别对农村信用社*和农村商业银行高管持股比例进行统计，结果如图 6 - 9 所示。从 2012 ~ 2015 年发展趋势看，农村商业银行高管持股比例较为平稳，2014 年、2015 年稳定在 0.5% 左右；农村信用社*高管持股比例呈现曲折下降的趋势，2014 年、2015 年高管持股比例稳定在 0.7% 左右，农村信用社*高管持股比例一直高于农村商业银行高管持股比例。农村商业银行高管持股比例低于农村信用社*，经营绩效优于农村信用社*，这进一步佐证高管持股的激励效果并不明显。

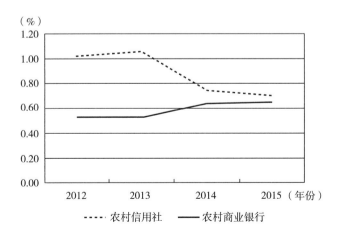

**图 6 - 9 农村信用社*和农村商业银行高管持股比例差异**

由此可见，农村信用社对管理者的股权激励未进行合理论证，因此导致两种局面出现：有的地方管理者持股比例较低，未能起到激励作用；有的农村信用社管理者持股比例过高，在已是"内部人控制"的状态下，这种管理层持股比例过高的现象将继续加强"内部人"控制的局面，进而制约农村信用社金融服务能力的提升。

### 四、外部治理机制不健全制约农村信用社服务质量提升

农村信用社外部治理主要包括信息披露机制、监管体制、市场竞争及经理人市场等。由于农村信用社并没有建立经理人市场，因而，下文仅从信息披露、监管体制及市场竞争三方面具体描述农村信用社的外部治理现状，并分析外部治理机制不健全对农村信用社提升金融服务能力的制约。

从信息披露方面来看，目前我国农村信用社在信息披露的渠道、内容及效率等方面都存在或多或少的问题。①信息披露渠道单一。目前，大部分农村信用社信息披露的渠道较为单一，普遍缺乏完善的信息披露和顺畅的信息传导机制。在对外披露方面，除极少数农村信用社能在公开媒体上进行信息披露以外，大部分农村信用社一般只是短暂地张贴信息披露表。这就使得利益相关者很难及时了解、监督农村信用社的经营情况。在对内披露方面，农村信用社只是在社员代表大会和理事会上对经营指标进行一些简要说明，而社员要想了解农村信用社的财务状况、分配政策等，需要支付较大成本。这导致社员不愿花费代价获取信息，社员与农村信用社之间的信息不对称性较为严重，无法起到有效的监督作用。②信息披露内容不完整。信息披露制度决定了农村信用社的透明度，对其安全稳定地运行有重要影响，但我国农村信用社在此方面尚有不足。农村信用社披露的内容一般仅是一些经营指标。关于公司治理方面信息的披露，仅为原则性陈述，且陈述大多是《上市公司治理准则》的条文，严重缺乏对发展前景、股东分红、存在的经营风险等内容的披露。

从监管体制方面来看，现行的农村金融监管制度在应对农村信用社的监管问题时，显得有些力不从心。监管部门职责边界不清晰、监管目标模糊、监管力量配置不合理、监管理念落后等问题，都严重影响了农村信用社的自我完善，而且基于"金融监管是金融创新的动力"这一观点来看，农村信用社的创新发展也因其监管缺陷而受到阻碍。①监管部门职责边界不清晰，监管效率低下。目前农村信用社的监管机构包括省级政府、省联社、银监会、人民银行等多个部门，各部门的管理职责、具体分工均不明确，各监管机构之间常出现政令不统一的现象，严重削弱了监管的组合效力。②政府监管手段单一，行政化管理严重。我国农村信用社是政府自上而下建立的，政府在农村信用社经营管理过程中处于比较

特殊的地位。各省政府既负责对农村信用社的监管，又对农村信用社的干部任免有发言权，这就使省政府具有了双重身份：既是农村信用社的监管者，又是农村信用社的领导者。③监管目标模糊，不利于服务"三农"。我国对于农村信用社的监管，大体上是参照商业银行的统一监管指标进行的，存在垄断监管的缺陷，与服务"三农"的目标不匹配。尽管国家明确指出农村信用社应该在满足"三性"原则的前提下，主要为当地"三农"发展提供金融服务，但并没有旗帜鲜明地将"三农"服务目标定为监管目标。由于"三农"具有天然弱质性，农村信用社极有可能为了满足安全性方面的监管指标而弱化对"三农"的服务，或者仅仅以国家规定的涉农贷款最低比例为服务"三农"的最高限，尽可能多地将信贷资金投放于非农领域来降低经营风险。因此，农村信用社简单照搬商业银行的监管指标是不合理的，其监管目标的模糊不清对服务"三农"产生了不利影响。

从外部市场竞争方面来看，农村信用社的外部市场主要包括农村金融市场、资本市场、经理人市场及控制权市场。外部市场的竞争性不足严重影响着农村信用社创新性的发展，阻碍其服务能力的进一步提升。①农村金融市场垄断性较强。从机构集中度看，农村信用社在县及县以下农村地区营业网点最多。截至2016年末，全国农村信用社共有法人机构2279个，占全国银行业金融机构的53.48%，而营业性网点78973个，占比为全国总量的34.53%。从涉农贷款投放看，农村信用社涉农贷款所占全国金融机构的比例始终居第一位。截至2016年末，全国金融机构涉农贷款余额28.2万亿元，占其各项贷款余额的比例为26.5%。全国农村信用社涉农贷款余额达到8.2万亿元，所占全部金融机构涉农贷款的比例为29%[①]。②资本市场缺乏效率。首先，农村信用社缺乏公平透明的股权定价机制。由于农村信用社管理水平有限，定价能力薄弱，基本上以每股1元的价格确定股价，这种统一的发行和定价方式，具有明显的行政主导色彩，显然不符合市场化规律，无法向股东提供准确的业务信息，使其监管作用无法有效发挥。其次，农村信用社股权转移渠道不顺畅。尽管银监会"关于规范农村合作金融机构入股比例的若干意见"（银监发〔2004〕23号）指出，农村合作金融机构成员持有的资格股可以在一定的条件下退还投资的股份，也可以转让、继承和捐赠，但不得撤回其股份。但没有具体规定农村信用社股权转让的形式、管理规则和程序，这使得大多数成员都是私下进行股权交易。③经理人市场还未形成。从农村信用社现状看，职业的经理人市场远未形成主要表现在：现行农村信用社管理体制下，农村信用社高管人员全部由省联社任命。在实际调研过程中，基本

---

① 数据来源于《2016年中国农村金融服务报告》。

所有农村信用社的负责人均表示，其高管的选拔都是通过上级管理部门提名，董事会批准认可的方式进行。由省联社任命的高级管理人员主要对省联社的考核负责，而不是对股东负责，无法保证其完全代表股东的利益，并且省联社的选拔程序多为"走过场"，行政干预色彩浓重。由于缺乏市场化的聘选机制，管理人员的任命造成了大量寻租机会。④控制权竞争市场未发挥作用。控制权市场主要通过收购和兼并等手段来实现对企业的监督，能够督促企业进行良好的经营管理。农村信用社作为国家支持"三农"建设的主力军，获得了大量财政补贴等特殊优惠政策。因此在这种政策的保护下，农村信用社利益相关者（如存款人和投资者）并不担心农村信用社的管理和运作，导致农村信用社缺乏前进的动力。

总之，从外部治理现状来看，缺乏有效的信息披露途径、监管体制不健全、外部市场竞争不充分等，都制约了农村信用社金融服务能力的提升，主要表现在以下三个方面：①我国农村金融市场控制权不发达的现实，使管理层减少了潜在的外部威胁，其工作积极性很难充分发挥，进而限制了农村信用社金融服务能力的提升。②农村信用社的经理任命并非通过经理人市场完成，因此，经理人努力工作的动力不足，其更倾向于有利于自身职位提升的其他寻租行为。③目前农村信用社产品市场的竞争源仅包括邮政储蓄银行、各大国有银行的县域分支机构等。这种产品市场竞争不充分的局面，使经理人失去了产品创新的内在动力。加之农村信用社所面临的控制权市场、经理人市场都不健全，则经理人正确决策、积极创新的内在动机也就随之丧失，从而制约农村信用社的发展，限制了其金融服务的供给。④我国农村信用社不强制要求中介机构参与管理的现实，导致农村信用社信息缺乏披露途径，因此市场约束较弱，其金融服务质量难以得到市场监管。

# 第四节　本章小结

本章在前文分析的基础上对农村信用社金融服务能力影响的路径及其制约进行了分析和总结，得出以下主要结论：

（1）农村信用社内部治理可以通过保障股东投资回报、协调农村信用社内部利益集团关系、提高农村信用社抗风险能力三条途径影响农村信用社金融服务能力。

（2）完善的外部治理应该包括完善的控制权市场、产品市场、经理人市场，以及健全的法律支持下有效的政府监管、繁荣的中介机构市场、正确价值导向的社会舆论监督和社会伦理道德等。外部治理可以通过激励机制、监管机制和竞争机制三条路径间接影响农村信用社金融服务能力。

（3）农村信用社股东以自然人为主，具有股权分散的特点，自然人等小股东在农村信用社基本不具有话语权、习惯于"搭便车"，因此不会积极争取自身利益。农村信用社股权分散前提下的股东间高制衡度特点，使得农村信用社不存在控股股东，因此即使是持股比例最高的股东，也缺少参与农村信用社日常经营的动力。在这种股东"搭便车"、内部人严重控制的现状下，农村信用社的经营策略容易以经理人等内部人的偏好为方向。

（4）我国农村信用社实施的独立董事和监事会的"双头"监管模式作用不强，实际情况是很多农村信用社独立董事和监事处于"双不管"的状态，这种状态导致农村信用社缺乏内部监管，不利于其金融服务能力提升。

（5）农村信用社高管的股权激励在一定程度上能够缓解委托代理问题，能从不同方面提升其金融服务能力。但高管股权激励会导致两种局面出现：有的农村信用社高管持股比例较低，未能起到激励作用；有的农村信用社高管持股比例过高，会导致"内部人控制"的局面，进而制约农村信用社金融服务能力的提升。

（6）我国农村金融市场控制权不发达的现实，使得管理层减少了潜在的外部威胁，其工作积极性很难充分发挥，进而限制了农村信用社金融服务能力的提升；农村信用社的经理人市场不发达，经理任命通过省联社完成，导致农村信用社经理人努力工作的动力不足；产品市场竞争不充分的局面使农村信用社失去产品创新的内在动力；我国农村信用社不强制要求中介机构参与管理的现实，导致农村信用社缺乏信息披露途径、市场约束较弱、服务质量难以得到市场监管。

# 第七章 完善公司治理，提升农村信用社金融服务能力的策略

本章结合前面章节的研究内容，在明确改制方向的基础上，从股权结构、董监事会特征、高管激励方式及外部治理等方面，分析农村商业银行的公司治理对其金融服务能力影响的机理和路径。给未改制完成的农村信用社*和改制完成的农村商业银行，在进一步优化公司治理提升金融服务能力方面提出有针对性的实施策略。

本章涉及的数据，来源于全国东、中、西部覆盖19个省（市、自治区），信息披露比较健全的56家农村商业银行2011～2015年所披露的年度报告，通过手工整理获得。另外，也有部分外部治理数据来源于《中国分省份市场化指数报告》及《中国统计年鉴》等。

## 第一节 策略制定的目标、原则及思路

### 一、策略制定的目标

根据前文界定，农村信用社就是要在保障自身可持续发展的基础上，为适应农村经济体多元化金融服务的需求，不断扩大农村金融服务包容度、提升农村金融服务质量的县域金融机构。本书从公司治理视角出发，分析了影响农村信用社金融服务能力的因素，基于这些因素确定提升农村信用社金融服务能力策略制定的目标，需要达到以下几个方面：

（一）坚持股份制改革的方向

改革的实践证明，股份制是一种较为理想的产权模式，它在促进企业产权明晰、强化约束机制等方面具有明显的优越性。股份制改革后农村商业银行的各项指标都有了明显的提升。因此，农村信用社要继续坚持股份制改革的方向，不断完善其法人治理，实现治理效率的最大化。

（二）明确服务"三农"的市场定位

农村信用社成立的初衷就是为了支持"三农"的发展，提升服务"三农"的质量是提升农村信用社金融服务能力的重点。因此，农村信用社应该在坚持股份制改革方向的基础上，明确服务"三农"的经营目标，制定"三农"业务发展战略规划，创新并实现"三农"业务的差异化服务模式，进而满足县域居民和中小企业的资金需求。

（三）确保实现商业可持续性

农村信用社只有在实现自身商业可持续的情况下才有能力支持"三农"的发展，进而提升其金融服务能力。商业可持续性的实现从盈利性、安全性、流动性、成长性和人力资源几个方面出发，不断挖掘农村信用社自身潜力、合理配置资源、简化业务流程、提升业务质量、增加收益的同时提高风险防范能力，为金融服务能力的提升提供保障。

（四）扩大服务包容性

随着"普惠"的提出，学者们在界定金融服务能力的时候往往会引入"普惠金融"的概念，"普惠金融"正是金融服务包容性的体现。"普惠金融"要求为有金融服务需求的群体提供适当、有效的金融服务，而服务包容性的高低正好体现了这一目标。农村信用社应该通过合理配置人员、经费和信贷资源，提高金融服务的便利度和覆盖面，让更多人接触到金融服务，确保"三农"的金融服务需求得到便捷、及时、有效的满足。

（五）提升金融服务质量

提升农村信用社金融服务质量是从硬件环境上提升其金融服务能力，服务质量的好坏决定了客户对农村信用社的信任程度。农村信用社要改进服务手段和方式，运用各种新技术，加强自身的服务信息化建设，实现物理网点与线上服务相结合，补齐自身的技术短板，提高金融产品的县域适用性，做到随时随地帮助顾客，并且为顾客提供快捷、有效的服务。

**二、策略制定的原则**

本书基于公司治理的视角研究如何提升农村信用社的金融服务能力，即通过优化农村信用社的公司治理，使其治理结构合理、治理机制完善及治理效率高效，最终使得农村信用社的金融服务可持续性、金融服务包容性及金融服务质量得到有效提升。为此，本书提出农村信用社在进行公司治理优化时的基本原则：

（一）维护股东的权利

股东权利的维护需要农村信用社和股东双方的积极作为。对农村信用社来说，农村信用社在赋予并维护股东权利的同时，有必要对侵害股东权利的行为进行披露。因为当前农村信用社中存在大股东出于个人目的"合谋"侵害中小股东权利的现象，通过对这种不正当侵害行为的披露有利于维护中小股东的合法权利；此外，农村信用社中省联社的存在，也有可能不利于股东权利的行使，如在董事会成员提名的过程中省联社会对其产生加以干预，因此农村信用社需要明确自身与省联社的关系，进而保证股东的权利。对股东来说，维护自身的权利需要股东在明确其所拥有基本权利的基础上，积极关心农村信用社的经营状况，并在参与农村信用社管理的过程中主动行使权利。为切实维护股东的利益，农村信用社应确保股东拥有以下基本权利：①参加股东大会并投票；②选举和罢免董事会成员；③委托他人管理股份或向他人转让股份；④定期、及时地了解农村信用社的实质性信息；⑤分配农村信用社的利润等。除非股东做出违反农村信用社利益的事情，否则其将拥有上述所有权利。

（二）确保各类股东受到平等的待遇

相比于大型商业银行，我国农村信用社的股权结构较为分散、设置不合理，这就导致中小股东（包括外资股）处于劣势地位。小股东获取信息的渠道有限，在参与股东大会时发表的意见也容易被忽视，最终有可能造成中小股东完全"搭便车"现象。因此，农村信用社有必要确保中小股东和大股东享受平等的待遇，从而使中小股东能够在公平的环境中行使自身权利。为确保农村信用社中各类股东都享受平等待遇，农村信用社在进行公司治理改革时应遵循以下原则：①农村信用社应公布同类同级的所有股东所享有的权利，使得股东能够了解自身所拥有的权利并行使权利；②在引进外资股或者自然人股时，这部分中小股东要受到农村信用社的保护，以使其不受控股股东的直接或间接侵害，并且当这类股东的利益受损时，农村信用社可以提供实际的赔偿手段；③禁止大股东与高层管理人员合谋形成"内部人"控制的局面；④禁止所有股东滥用权力的交易行为等。

（三）确保利益相关者的合法权利

随着农村信用社的改革发展，其利益相关者不断增多。因此，农村信用社有必要积极地与利益相关者进行协商合作，进而促进其公司治理的完善，最终提升其金融服务能力。为确保利益相关者的合法权益，农村信用社在进行公司治理改革时应遵循以下原则：①农村信用社要承认利益相关者的各项法律或通过共同协议而确立的权利，并且当利益相关者的权利受到侵害时，使其能够获得有效赔偿；②允许通过员工代表大会选举或其他正规渠道选举产生的员工代表参与公司治理，并保证这些员工有权定期且及时地获得相关、充分、可靠的信息；③利益相关者（包括农村信用社员工）能够随时将他们关注到的非法或者不道德的行为报告给董事会，同时这种行为不会影响利益相关者的各项权利。

（四）确保董事会对农村信用社的战略性指导地位

当前，农村信用社的发展方向是股份制，同时注重普惠金融的发展，因此董事会要在坚持股份制改革方向和大力发展"三农"业务两大目标的基础上，制定农村信用社的经营规划，并对经营规划的实行情况进行监督管理。在实际的运行过程中，董事会要在战略的高度上把握农村信用社的发展方向，始终以股份制改革和发展"三农"为目标，对农村信用社进行战略上的指导，如制定适合当地发展的产品创新规划、制定网点建设规划的方案、制定会计决算和利润分配的议案等。为确保董事会对农村信用社战略性指导的有效发挥，农村信用社在完善公司治理结构时应遵循以下原则：①健全董事会的组织架构，完善董事会的决策机制，在董事会下设审计委员会、风险管理委员会和关联交易委员会，必要时还可以设战略委员会等；②根据资产规模和经营环境等情况确定合适的董事会规模，董事会成员的构成既要最大限度地体现各方利益，又要高效精干，便于组织协调；③注重董事的任免与培训，提高其决策效率和水平，董事会的成员既要有多元化背景，具有较强的互补性，又要有一定的专业化背景，具有独立的专业判断能力，从而提高董事会决策的科学性和有效性。除此之外，农村信用社要确保董事会能够在客观独立的环境中做出判断，董事会成员还要以道德的最高标准要求自身，诚实、尽职、谨慎地履行职责，并在最大程度上公平对待所有股东且维护股东利益，尤其还要综合考虑利益相关者的权益。

（五）保证信息披露的准确性和及时性

农村信用社信息披露得准确、及时，能帮助完善其外部治理机制。如使农村信用社面临的市场竞争更有效、外部监管及媒体中介等的监督更完善等。为保证所披露信息的准确性和及时性，农村信用社在进行公司治理改革时应遵循以下原则：①农村信用社在披露财务信息的过程中，应该有称职、独立的审计师负责农村信用社的年度审计工作，披露一份合格、属实的财务报告；②外部审计师对农村信用社负有职业审慎的责任，对农村信用社的全体股东负有不损害其权益的责任；③农村信用社要建立良好的信息传播渠道，使得农村信用社内部的组织和外部的客户都能够平等、及时和低成本地获取有关信息。

### 三、策略制定的思路

农村信用社历经多次改革后，已不具有传统的"合作"性质，其改革方向主要是股份合作制和股份制。股份合作制是一种过渡性质的产权模式，很难长期有效地存在，因此股份制改革（即将农村信用社逐步改制成农村商业银行）已经成为农村信用社改革的方向。

股份制改革就是要尊重股份制原则、尊重农村信用社股东权利，即通过完善的公司治理来保护股东利益。从内部治理角度来看，合理的内部治理保证农村信用社投资者（股东）的投资回报、治理主体关系的协调和自身抗风险能力的提高，而这些都是农村信用社金融服务能力提升的前期保障；从外部治理角度来看，外部"收购"威胁、管理人才市场、破产威胁、完善的产品市场等又通过激励机制、监督机制和竞争机制等从不同侧面促使内部治理完善、市场竞争度提高等，从而提升了农村信用社的金融服务能力。

因此本书认为：第一，在股份制前提下完善农村信用社公司治理，就是要不断优化股权结构、完善董监事会制度、制定有效的高管激励机制、建立健全外部治理；第二，提升农村信用社金融服务能力不能一味强调服务范围的扩大，而必须是在保障农村信用社自身可持续发展的基础上，为适应农村经济体多元化金融服务需求的新变化，不断扩大农村金融服务包容度、提升农村金融服务质量，如图7-1所示。

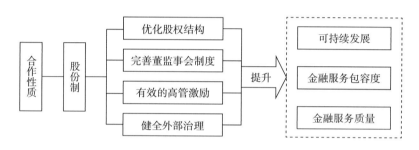

**图7-1 策略优化总体思路**

目前，各省农村信用社都在积极探索通过公司治理改革来提升农村信用社的金融服务能力，已建成运营的农村商业银行不计其数，但仍然存在股权结构设置不合理、董监事会职能发挥不充分、高管持股比例不合理、外部治理缺乏健全市场机制等问题，这些问题或多或少都会制约农村信用社金融服务能力的进一步提升。因此，本章结合前文实证分析的结果，采用全国已改制完成的农村商业银行的数据，分析公司治理对改制完成的农村商业银行金融服务能力的影响，进一步揭示股权结构、董监事会、高管持股、外部治理对农村信用社金融服务能力影响的路径，为农村信用社深化改革、提升金融服务能力提供策略依据。

## 第二节 优化股权结构，提升服务"三农"动力的策略

股权结构是公司治理的基础和核心，前文的研究发现，目前我国农村信用社

的股权集中度偏低，不利于农村信用社金融服务能力的提升。本节结合前文农村信用社股权结构的现状与实证结果，从公司治理改革要解决的问题出发，深入探讨股权集中度、股权制衡度和股权性质对农村商业银行金融服务能力产生影响的机理，进而为农村信用社金融服务能力的提升提出有针对性的策略。

## 一、策略要解决的问题

### （一）农村信用社股权结构设置不合理

#### 1. 改制前后农村信用社股权集中度差异较大

改制前农村信用社*的股权相对分散，主要以自然人为主，前十大股东持股比例均值仅为27%，远远低于我国商业银行平均水平的50%。这会使得小股东在农村信用社*基本不具有话语权，习惯于"搭便车"，不会积极为自身争取利益。因此，农村信用社*的经营决策就会受到内部人的影响，可能会产生不利于农村信用社*金融服务能力提升的情况。对于改制后的农村商业银行，主要以法人股为主，前五大股东持股比例的均值为34%，与股份制改革之前的19.5%相比，股权较为集中，但与我国商业银行50%以上的平均持股水平仍存在差距。如果前五大股东中出现强股东控制权，可能会导致内部的大股东以牺牲中小股东的利益为代价来获取更多的私人利益，忽略农村信用社的经营目标，不利于其未来的发展。由此可知，相较于商业银行而言，农村信用社是否存在一个最优的股权集中度数值，进而促进农村信用社金融服务能力的发挥，下文将进一步探讨和验证。

#### 2. 改制前后农村信用社股权制衡效果没有明显改善

改制前的农村信用社*，第二大～第五大股东对第一大股东制衡能力的均值为2.86；改制后的农村商业银行，第二大～第五大股东对第一大股东的制衡度均值为2.88。可以看出，改制前后农村信用社的股权制衡度差别不大，没有明显改善。根据相关学者的研究，普遍认为，第二大～第五大股东持股比例之和与第一大股东持股比例的比值越接近于0，表明股权制衡度越低；该比值越接近于4，表明股权制衡度越高。因此不难看出，我国农村信用社第二大～第五大股东对第一大股东的制衡效果相对较好。但是，这种制衡效果究竟是否对农村信用社的经营发展产生积极的影响尚不能得知，也需要在下文进一步探讨和验证。

#### 3. 第一大股东为国有股性质的农村商业银行发展状况相对较差

根据改制后农村商业银行的调研数据可知，在股权性质方面，平均而言，有将近40%的农村商业银行第一大股东性质为国有企业或者地方政府，而且其经营绩效明显低于第一大股东性质为非国有股的农村商业银行的经营绩效。通过分析发现，在改制过程中，这部分农村商业银行的国有股权名义上是国家持股，实际上却产权不清。这种现实情况会限制政府和银监会对农村信用社监管作用的发挥，将会出现内部人控制问题，导致农村信用社在信贷资源配置的过程中无法坚持市场化原则，不利于其金融服务能力的提升。

（二）股权结构设置不合理问题对农村商业银行金融服务能力提升的影响

由前文分析可知，改制前后农村信用社股权结构存在设置不合理的问题，在一定程度上可能会影响其金融服务能力的发挥。因此，下文从股权集中度、股权制衡度和股权性质三个方面深入分析其对改制完成的农村商业银行金融服务能力的内在影响过程，从而发现提升策略的重点。

1. 股权结构对农村商业银行金融服务能力的影响

（1）股权集中度的影响。与其他国家相比，我国农村商业银行有着特殊的制度背景。其一，目前我国中小股东受到侵害的情况时有发生，但保护自身利益的措施却十分有限；其二，对于改制后的农村商业银行，监管部门对股东有一定的要求，同时对其并购也有严格的限制，可以看出，农村商业银行的大股东和高级管理层目前面临的控制权转移威胁是较小的；其三，农村商业银行的大股东和小股东、股东和高级管理层之间存在着严重的信息不对称现象，导致大股东"掏空"行为的隐性成本比较低，那么就很难对大股东产生制约。上述情况导致大股东会以牺牲中小股东的利益为代价来获取更多的私人利益，偏离农村商业银行的发展定位，不利于金融服务能力的发挥。因此，本书认为，农村商业银行股权集中度与其服务能力符合大股东"掏空"假说。基于此，提出假设H1：

H1：股权集中度与农村商业银行金融服务能力呈负相关关系。

（2）股权制衡度的影响。在农村信用社改制过程中，改制完成的农村商业银行积极引入战略机构投资的目的，就是要在各个股东之间建立起一套相互制衡的机制，股权相互制衡能有效地约束大股东经营管理中的"掏空"行为，进而提升农村商业银行的金融服务能力。改制后的农村商业银行，有部分企业股东和农村商业银行长期保持着客户关系。若大股东和这些企业关系密切，那么大股东会由于自身利益的关系而迫使银行的贷款流向他们所需的融资平台，形成关联贷款，影响农村商业银行的贷款质量和经营绩效。大股东在经营管理过程中存在"掏空"行为时，此时，其他股东如果能够有效制衡控股大股东，那么就能有效避免其机会主义行为，进而提升农村商业银行的金融服务能力。因此，本书提出假设H2：

H2：农村商业银行股权制衡度越高，越有利于提升其金融服务能力。

（3）股权性质的影响。改制完成的农村商业银行作为地方性金融机构，也承担着地方的支农支小责任，政府在支持农村商业银行承担这种责任中起着很大的作用，因此，政府与农村商业银行紧密相连。在农村信用社股份制改革的过程中，中央和地方政府处于一种相互博弈、均衡利弊的复杂状态（张杰、高晓红，2006）。随着农村商业银行发展的不断加速，其规模不断扩大，股东与农村商业银行的利益关系不断趋于复杂化。在农村信用社改制过程中，政府或国有企业持有其股份，更多出于政治目的，使用行政职权服务于其政绩，或者为自身谋利益。这样一来，就会使得农村商业银行出现产权不清晰的问题，第一大股东性质为国有股的存在可能会导致官僚主义、干预农村商业银行的经营管理，从而降低其金融服务能力。因此，本书提出假设 H3：

H3：第一大股东性质为国有股的农村商业银行，其金融服务能力较差。

2. 股权结构对农村商业银行金融服务能力影响的实证分析

（1）样本选择及数据来源。基于数据的可得性，在信息披露健全的 56 家农村商业银行中剔除年报中股权结构信息不全的样本，在此选择 2011～2014 年全国范围内的 46 家农村商业银行作为研究对象。股权结构和金融服务能力数据等，均通过手工方式从农村商业银行官方网站披露的年报中收集整理。

（2）变量选取。农村商业银行的金融服务能力就是要在保障自身可持续发展的基础上，不断扩大农村金融服务包容度，最终实现普惠金融的目标。因此，本书用总资产收益率（ROA）、不良贷款率（NPL）和分支机构数量（N_ branches）来衡量农村商业银行的金融服务能力。

*ES* 变量代表相应的股权结构变量。主要包括：①股权集中度（TOP5）：前五大股东持股比例之和，该数值越大，即股权集中度越高；②股权制衡度（Z）：第二大～第五大股东比例之和/第一大股东持股比例，该数值越大，其股权制衡度越高；③股权性质（DG）：第一大股东性质是否为国有股，采用虚拟变量，若为国有企业或地方政府，则取值为 1，否则取值为 0。

*CONTROL* 变量代表相应的控制变量。已有的文献研究表明，资产规模（Size）、董事会规模（BS）、独立董事比率（Indratio）和地区经济发展水平（GDP）是影响银行金融服务能力的重要因素，因此本书将上述因素作为控制变量。各变量定义如表 7 - 1 所示。

表 7 - 1　变量定义与测量

| 变量类型 | 变量名称 | 变量符号 | 变量定义 |
| --- | --- | --- | --- |
| 被解释变量 | 总资产收益率 | ROA | 净利润/平均资产总额 |
| | 不良贷款率 | NPL | 不良贷款/贷款总额 |
| | 分支机构数 | N_ branches | 各农村商业银行分支机构数量 |

| 变量类型 | 变量名称 | 变量符号 | 变量定义 |
|---|---|---|---|
| 解释变量 | 股权集中度 | TOP5 | 前五大股东持股比例之和 |
| | 股权集中度平方项 | TOP5^2 | 前五大股东持股比例之和的平方 |
| | 股权制衡度 | Z | 第二大至第五大股东比例之和/第一大股东持股比例 |
| | 股权性质 | DG | 第一大股东性质是否为国有股，若是则取值为1，否则取值为0 |
| 控制变量 | 经济发展水平 | lnGDP | 当地国民生产总值的对数 |
| | 资产规模 | Lnsize | 农村信用社总资产的对数 |
| | 董事会规模 | BS | 董事会人数 |
| | 独立董事占比 | Indratio | 独立董事/董事会人数 |

（3）模型设计。本书设立相应的模型如下：

$$SC = \alpha_0 + \beta_1 ES + \beta_i CONTROL_{it} + \varepsilon_t$$

在上述模型中，$SC$ 表示农村商业银行的金融服务能力，用总资产收益率（ROA）、不良贷款率（NPL）和农村商业银行分支机构数量（N_ branches）来衡量；$ES$ 表示农村商业银行的股权结构，用股权集中度（TOP5）、股权制衡度（Z）和股权性质（DG）来衡量；$CONTROL$ 表示控制变量，用资产规模（Size）、董事会规模（BS）、独立董事比率（Indratio）和地区经济发展水平（GDP）来衡量。

（4）实证检验及结果分析。

1）变量的描述性统计分析。

表7-2　样本农村商业银行各变量描述

| | | N | Mean | STD | Min | Max |
|---|---|---|---|---|---|---|
| 被解释变量 | ROA（％） | 184 | 1. 353457578 | 0. 45405082 | 0. 38 | 4. 844450797 |
| | NPL（％） | 184 | 1. 715543478 | 1. 224148723 | 0. 04 | 11. 15 |
| | N_ branches | 184 | 162. 4673913 | 271. 8587169 | 24 | 1772 |
| 解释变量 | TOP5（％） | 184 | 33. 56715217 | 14. 22348735 | 5. 15 | 84. 06 |
| | TOP5^2（％） | 184 | 0. 1329061 | 0. 123449864 | 0. 00265225 | 0. 70660836 |
| | Z | 184 | 2. 881317 | 1. 794043 | 0. 1628739 | 15. 53579 |
| | DG | 184 | 0. 3695652 | 0. 484004 | 0 | 1 |

续表

|  |  | N | Mean | STD | Min | Max |
|---|---|---|---|---|---|---|
| 控制变量 | lnGDP | 184 | 7.857203846 | 1.041001859 | 5.73431168 | 10.06763221 |
|  | Lnsize | 184 | 5.98879 | 1.190282479 | 3.421517522 | 8.730511028 |
|  | BS | 184 | 12.66847826 | 2.232147988 | 8 | 18 |
|  | Indratio（%） | 184 | 21.73461306 | 9.197604185 | 7.692307692 | 66.66666667 |

从被解释变量来看，ROA（总资产收益率）反映农村商业银行总资产的运营能力，该值越大，说明农村商业银行的财务绩效越好。由表7-2可知，ROA的最大值和最小值分别为4.8445%和0.38%，平均值约为1.3535%。可以看出，改制后农村商业银行的财务绩效明显提高。NPL（不良贷款率）的平均值为1.7155%，与同期的银行业金融机构不良贷款率水平相当（2014年为1.6%）。但从最大值和最小值来看，有些农村商业银行的不良贷款率达到11.15%，远远高于同期水平，说明这部分农村商业银行的不良贷款较多，面临一定的经营风险。N_ branches（分支机构数量）用于衡量农村商业银行的服务范围，由表7-2可知，最大值和最小值分别为1772和24，平均值为162，标准差为271.8587，体现出不同农村商业银行的服务范围存在较大差异。

从解释变量来看，股权集中度反映股权掌握在少数控股人手上的程度，用前五大股东持股比例来表示。TOP5的最大值和最小值分别为84.06%和5.15%，平均值为33.57%，标准差为14.2235，说明不同农村商业银行的股权结构存在一定的差异。股权制衡度反映了大股东之间相互制衡和约束的程度，用第二大股东到第五大股东持股比例之和与第一大股东持股比例的比值来衡量。由表7-2可知，Z的最大值和最小值分别为15.54和0.1629，平均值为2.8813，可以看出，第二大股东到第五大股东对第一大股东的制衡程度较为理想。

2）股权结构对农村商业银行金融服务能力影响的实证分析。依据计量经济学中的"由大到小"的建模思路，以稳健标准误为依据，分别对ROA、NPL和N_ branches进行回归分析。整个回归过程中首先用所有解释变量和控制变量对被解释变量进行回归，然后逐步剔除统计上不显著的变量和经济上不显著的变量进行回归，最终得到回归结果如表7-3、表7-4和表7-5所示，具体的分析及结论如下：

表7-3 ROA回归分析结果

|  | ROA（1） | ROA（2） | ROA（3） |
|---|---|---|---|
| TOP5 | -1.378369<br>（-5.89）*** | -1.263183<br>（-5.94）*** |  |

续表

| | ROA（1） | ROA（2） | ROA（3） |
|---|---|---|---|
| TOP5（2） | - 0. 0123676<br>（- 0. 67） | | - 138. 2991<br>（- 5. 22）*** |
| Z | - 0. 1687483<br>（- 2. 61） | | |
| DG | - 0. 1694025<br>（- 2. 62）** | - 0. 1572916<br>（- 2. 50）** | - 0. 1733843<br>（- 2. 64）** |
| Lnsize | - 0. 1103298<br>（- 2. 65）** | - 0. 0626158<br>（- 2. 45）** | - 0. 0888372<br>（- 2. 12）** |
| BS | 0. 019267<br>（1. 09） | | |
| Indratio | 0. 0021302<br>（0. 56） | | |
| lnGDP | 0. 0344081<br>（0. 91） | | |
| _ cons | 2. 01233<br>（6. 98）*** | 2. 21028<br>（12. 51）*** | 1. 772822<br>（6. 18）*** |
| R - squared | 0. 2226 | 0. 2117 | 0. 1944 |
| F | 7. 20 | 16. 10 | 6. 07 |
| P - value | 0. 0000 | 0. 0000 | 0. 0000 |
| Observations | 184 | 184 | 184 |

注：*表示在10%水平下显著；**表示在5%水平下显著；***表示在1%水平下显著。

表 7 - 4  NPL 回归分析结果

| | NPL（1） | NPL（2） | NPL（3） |
|---|---|---|---|
| TOP5 | 1. 869725<br>（2. 85）** | 1. 806731<br>（2. 77）** | |
| TOP5（2） | | | 137. 8966<br>（1. 87）* |
| Z | 0. 1132183<br>（2. 19）** | 0. 1125507<br>（2. 23）** | 0. 091927<br>（1. 78）* |

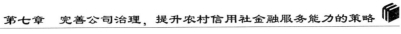

续表

| | NPL（1） | NPL（2） | NPL（3） |
|---|---|---|---|
| DG | 0. 1730729<br>（0. 96） | | |
| Lnsize | 0. 2728989<br>（2. 34）** | 0. 3416151<br>（3. 87）*** | 0. 3133393<br>（2. 68）** |
| BS | − 0. 0348911<br>（− 0. 70） | | − 0. 0319267<br>（− 0. 64） |
| Indratio | − 0. 0080641<br>（− 0. 76） | | − 0. 0069132<br>（− 0. 64） |
| lnGDP | 0. 2632375<br>（2. 47）** | 0. 2824539<br>（2. 80）** | 0. 3012001<br>（2. 83）** |
| _ cons | 0. 8812595 | 0. 6115333 | 1. 26752 |
| R − squared | 0. 1605 | 0. 1515 | 0. 1388 |
| F | 4. 81 | 7. 99 | 4. 05 |
| P − value | 0. 0001 | 0. 0000 | 0. 0004 |
| Observations | 184 | 184 | 184 |

注：* 表示在 10% 水平下显著；** 表示在 5% 水平下显著；*** 表示在 1% 水平下显著。

表 7 − 5　N_ branches 回归分析结果

| | N_ branches（1） | N_ branches（2） | N_ branches（3） |
|---|---|---|---|
| TOP5 | − 26. 07886<br>（− 0. 21） | | |
| TOP5（2） | | | − 8420. 108<br>（− 0. 61） |
| Z | 16. 35962<br>（1. 68）* | 16. 4586<br>（1. 83）* | 15. 31081<br>（1. 60） |
| DG | 64. 64639<br>（1. 89）* | 71. 36918<br>（2. 12）** | 64. 11158<br>（1. 88）* |
| Lnsize | 135. 2064<br>（6. 13）*** | 153. 7228<br>（9. 01）*** | 134. 2952<br>（6. 18）*** |
| BS | − 16. 1637<br>（− 1. 73）* | − 19. 32794<br>（− 2. 14）** | − 16. 00006<br>（− 1. 71）* |

续表

| | N_ branches（1） | N_ branches（2） | N_ branches（3） |
|---|---|---|---|
| Indratio | 0.6622751 | | 0.6852354 |
| | （0.33） | | （0.34） |
| lnGDP | 25.59975 | 27.60439 | 26.35186 |
| | （2.35）** | （2.65）** | （2.33）** |
| _ cons | −720.3022 | −587.0885 | −717.6674 |
| | （−4.72）*** | （−5.78）*** | （−4.82）*** |
| R − squared | 0.3932 | 0.3867 | 0.3943 |
| F | 16.29 | 28.21 | 16.37 |
| P − value | 0.0000 | 0.0000 | 0.0000 |
| Observations | 184 | 184 | 184 |

注：*表示在10%水平下显著；**表示在5%水平下显著；***表示在1%水平下显著。

股权集中度对金融服务能力的影响。根据表7－3中模型1和模型2的结果显示，农村商业银行前五大股东持股比例与ROA负相关。在引入了前五大股东持股比例的平方项之后，其回归系数显著负相关，说明农村商业银行前五大股东持股比例与ROA呈倒"U"型关系，即前五大股东持股比例应该存在一个最优值，低于或者高于这一最优值，都将会产生不同的委托代理问题。也就是说，随着前五大股东持股比例的增加，ROA将不断增加，达到最大值之后，随着前五大股东持股比例的继续增加，ROA会逐渐降低。因此不难发现，目前农村商业银行前五大股东持股比例处于倒"U"型的下降阶段，股权集中度高于最优值，显然不利于农村商业银行金融服务能力的发挥；表7－4中模型1和模型2的结果显示，农村商业银行前五大股东持股比例与不良贷款率在5%的显著性水平下呈正相关关系。再用前五大股东持股比例的平方项替代前五大股东持股比例后发现，平方项的回归系数显著正相关，说明农村商业银行前五大股东持股比例与不良贷款率呈"U"型关系，这与前面ROA的实证结果是一致的。目前农村商业银行前五大股东持股比例过高，导致农村商业银行不良贷款率不断上升；表7－5中模型1和模型2的结果显示，农村商业银行前五大股东持股比例与其分支机构数不相关，在引入了前五大股东持股比例的平方项之后，其结果也不相关。

股权制衡度对金融服务能力的影响。表7－3、表7－4和表7－5的实证结果显示，农村商业银行股权制衡度与ROA不相关，与不良贷款率和分支机构数呈正相关关系。这与预期是相反的，我们结合股权集中度的结果来推测，当前五大股东持股比例不断增加，农村商业银行各个股东的持股比例会有较大差别，大股东和小股东之间难以形成有效的制衡局面，那么农村商业银行的信贷决议就会受到大股东的干预，大股东与内部管理人勾结，产生关联贷款，从而在一定程度上增加了银行的不良贷款率。

股权性质对金融服务能力的影响。表7-3、表7-4和表7-5的结果显示，农村商业银行股权性质对ROA有负向影响，对分支机构数量有正向影响，对不良贷款率不产生影响。即第一大股东性质为国有股的农村商业银行，其金融服务能力要低于第一大股东性质为非国有股的农村商业银行的金融服务能力。这说明国有股东的控股能力越强，其产生的"掏空"动机就会越强，这不利于农村商业银行服务能力的发挥。

农村商业银行资产规模对金融服务能力的影响。表7-3、表7-4和表7-5的结果显示，农村商业银行的资产规模与ROA呈负相关关系，与不良贷款率和分支机构数量呈正相关关系。结合第六章的实证结果，较大规模的农村商业银行可能产生较高的运营成本，导致日常运营效率低下，不良贷款率升高，降低了经营绩效。

董事会规模对金融服务能力的影响。表7-3、表7-4和表7-5的结果显示，农村商业银行的董事会规模对ROA和不良贷款率不产生影响，对分支机构数量产生负向影响。根据数据显示，从总体上来看，改制后的农村商业银行的董事会规模要大于农村信用社，这说明董事会规模越大，反而减弱了农村商业银行的服务范围，我们推测董事人数越多，各董事之间的利益不相一致，加大了矛盾冲突，导致各董事为了自身利益的发展而忽略农村商业银行服务"三农"的发展定位，从而不能很好地扩大自身的服务包容性。

独立董事比率对金融服务能力的影响。表7-3、表7-4和表7-5的结果显示，独立董事比率对金融服务能力各项指标均不产生影响，说明在农村商业银行公司治理过程中，独立董事的作用不明显。

地区经济发展水平对金融服务能力的影响。表7-3、表7-4和表7-5的结果显示，地区经济发展水平与ROA之间无相关关系，与不良贷款率呈正相关关系，与分支机构数量之间呈显著的正相关关系。一般来说，经济的发展会促进金融的繁荣，因而不良贷款率应该下降。造成上述结果的原因可能是农村商业涉农贷款风险大，农村商业银行自身风险管理能力有限，也有可能是因为"内部人"控制问题所导致的人情贷款，造成不良贷款率反而上升。

分支机构数量的影响。根据上述（2）（3）的结果，本课题组推测，分支机构数量的增加并不是由农村商业银行自身决定的，而是目前的形式所趋。股份制的农村商业银行被确定为农村信用社产权改革的最终组织形式，因此各地正积极有序地组建农村商业银行，促使农村商业银行的数量逐年增加。

## 二、策略重点

前文首先定性分析了改制前后农村信用社股权结构中存在的问题，之后深入研究了股权集中度、股权制衡度和股权性质对农村商业银行的影响。现针对研究结果，提出完善股权结构的策略重点，主要包括以下三个方面：

（一）把握最优股权集中度

相对集中的股权结构不仅能保证各个股东拥有足够的表达空间，而且在利益层面，众多股东的目标都是追求利益最大化，因此股权相对集中在一定程度上有助于解决大股东与小股东之间的矛盾，削弱大股东"掏空"的行为动机。上述结果能够看出，目前未进行改制的农村信用社*的股权集中度偏低，改制后的农村商业银行的股权集中度偏高，总体上处于倒"U"型关系的两端，未达到最优值，即较高或较低的股权集中度都阻碍了农村信用社金融服务能力的提升。因此，应该把握最优的股权集中度，构建相对集中的股权结构。

（二）构建合理的股权制衡局面

农村信用社各股东之间制衡机制的完善，会减少各股东之间的违规行为和寻租行为，降低治理成本，有助于提升其金融服务能力。目前农村信用社的股权制衡度偏高，使得各个股东之间的利益诉求不相一致，这会产生利益冲突，控制能力高的大股东往往会产生关联贷款，增加了银行贷款的风险，进而导致产生较高的不良贷款率，降低其金融服务能力。因此，应该在保证最优股权集中度的同时，构建合理的股权制衡局面。

（三）解决大股东"掏空"问题

在农村信用社的股权中，如果存在较多国有股成分，就会降低经营管理行为的效率。对于农村信用社和整个金融业乃至农村整体经济的发展而言，国有股的行政干预会给其带来各种弊病。根据上述结果，目前农村商业银行的大股东存在"掏空"动机，第一大股东股权性质为国有股的农村商业银行经营绩效更差。因此，要避免并解决第一大股东性质为国有股的大股东"掏空"问题，建立股权主体多元化的股权结构。

## 三、提升策略

（一）适当提高或降低股权集中度，构建相对集中的股权结构

相对集中的股权结构是现代经济中比较科学、合理且高效的股权结构形式。一方面，相对集中的股权结构有利于农村信用社形成内部约束制度，提升其资源配置效率；另一方面，相对集中的股权结构有利于各个股东之间形成相互制衡的合理局面，激发各个股东行使自身权力去管理农村信用社，促使高级管理层正

确、合理地行使代理权，从而做出有利于农村信用社长远发展的决策，提高其金融服务能力。

根据前文实证结果显示，改制前后农村信用社的股权集中度（前五大股东持股比例）与其金融服务能力呈倒"U"型关系，即改制前农村信用社*处于倒"U"型的升函数阶段，改制后农村商业银行处于倒"U"型的下降阶段，并未达到最优值；同时，目前农村信用社的股权制衡度偏高，影响了其金融服务能力的发挥。因此，农村信用社要保证股东之间形成相互制衡的合理局面，就必须要构建相对集中的股权结构，进而提升农村信用社的金融服务能力。下文主要从两个方面提出相应的策略。

1. 适当提高或降低股权集中度

（1）对于改制前股权相对分散的农村信用社而言，应该提高其股权集中度。即适度增加第一大股东的持股比例，强化第一大股东的优势地位，合理分散前五大股东的持股比例，进而降低前几大股东之间的股权制衡度。

（2）对于改制后的农村商业银行而言，应该降低其股权集中度。一方面，在保持第一大股东相对控股地位的基础上，可以通过适当减持大股东股份来实现，即可以引导大股东将自己所持有的部分股份转让给一些持股比例较低的小股东，以形成代表不同利益群体的多个大股东并存的制衡型股权结构；另一方面，可以通过吸纳新股东以稀释大股东的股权来实现。

2. 引入一定比例的境外战略投资者

对农村信用社而言，引入境外战略投资者，一方面，可以将其先进的技术和产品转移给农村信用社，提升农村信用社的创新能力和竞争力；另一方面，也能够协助改善农村信用社的公司治理状况，有利于其分散风险，这是提升农村信用社金融服务能力的重要途径。

从现实情况来看，目前我国对外资持股比例还有一定限制，个别上市的农村商业银行在发展过程中引入了境外战略投资者，取得了良好的发展态势。但是就目前发展的情况来看，境外战略投资者真正的作用还未发挥，仅仅停留在人员培训与交流、合作发行银行卡及董事选派等较低层次，涉及技术转移、产品研发等核心层面的作用并没有发挥出来。也就是说，引入境外战略投资者并未实现我们的预期目标——"引资"带动"引智"和"引技"。

因此，在引入境外战略投资者时，农村信用社应选择相匹配的合作者，把握好其持股比例，结合自身实际情况做到规范引进。具体步骤包括：第一，考察境外战略投资者有没有引进的必要性，是否与农村信用社具有明显的互补性，同时还要看其战略规划是否符合农村信用社的整体发展战略。只有满足了这些条件，引入之后才能充分利用境外战略投资者的特色和互补性来推动农村信用社的进步和发展。第二，一旦决定要引入境外战略投资者，就要详细制定引入境外战略投资者的整体方案，在明确农村信用社自身的战略目标和要求后，把握好引入的时间和节奏，进一步使信息披露透明化和系统化。第三，在引入境外战略投资者后，要尽快将境外战略投资者的特色和优势转化为农村信用社的核心竞争力，尤其需要考虑农村信用社服务"三农"的特殊性。对外来的管理经验和先进技术进行本土化和流程再造，因地制宜，真正做到为我所用。第四，为了确保充分发挥境外战略投资者的作用，农村信用社要建立一套合理的激励机制，一方面为境外战略投资者的长远发展提供平台和机会，另一方面也要为其提供动力，更要给其压力，真正实现"引智"的目的。

（二）引入更多的民营股，减少第一大股东性质为国有股的比例

实证结果显示，第一大股东性质为国有股的农村商业银行，其金融服务能力要低于第一大股东性质为非国有股的农村商业银行的金融服务能力。这说明国有股东的控股能力越强，会导致其产生越强的"掏空"动机，不利于农村信用社金融服务能力的发挥。我们应该减少第一大股东性质为国有股的比例，引入更多的民营股，防止第一大国有股东的"掏空"行为阻碍金融服务能力的提升。具体从以下几个方面着手：

1. 减持第一大股东性质为国有股的比例

综观改制后农村商业银行当下的产权归属情况，部分农村商业银行的国有股比重依然处于较高状态。国家和地方政府要实现的目标是多元化的，一方面，它作为农村信用社的控股股东，要实现股东利益最大化；另一方面，它作为宏观经济的引导者，要实现其自身的政治目标和经济目标。从我国的国情看，官员考核的一个重要标准是 GDP 的增长率。那么，为了实现自己的政治目标，地方官员就借力农村信用社的资金支持，去大力发展县域企业，加强地方基础设施建设，在短期内提升地方经济 GDP。如此一来，如果地方政府对农村信用社存有"掏空"动机，那么必然不利于农村信用社金融服务能力的提升。

因此，农村信用社要降低第一大股东性质为国有股的比例，也就是说，农村信用社要减少国家财政部门、国资委、地方政府和国有企业这些股东的持股比例。尤其要注意国家财政部门和地方财政部门的持股问题，因为这类国有股的负面影响较大。国家财政部门和很多地方财政部门是纯粹的行政部门，其政治性特征非常明显，与其他市场化投资主体有明显差别，这就决定了国家财政部门和地方财政部门持有农村信用社股份会产生诸多低效且不合理的后果。因此，要减持农村信用社第一大股东性质为国有股的比重。

2. 引入更多的民营资本

农村信用社可以广泛吸纳多元化的市场主体，进而合理优化其股东构成。因

此，农村信用社需要吸纳更多的民营资本。一方面，农村信用社要积极广泛地吸纳当地优秀的民营资本参股，合理放宽对民营资本参股的门槛限制，赋予农村信用社更多的成长活力；另一方面，农村信用社在吸纳民营资本时需要持有一种谨慎的态度，尤其要仔细甄别其参股的动机和参股的实力，避免出现农村信用社经营行为的异化问题。

3. 优化国家股东行为模式

前文显示，农村信用社要减持第一大股东性质为国有股的比例，与此同时，更要优化国家股东的行为模式。第一，转变政府职能和管理理念。从上文结果可知，我国部分农村信用社国有股成分较多，存在政府干预现象。因此，要减少行政性干预，彻底解除行政性负担，使农村信用社的股份制改革从"形似"转为"神似"，逐步实现真正意义上的政企分开，为完善农村信用社的股份制改革创造良好的外部条件。第二，在农村信用社内部建立现代产权制度，明确各产权主体的权利和义务，在农村信用社内部形成相互制衡的治理机制。第三，农村信用社的国家股东可以借力董事会的职能，真正对高级管理人员实施监督，发挥其大股东的作用。

（三）增加股权的稳定性和多样性，建立股权流通平台

从前文的分析中可知，目前我国农村信用社的外部资本市场是缺乏效率的。这主要表现在两个方面：一方面，农村信用社由于自身管理水平及股权定价能力有限，导致股票的发行和定价具有行政色彩，无法向股东真实地反映其经营发展状况；另一方面，农村信用社股东持有的投资股可以转让、继承和赠予，但由于缺乏正规的股权流通平台，致使大部分股东通过私下交易的方式来进行股权的流通转让。以上两个问题的存在给农村信用社股权的规范管理和法人治理机制的有效发挥带来了巨大的挑战，最终影响了其金融服务能力的提升。因此，要增加股权的稳定性和多样性，建立相应的股权流通平台，进而提升农村信用社的金融服务能力。

1. 增加股权稳定性和多样性

股权具有稳定性和多样性的特点，是农村信用社完善股权流通机制的首要前提。但目前农村信用社存在股权不稳定的现象，主要表现在：持有资格股的股东在持股期满后（一般为三年），面临农村信用社的经营状况出现问题或者有更好的投资机会时会选择直接退股，使得农村信用社出现大面积股东退股的现象。而且一部分为获取农村信用社短期贷款而入股的客户基本不关心农村信用社的经营发展情况，更谈不上参与监督管理。以上现象的存在严重影响着农村信用社对股权的管理效率。

因而，在全面构建农村普惠金融体系的大背景下，为了增加农村信用社股权

的稳定性和多样性，一方面，农村信用社必须在股权改革优化的过程中增加投资主体的多样化，积极吸引县域内有经济实力、有管理能力的农业产业化龙头企业、农村种养大户及私营企业主等入股，适当扩大法人股的比例，最终逐步建立起有多元投资主体的资本补充机制；另一方面，通过清资扩股行为，农村信用社要解决因股权不稳定且缺乏多样性的现状给股权流通带来的障碍，增加股权投资的吸引力，为股权流通机制的构建奠定基础。

2. 建立股权流通平台

按照《公司法》规定，我国农村金融机构的股东可以进行股权转让，但由于普遍缺乏规范的股权流通平台，大多数农村信用社的股东通过私下交易的方式进行转让。农村信用社股权流通平台的缺失，一方面使得进行股权转让的股东由于无法按照股权真实价格进行转让而有可能利益受损，另一方面为农村信用社股权的监管问题带来难度。

股权流通平台的建立不仅需要农村信用社自身的努力，更需要政府和省联社的支持和协助，具体包括两个方面：①股权流通平台的建立需要政府等管理部门在参照上市公司股权流通平台的基础上，尽快建立适合农村信用社股权转让的平台，并明确相关的管理和操作办法，使农村信用社的投资者在进行股权转让时有据可依、有章可循；②股权流通平台的建立需要各级地方政府、省联社与农村信用社一起，利用社会各界力量尽快建立股权流通、再配置机制与高效的流通市场，进一步提高农村信用社股权的流通性。通过股权流通平台的建立与完善，农村信用社可以有效引进战略投资者或具有实力的大股东，促进股本的适当集中，改变农村信用社股权设置过于分散、"内部人控制"现象严重的局面，进而使农村信用社金融服务能力能够有效发挥。

## 第三节　优化董、监事会，提升服务"三农"决策监督有效性的策略

我国农村信用社存在董事会运行效率低、监事会功能虚置等现象，这在一定程度上对农村信用社金融服务能力的发挥产生了不利影响。在此背景下，本节结合前文研究所得的结论，从策略要解决的问题出发，提出优化农村信用社董、监事会的策略重点和具体的策略内容，从而提升农村信用社服务"三农"决策监督机制的有效性，并最终提升农村信用社的金融服务能力。

### 一、策略要解决的问题

**（一）农村信用社董、监事会存在职能发挥不充分的问题**

当前，我国农村信用社普遍存在董、监事会职能发挥不充分的问题，具体表现如下：

（1）从董、监事会的现状看，虽然农村信用社董、监事会的规模及会议次数等设置大多符合《公司法》的规定，但从实际的运行效果看，董、监事会却没有充分发挥其应有的决策监督作用，并最终可能影响到农村信用社金融服务能力的提升。具体表现在以下几个方面：

第一，农村信用社的董、监事会的规模设置虽然基本符合《公司法》的规定，但其所设置的董、监事会规模并不能很好地解决农村信用社目前存在的股东（尤其是农民股东）和经理人信息不对称等问题。

第二，董、监事会会议的召开能够确保各董、监事针对农村信用社的重大事件和紧急事项进行充分的信息交流，保证董、监事会进行真正有利于农村信用社发展的决策与监督。目前，农村信用社虽按时召开董、监事会会议，但存在董、监事会成员委托他人出席会议的现象，降低了召开董、监事会会议的效率。

第三，专门委员会的设立在一定程度上能够提高农村信用社的专业性，进而减少风险事件发生的频率。大部分农村信用社均在董、监事会中下设专门的委员会来对农村信用社的具体事务进行决策和监督，但存在专门委员会职责边界不清等现象，最终导致部分专门委员会不作为或者重复作为的现象。

第四，女性相比于男性心思更加缜密且更加关注容易被忽视的细节，能够与男性产生互补的作用，因而适当增加女性董事或监事将有利于农村信用社金融服务能力的提高。但目前部分农村信用社存在无女性董事、监事的现象。

第五，外部监事的存在能够有力地提高农村信用社监事会的独立性，因为外部监事可以不受农村信用社内部的影响而大胆地发表自己的意见。但当前我国农村信用社的外部监事并没有充分获得独立的地位，有些农村信用社甚至没有外部监事的存在。

（2）从董、监事会对农村信用社金融服务能力的实证分析看，独立董事仅对农村信用社的运营成本产生影响。加入监事会后，独立董事和监事会的双重监管模式对农村信用社财务绩效和运营成本都产生影响且影响更大。这就说明，目前农村信社这种双重监管模式中，独立董事基本处于"花瓶"地位，真正起到监管作用的是监事会。

从以上现状和实证结果的分析中可知，董、监事会对农村信用社负有决策和监督的责任，但由于董、监事会特征设置不合理现象的存在，最终导致在实际运行中存在董、监事会职能发挥不充分的问题。

（二）董、监事会职能发挥不充分对农村商业银行金融服务能力提升的影响

从上文的分析中可知，农村信用社的董、监事会存在职能发挥不充分的问题，这有可能会影响到农村信用社金融服务能力的提升。因此，本节首先从董、监事会的九个特征方面出发，分析董、监事会特征因素对农村商业银行金融服务能力的影响；其次，本节采用全国范围内30家农村商业银行（与上一节样本数量不同的原因是：在此剔除了部分难以获得董、监事会数据的样本）的数据，分析和验证董、监事会特征因素影响农村商业银行的内在机理，并在此基础上提出优化董、监事会的策略重点。

1. 董监事会特征对农村商业银行金融服务能力的影响

（1）董事会特征的影响。在农村商业银行中，董事会是接受股东的委托来代替股东经营管理农村商业银行，其作用于农村商业银行的金融服务能力必须要借助一个中间变量——董事会职能的发挥。而与此同时，有学者指出，"如果没有适当的董事会构成，董事会就不能帮助企业完成目标"，这表明董事会特征是董事会履行其职能的前提与基础。那么将这两者联系起来，董事会的特征先是对董事会职能的发挥产生影响，进一步才会对农村商业银行的金融服务能力产生影响。以董事会规模这一特征为例，在资源依赖理论的框架下，董事会规模越大，表明其越能够为董事会提供丰富的资源，董事会成员之间也越有可能发生思维碰撞，这便于董事会综合考量各方意见，做出更为科学合理的战略决策，于无形中减少了董事会决策失误的机会成本，那么其金融服务能力自然会有所提升。

本书认为，农村商业银行的部分股东为农民群体，其对于经理人的监督意识较为薄弱，这使得股东与经理人之间的信息不对称更为严重，因此农村商业银行需要一个较大规模的董事会来处理其复杂的治理问题。基于此，本书提出假设H1：

H1：董事会规模与农村商业银行金融服务能力正相关。

召开董事会会议是农村商业银行进行决策的最主要方式，只有董事会会议达到一定的频次，确保董事们与经理层之间有充分的信息交流，及时了解各方面的需求，才能使董事会做出真正有利于农村商业银行发展的决策。基于此，本书提出假设H2：

H2：董事会年度会议次数与农村商业银行金融服务能力正相关。

此外，设置专门的委员会，如提名委员会、战略委员会、薪酬与考核委员会、审计委员会等，能够弥补农村商业银行目前董事会的单层结构弊端，而且委员会是根据专业职责而设立的，这也会在一定程度上提高农村商业银行的专业性，进而能够减少风险事件发生的频率，提高农村商业银行的金融服务能力。基

于此，本书提出假设 H3：

H3：董事会专门委员会的个数与农村商业银行金融服务能力正相关。

女性董事相较于男性董事有自身的优势，思维方式的不同使得女性董事更加关注利益被忽视的群体，在处理公共危机、与客户及下属沟通交流等方面都会带来积极的影响。因而，在农村商业银行中设立女性董事并且适当加大女性董事的占比将有利于农村商业银行金融服务能力的提高。基于此，本书提出假设 H4：

H4：女性董事的占比与农村商业银行金融服务能力正相关。

（2）监事会特征的影响。监事会特征对农村商业银行金融服务能力产生影响，是通过履行其专业的监督职能来实现的，但是由于不同监事会特征所依据的理论基础不一致，所以其作用于农村商业银行金融服务能力的具体机理也存在差异。就监事会会议次数而言，会议频次越高，表明监事们不仅按时通过监事会对农村商业银行内的事务进行了审查，而且对具体的监督情况也积极开会讨论。在代理成本理论的视角下，这样有利于降低股东与管理层之间的信息不对称，进而降低代理成本，促进农村商业银行金融服务能力的提升。而对于监事持股比例这一特征来说，让监事持有农村商业银行的股份能够将监事利益与股东利益联系在一起，依据激励约束机制理论，这样的激励措施能够促进监事工作的积极性，从而对农村商业银行的金融服务能力产生正向促进作用。

监事会具有一定的规模是它独立行使监督权的前提条件，而且监事会的监督权是股东赋予的，它是股东利益的代表，其规模越大，越能够代替股东对管理层产生较好的制衡作用。基于此，本书提出假设 H5：

H5：监事会规模与农村商业银行金融服务能力正相关。

监事会会议不同于董事会会议，它不会频繁地召开。如果要召开的话，肯定是对监督结果进行讨论或者是完善监督制度。所以，若是某一监事经常召开监事会会议，则表明其对农村商业银行的经营更上心，能够花费更多的时间来履行监督职责，这对农村商业银行金融服务能力的提高是有益的。基于此，本书提出假设 H6：

H6：监事会年度会议次数与农村商业银行金融服务能力正相关。

监事会设立的目的在于对董事会及高层管理人员进行监督管理，在监事会中下设专门委员会是对监事会发挥作用的一种保障措施，而且专门委员会各司其职，例如：履职尽职监督委员会的主要职责是对董事会、高级管理层及其成员的履职尽职情况进行监督、评价；财务与内部控制监督委员会的主要职责是对财务活动、经营决策、内部控制与风险管理、业务发展情况进行监督。这在一定程度上能够加强监事会的监督力度，从而保障农村商业银行平稳有序的发展。基于此，本书提出假设 H7：

H7：监事会专门委员会的个数与农村商业银行金融服务能力正相关。

女性作为农村商业银行监事会中的监事，将有利于农村商业银行监事会职能的进一步发挥。因为女性相比于男性具有心思缜密等特点，对待财务等方面的监督能够更加谨慎细心；并且监事性别的多元化也有利于监事间的相互协作，进而提高监事会的监督效率。基于此，本书提出假设 H8：

H8：女性监事占比与农村商业银行金融服务能力正相关。

有相关学者曾指出，农村商业银行的监事会大多流于形式，并未起到实质性的监督作用。而外部监事因其存在"外部性"的优势，可以大胆地发表独立意见，能够有效地强化监事会的独立性。即外部监事占比越大，越能够制衡管理层的灰色操纵等行为，降低经营风险，进而提高其金融服务能力。基于此，本书提出假设 H9：

H9：外部监事占比与农村商业银行金融服务能力正相关。

2. 董监事会特征对农村商业银行金融服务能力影响的实证分析

（1）样本选择及数据来源。基于数据的可得性，在信息披露健全的 56 家农村商业银行中剔除年报中董监事会特征信息不全的样本，本节选取 2011～2015 年全国范围内的 30 家农村商业银行作为研究对象。董监事会特征及金融服务能力数据等，均通过手工方式从农村商业银行官方网站披露的年度报告中收集整理，最终获得 150 个有效面板数据。

（2）变量选取。

1）被解释变量指标的选取。本节中的被解释变量是农村商业银行的金融服务能力，但学术界尚未针对农村商业银行建立起一套统一的服务能力评价体系。本节将其定义为可持续性、服务包容性及服务质量的综合，但由于服务质量这一维度难以将其进行量化，因而此处近似采用可持续性和服务包容性来表示金融服务能力。鉴于数据的可得性，其中，农村商业银行的可持续性用其不良贷款率和净资产收益率进行刻画，服务包容性用其分支机构网点数进行刻画。具体的定义如表 7-6 所示：

表 7-6　变量指标的定义

| 变量类型 | 变量符号 | 变量定义 |
| --- | --- | --- |
| 被解释变量 | ROE | 净利润/平均净资产 |
| | NLR | 不良贷款总额/贷款总额 |
| | N_ branches | 农村商业银行的分支机构网点数 |

续表

| 变量类型 | 变量符号 | 变量定义 |
|---|---|---|
| 解释变量 | BS | 董事会总人数 |
| | BS^2 | 董事会总人数的平方 |
| | BC | 每年累计召开的董事会会议次数 |
| | B－COM | 董事会下设专门委员会的个数 |
| | BW | 女性董事占董事会人数的比例 |
| | JS | 监事会人数总和 |
| | JS^2 | 监事会人数总和的平方 |
| | JC | 每年累计召开的监事会会议次数 |
| | B－COM | 监事会下设专门委员会的个数 |
| | BW | 女性监事占监事会人数的比例 |
| | EJ | 外部监事人数总和 |
| 控制变量 | LNGDP | 样本农村商业银行所在地 GDP 的对数 |
| | LNSIZE | 农村商业银行资产规模的对数 |
| | TOP5 | 前五大股东持股比例 |
| | TOP5^2 | 前五大股东持股比例的平方 |

2）解释变量指标的选取。本节综合考量前人的研究成果，在较为全面的董、监事会特征维度之下，基于数据的可得性，最终选取了董事会规模、董事会规模的平方项、董事会年度会议次数、董事会专门委员会个数、女性董事占比，以及监事会规模、监事会规模的平方项、监事会年度会议次数、监事会专门委员会个数、女性监事占比、外部监事人数这 11 个变量作为解释变量。具体的定义如表 7－6 所示。

3）控制变量指标的选取。考虑到农村商业银行所在地的经济发展水平、农村商业银行的资产规模及股权结构会在一定程度上对其金融服务能力产生影响，所以本节的控制变量最终确定为农村商业银行所在地的 GDP、农村商业银行自身的资产规模（SIZE）、股权集中度（TOP5）及股权集中度的平方项（TOP5^2）。具体的定义如表 7－6 所示。

（3）模型设计。对于董、监事会特征与农村商业银行服务能力二者关系的研究，国内外大多数学者都是采用线性模型进行研究。因此，本节也试图建立线性回归方程来进行实证研究。此外，考虑到本节的研究焦点是董、监事会特征对农村商业银行服务能力的影响，将董、监事会特征放在一起研究有其必要性和合理性，所以本节打算只建立一个模型，在解释变量与被解释变量之间构建线性关系，具体的模型设置如下：

$$SC = \alpha_0 + \beta_1 ES + \beta_i CONTROL_{it} + \varepsilon_t$$

在上述模型中，$SC$ 表示农村商业银行的金融服务能力，用净资产收益率（ROE）、不良贷款率（NPL）和分支机构数量（N_ branches）来衡量。$ES$ 变量代表相应的董、监事会特征。$CONTROL$ 变量代表相应的控制变量，用农村商业银行所在地 GDP、农村商业银行资产规模 SIZE 及股权集中度（TOP5）来衡量。

（4）实证检验及结果分析。

1）变量的描述性统计。运用 STATA 12.0 软件对模型中 11 项解释变量、3 项被解释变量以及 4 项控制变量做了描述性统计（见表 7 - 7），以便了解样本农村商业银行的董、监事会特征及金融服务能力概况。

表 7 - 7　变量的描述性统计

| 变量 | | N | Mean | STD | Min | Max |
|---|---|---|---|---|---|---|
| 被解释变量 | ROE（%） | 150 | 14.68556 | 4.869366 | 1.145281 | 44.01546 |
| | NLR（%） | 150 | 1.81793 | 1.437945 | 0.04 | 11.15 |
| | N_ branches | 150 | 286.9867 | 513.3937 | 24 | 2494 |
| 解释变量 | BS | 150 | 13.08667 | 1.969351 | 9 | 19 |
| | BS^2 | 150 | 175.1133 | 51.68757 | 81 | 361 |
| | BC | 150 | 6.86667 | 3.32908 | 2 | 19 |
| | B - COM | 150 | 5.24 | 1.150897 | 3 | 9 |
| | BW（%） | 150 | 41.91507 | 219.549 | 0 | 36.36 |
| | JS | 150 | 7.586667 | 1.424553 | 4 | 9 |
| | JS^2 | 150 | 59.57333 | 20.65126 | 16 | 81 |
| | JC | 150 | 4.47333 | 1.721154 | 1 | 11 |
| | J - COM | 150 | 2.24 | 1.027671 | 1 | 7 |
| 解释变量 | JW（%） | 150 | 18.3058 | 14.76867 | 0 | 60 |
| | EJ | 150 | 2.726667 | 1.51013 | 0 | 7 |
| 控制变量 | LNGDP | 150 | 8.056221 | 1.051129 | 6.062668 | 10.04388 |
| | LNSIZE | 150 | 6.4064 | 1.024001 | 4.109725 | 8.877389 |
| | TOP5（%） | 150 | 31.4662 | 11.09269 | 5.15 | 53.57 |
| | TOP5^2（%） | 150 | 1112.349 | 740.4156 | 26.5225 | 2869.745 |

被解释变量中，样本农村商业银行的净资产收益率 ROE 最小值为 1.145%，最大值约为 44.015%；不良贷款率（NLR）最小值为 0.04%，最大值为

11.15%；分支机构数（N_ branches）最小值为24，最大值为2494，这说明不同地区的农村商业银行的金融服务能力存在差异。

在解释变量中，从董事会特征来看，样本农村商业银行的董事会规模（BS）最多有19人，最少为9人，这与《公司法》所规定的"股份有限公司董事会成员为5~19人"相符；从董事会会议次数来看，样本农村商业银行的董事会会议次数（BC）最小值为2次，也基本符合我国公司法的规定，即董事会会议每年至少召开两次；样本农村商业银行专门委员会的个数（B－COM）均值为5，最小值为3，说明目前农村商业银行董事会均下设有专门委员会，并且个数适中；从女性董事占比（BW）看，有些农村商业银行并没有女性担任董事，但大多数农村商业银行的女性董事占比为40%左右。

从监事会特征来看，样本农村商业银行的监事会规模（JS）为4~9人，这与《公司法》所规定的"监事会成员不得少于三人"相符；此外，监事会年度会议次数（JC）平均为4.47次，低于董事会会议频次的平均数6.87次，表明样本农村商业银行中监事会的活跃程度低于董事会的活跃程度；同董事会的情况相同，样本农村商业银行均在监事会下设有专门委员会，但仍有农村商业银行中存在只有男性监事无女性监事的现象；从外部监事（EJ）设置情况来看，仍有部分农村商业银行并未设置外部监事，这不利于监事会独立性的发挥。

在控制变量中，从最大值和最小值可以看出，样本农村商业银行所在地的（GDP）、资产规模（SIZE）及股权集中度（TOP5）均存在差异。这种差异的存在会使不同地区的经济发展水平、不同的资产规模及不同的股权集中度对农村商业银行金融服务能力的影响效果不同。

2）董监事会特征对农村商业银行金融服务能力影响的实证分析。本节在数据处理上是按照面板数据的操作步骤严格执行的，依据计量经济学中的"由大到小"的建模思路，以稳健标准误为依据，分别对ROE、NLR和N_ branches进行回归分析。整个回归过程中首先用所有解释变量和控制变量对被解释变量进行回归，然后逐步剔除统计上不显著的变量和经济上不显著的变量进行回归，最终得到回归分析结果如表7－8、表7－9和表7－10所示。

表7－8　ROE回归分析结果

| | ROE（1） | ROE（2） | ROE（3） | ROE（4） |
|---|---|---|---|---|
| BS | 0.5565129<br>（2.01）** | 0.6165304<br>（2.68）*** | 0.7744458<br>（3.81）*** | |

续表

| | ROE（1） | ROE（2） | ROE（3） | ROE（4） |
|---|---|---|---|---|
| BS^2 | | | | 0.0267604 |
| | | | | （3.48）*** |
| BC | − 0.1993383 | | | |
| | （− 1.42） | | | |
| B − COM | − 0.4187337 | | | |
| | （− 1.02） | | | |
| BW | − 0.0506438 | | | |
| | （− 1.10） | | | |
| JS | − 1.011365 | − 0.8951038 | − 1.012408 | |
| | （− 2.97）*** | （− 3.02）*** | （− 3.52）*** | |
| JS^2 | | | | − 0.0633892 |
| | | | | （− 3.23）*** |
| JC | 0.2894297 | | | |
| | （1.02） | | | |
| J − COM | − 0.7642604 | | | |
| | （− 1.56） | | | |
| JW | 0.0570373 | 0.0377307 | | |
| | （1.97）* | （1.41） | | |
| EJ | 0.2242798 | | | |
| | （0.74） | | | |
| LNGDP | − 0.2660292 | | | |
| | （− 0.58） | | | |
| LNSIZE | 0.9801429 | 0.29556469 | | |
| | （1.79）* | （0.75） | | |
| TOP5 | − 0.1421675 | − 0.1692327 | − 0.160296 | |
| | （− 3.66）*** | （− 4.90）*** | （− 4.83）*** | |
| TOP5^2 | | | | − 0.0022834 |
| | | | | （− 4.55）*** |
| _ cons | 18.20519 | 16.14845 | 17.27535 | 16.31576 |
| R − squared | 0.2679 | 0.2203 | 0.2056 | 0.1873 |
| F | 4.17 | 8.14 | 12.6 | 11.21 |
| P − value | 0.0000 | 0.0000 | 0.0000 | 0.0000 |
| Observations | 150 | 150 | 150 | 150 |

注：***、**、*分别代表在1%、5%和10%水平下显著。

从表7-8得出的实证结果看：①董事会规模与 ROE 在99%的置信水平下正相关。说明增大董事会的规模能够提升农村商业银行的金融服务能力；用董事会规模的平方项替代董事会规模，发现董事会规模平方项的系数为正，说明董事会规模与 ROE 呈"U"型关系。综合上述的实证结果可以认为，目前农村商业银行正处于"U"型的上升阶段；②监事会规模的实证系数为 -1.012，与 ROE 呈显著负相关。造成以上结果的原因有可能是农村商业银行所设置的监事会规模并不适应自身的发展，也就是说，虽然农村商业银行的监事会规模设置均符合《公司法》，但符合《公司法》的规模并不一定适合每一个农村商业银行自身的经营发展；用监事会规模的平方项替代监事会规模，发现其与 ROE 存在倒"U"型关系。综合上述实证结果，认为农村商业银行目前正处于倒"U"型的下降阶段；③股权集中度与农村商业银行 ROE 负相关，说明农村商业银行目前存在的大股东"掏空"现象阻碍了其金融服务能力的提升。用股权集中度的平方项替代股权集中度，发现其与 ROE 呈倒"U"型。综上说明，农村商业银行正处于倒"U"型的下降阶段；④其余变量从实证结果看，均与 ROE 的关系不显著。

表7-9　NLR 实证分析结果

| | NLR（1） | NLR（2） | NLR（3） |
|---|---|---|---|
| BS | -0.194205<br>（-2.68）*** | -0.1929927<br>（-2.96）*** | |
| BS^2 | | | -0.0068553<br>（-2.83）*** |
| BC | 0.1320781<br>（3.60）*** | 0.1341423<br>（4.36）*** | 0.1381614<br>（4.47）*** |
| B-COM | 0.1622084<br>（1.51） | | |
| BW | -0.0049197<br>（-0.41） | | |
| JS | 0.319924<br>（3.59）*** | 0.3245949<br>（4.02）*** | |
| JS^2 | | | 0.0205129<br>（3.75）*** |
| JC | -0.1219372<br>（-1.65） | | |

续表

| | NLR (1) | NLR (2) | NLR (3) |
|---|---|---|---|
| J – COM | 0.0021302<br>(0.56) | | |
| JW | – 0.0167444<br>( – 2.21 ) ** | – 0.0175093<br>( – 2.49 ) ** | – 0.0176349<br>( – 2.53 ) ** |
| EJ | 0.0094968<br>(0.12) | | |
| LNGDP | 0.2596628<br>(2.17) ** | 0.3159395<br>(2.84) *** | 0.2859677<br>(2.55) ** |
| LNSIZE | – 0.2982626<br>( – 2.08 ) ** | – 0.3273664<br>( – 2.61 ) *** | – 0.3092033<br>( – 2.48 ) ** |
| TOP5 | 0.0487189<br>(4.80) *** | 0.056272<br>(5.99) *** | |
| TOP5^2 | | | 0.0008808<br>(6.22) *** |
| _ cons | – 0.8620092 | – 0.9383175 | – 0.1321944 |
| R – squared | 0.4249 | 0.4051 | 0.4085 |
| F | 8.44 | 13.81 | 14.01 |
| P – value | 0.0000 | 0.0000 | 0.0000 |
| Observations | 150 | 150 | 150 |

注: ***、**、*分别代表在1%、5%和10%水平下显著。

从表7-9得出的实证结果看:①董事会规模与NLR负相关,即与金融服务能力正相关,符合原假设;用董事会规模的平方项进行替代,发现二者是倒"U"型关系。②董事会会议次数与NLR正相关,这有可能是农村商业银行董事会会议无效率所导致的,也就是说,农村商业银行召开董事会的会议次数虽然符合《公司法》的规定,但有可能存在董事会会议无效、董事会成员在会上对农村商业银行经营状况并不关心或者董事之间存在矛盾等问题,最终导致董事会会议无效率,金融服务能力提升受限。③监事会规模与NLR正相关,说明增加监事会的人数反而会使不良贷款率上升,这也反映出农村商业银行监事会规模设置的不合理现象;用监事会规模的平方项进行替代,发现二者是倒"U"型关系。④女性监事的实证系数为-0.0175,说明增加女性在监事会成员中的占比确实能够更为有效地发挥监事会的监督职能。⑤农村商业银行所在地的GDP与NLR正相关，一般来说，经济的发展会促进金融的繁荣，因而 NLR 应该下降。造成上述实证结果的原因有可能是涉农贷款风险大，农村商业银行自身风险管理能力有限，也有可能是因为"内部人"控制问题所导致的人情贷款。⑥农村商业银行的资产规模与 NLR 负相关，说明资产规模越大的农村商业银行其不良贷款率越低，也从侧面说明资产规模越大的农村商业银行的风险控制体系越完善，从而会降低不良贷款率，因此金融服务能力越高。⑦股权集中度与 NLR 正相关，这也再次说明农村商业银行大股东"掏空"的问题确实阻碍了其金融服务能力的提升；并且股权集中度的平方项与 NLR 呈"U"型关系，与 ROE 结果相对应。⑧其余变量从实证结果看，均与 NLR 不相关。

表 7 - 10　N_ branches 实证分析结果

| | N_ branches (1) | N_ branches (2) | N_ branches (3) |
|---|---|---|---|
| BS | 13. 7402<br>(0. 75) | | |
| BS^2 | | 0. 4156684<br>(0. 71) | |
| BC | − 42. 742<br>( − 4. 62 ) *** | − 46. 54064<br>( − 5. 89 ) *** | − 44. 82273<br>( − 5. 87 ) *** |
| B – COM | − 16. 05095<br>( − 0. 59 ) | | |
| BW | − 1. 619904<br>( − 0. 53 ) | | |
| JS | − 54. 14942<br>( − 2. 41 ) ** | − 42. 69903<br>( − 2. 34 ) ** | |
| JS^2 | | | − 3. 240968<br>( − 2. 67 ) *** |
| JC | 43. 6699<br>(2. 34 ) ** | 50. 38154<br>(3. 17 ) *** | 49. 2615<br>(3. 22 ) *** |
| J – COM | 24. 24616<br>(0. 75 ) | | |
| JW | 0. 8395792<br>(0. 44 ) | | |
| EJ | 41. 47281<br>(2. 08 ) ** | 33. 03427<br>(1. 81 ) * | 40. 13098<br>(2. 26 ) ** |

续表

| | N_ branches (1) | N_ branches (2) | N_ branches (3) |
|---|---|---|---|
| LNGDP | 84.39371 | 73.7043 | 63.51728 |
| | (2.80)*** | (2.82)*** | (2.49)** |
| LNSIZE | 343.6308 | 359.9524 | 371.1486 |
| | (9.49)*** | (11.58)*** | (12.31)*** |
| TOP5 | 12.87162 | 13.41607 | |
| | (5.02)*** | (5.81)*** | |
| TOP5^2 | | | 0.2274844 |
| | | | (6.71)*** |
| _ cons | -2753.904 | -2706.892 | -2684.444 |
| R - squared | 0.7129 | 0.7082 | 0.7284 |
| F | 28.35 | 49.24 | 54.41 |
| P - value | 0.0000 | 0.0000 | 0.0000 |
| Observations | 150 | 150 | 150 |

注: ***、**、* 分别代表在 1%、5% 和 10% 水平下显著。

从表 7 - 10 得出的实证结果看：①董事会会议次数与 N_branches 在 99% 的置信水平下负相关，这也再次反映出农村商业银行召开董事会的无效率性。②监事会规模与 N_branches 负相关，表明目前农村商业银行监事会规模设置得不合理，并且直接影响到农村商业银行自身金融服务能力的提升；监事会规模的平方项与 N_branches 呈倒 "U" 型，说明农村商业银行目前正处于倒 "U" 型的下降阶段。③监事会会议次数与 N_branches 呈正相关，说明召开监事会的会议次数越多，其金融服务能力越高，符合原假设。④外部监事与 N_branches 正相关，这也从实证层面肯定外部监事的积极作用，说明农村商业银行中的外部监事确实发挥了其外部性优势，进而促进农村商业银行健康有序发展。⑤农村商业银行所在地的 GDP 与 N_branches 正相关，说明经济的发展确实增加了经营主体对金融的需求，农村商业银行需要更多的分支机构来满足增加的金融需求。⑥资产规模越大的农村商业银行其增加分支机构数的动力越大。⑦股权集中度与 N_branches 正相关，这有可能是大股东出于建造 "个人帝国" 的目的所导致的结果；用股权集中度的平方项进行替换，发现两者之间是 "U" 型关系。⑧其余变量从实证结果看，均与 N_branches 不相关。

## 二、策略重点

上文对目前农村信用社董、监事会存在的问题进行了分析，并深入研究了董、监事会职能发挥不充分问题对农村商业银行金融服务能力的影响。在此基础上，本节从以下几个方面提出董、监事会优化策略的重点：

（一）提高董事会会议效率

农村信用社董事会会议的召开是其进行决策的最主要方式，董事会会议是否有效将直接影响到董事会职能的发挥。虽然农村商业银行董事会会议召开的次数符合公司法规定，但从研究结果看，董事会会议次数越多，农村商业银行金融服务能力却越差。这就说明，农村商业银行目前存在董事会会议无效率的现象，而且极有可能是董事会会议安排不合理、董事会成员无能力、不作为或者董事之间存在矛盾等原因所导致的。因而，提高董事会会议的效率，进而加强董事会决策职能发挥，对提升农村信用社金融服务能力至关重要。

（二）避免监事会规模的进一步扩大

合理的监事会规模一方面能够加强监事会的专业性，另一方面能够降低农村信用社的人事成本，从而能够提高农村信用社监事会的监督效率。然而，从实证研究的结果看，监事会规模与农村商业银行金融服务能力显著负相关，即监事会规模越大，其服务能力越差。造成以上结果的原因可能是《公司法》规定的监事会人数并不适应每一个农村商业银行自身的经营发展。用监事会规模的平方项进行替换，发现其与 ROE 和 N_branches 呈倒 "U" 型、与 NLR 呈 "U" 型关系，即监事会规模过大过小都会降低农村商业银行的金融服务能力。就目前农村商业银行的监事会规模而言，其规模过大。因而，要想提高农村信用社的金融服务能力，应适当减少监事会的规模。

（三）充分发挥女性监事和外部监事的作用

女性相比于男性而言，心思更为细腻，对财务等方面的监督能够更加谨慎细心，并且监事性别的多元化也有利于监事间的相互协作，进而提高监事会的监督效率。外部监事占比越大，越能够制衡管理层的灰色操纵等行为，降低经营风险，进而提高农村信用社的金融服务能力。从研究结论看，女性监事占比与不良贷款负相关，外部监事人数与分支机构数正相关，这就说明增加女性监事的占比和外部监事的人数有利于农村商业银行金融服务能力的提升。因而，在董、监事会优化策略中要充分发挥女性和外部监事的作用。

（四）解决"双重监管"问题

"双重监管"是我国公司治理中存在的独特问题，即同时存在独立董事和监事会对农村信用社进行监管。从研究结论看，独立董事基本处于"花瓶"地位，真正起到监督作用的是监事会，但独立董事的存在有其必要性和合理性。因而，要想合理发挥独立董事和监事会对农村信用社的监督职能，进而提高农村信用社的金融服务能力，就必须有效解决当前存在的"双重监管"问题，协调好独立董事和监事会之间的关系。

### 三、提升策略

#### （一）确定合理的董、监事会规模

##### 1. 适度扩大董事会规模

董事会的职能是对内掌管公司事务，对外代表公司进行经营决策。适度扩大董事会的规模，也就是适度增加董事会的人数，可以在一定程度上提高董事会职能发挥的效率。而且从实证结果可知，农村商业银行董事会规模与 ROE 正相关，与 NLR 负相关，且董事会规模的平方项与 ROE 呈"U"型关系，与 NLR 呈倒"U"型关系。从农村信用社董事会规模与其服务能力的实证研究中，也可以知道两者呈弱正相关，说明适度增加董事会的规模确实能在一定程度上促进农村信用社金融服务能力的提升。因而，在董事会规模优化方面，农村信用社应适度的扩大其董事会的规模。为此，本节从以下几个方面提出具体策略及建议。

（1）构建科学的选聘机制。农村信用社董事会的权威能否得到确保，关键在于是否建立了科学的选聘机制。目前，农村信用社的董事选聘机制一般是按照上级管理部门提名，董事会批准认可的方式进行，这就容易造成"人情董事"的存在，最终影响到农村信用社金融服务能力的提升。因而，农村信用社扩大董事会规模的前提就是建立科学的选聘机制，以保障选聘出的董事会成员能够发挥相应的作用。

为此，选拔的董事会成员不能直接交由农村信用社的行长或者是董事长，而应建立独立的专门委员会对董事会成员进行选拔。此外，董事任职的具体资格、标准以及任期等要在公司章程作出规定。这样就可以有效防止出现上级管理部门提名任命董事长所造成的董事会人员同质性现象，也可以有效避免董事会监督制衡功能受损问题。

（2）合理化安排董事会成员。首先，董事会的工作具有高度的专业性，不仅需要从事公司治理、运营管理方面的人才，还需要从事审计、法律、人力资源等专业的人才。因而，在增加董事会人数的过程中，要尽可能地吸纳一些具有丰富的财务知识或者管理经验的专业性人才，既要保证董事会成员专业背景的多元性，也要保证其专业的互补性。这样就便于从多个角度为董事会提供咨询意见，提高董事会决策的科学性与合理性，有效减少经营风险。其次，要注意董事会成员年龄的合理搭配，实行老中青相结合，将中老年龄段董事的丰富经验与年轻董

事开拓创新的精神相结合，增强董事会经营管理的效率。同时，也要注意董事会成员的性别比例，适当增加女性董事的占比有利于董事之间的相互协作。再次，在农村信用社董事会中下设专门的委员会，负责不同领域的专业化工作，并且将董事会的成员合理安排到相应的专门委员会中，从而充分发挥每个董事的监管职能。专门委员会的设立不仅可以提高农村信用社的监管效率，还可以制约董事长和高管层的权力。最后，董事会的规模为奇数更为有利，因为在董事会会议进行决策时，奇数型的董事会规模更易做出决策。

值得注意的是，董事会成员"搭便车"的行为是不可忽视的现象，盲目地扩张董事会规模往往会对农村信用社的运转产生负效应，所以本节在此处用了"适度扩大"一词，就是想强调董事会规模的扩大要有一定限度，特别是要与农村信用社当前的发展阶段、市场环境、资产规模、业务状况等相适应。毕竟多一位董事会成员就会多一项成本支出，要保证董事会规模扩张所产生的经济效益超过其产生的成本支出，扩张才是有意义的。

2. 适度减少监事会规模

监事会是对董事会和高级管理层进行监督管理的组织机构。从前文的实证分析中可知，目前我国农村信用社的监事会规模过大，导致了 ROE 的下降、NLR的上升及扩张分支机构动力的缺乏。因而，农村信用社在今后的发展中应适度减少监事会的规模。但是，适度减少监事会的规模并不意味着放置监事会，而是在现有的规模上减少"人情监事"及不作为、无能力监事的存在。为此，可以从以下几个方面入手。

首先，拓宽监事会成员的来源。监事会行使对农村信用社的监督职能，随着现代金融的发展，越来越多的利益相关者（如职工、债权人等）对农村信用社的经营决策产生影响，最终影响到农村信用社的金融服务能力。为保证农村信用社监事会监督职能的有效发挥，农村信用社有必要在监事会中适当加入部分利益相关者，使之成为监事会成员，发挥利益相关者对农村信用社的监督作用，提高监事会监督的全面性。其次，提高监事岗位的进入门槛。在农村信用社中，监事会主要对董事会以及高管层进行监督管理，这是一项专业性很强的工作，绝不是农村信用社中的闲散人员可以做到的。因此，监事会的进入门槛应当设定得较高，只有符合相应资质要求的专业性人才才能成为监事会的成员。

（二）确保董、监事会会议有效

1. 提高董事会会议的效率

董事会召开董事会会议能够在一定程度上保障农村信用社公司治理中核心权力的规范运作。但从实证结果可知，目前我国农村商业银行存在董事会会议无效率的问题。因而，要想综合提高农村信用社的服务能力，就不能只依靠增加董事会的会议的次数来改变其无效率性，还要从以下几个方面入手进行改进。

首先，合理安排董事会会议的召开时间。农村信用社应该在每年年初就拟定好当年的董事会年度会议计划，并商讨清楚关于召开临时会议的情况与要求，以此来促进重大事项的解决与落实，并且要按照规定保存完整的董事会会议记录。其次，扩大董事会的会议商讨范围。董事会的决策职能不仅要发挥在战略规划、重大事项的讨论上，还要涵盖内部制度建设、激励机制设置、管理控制等与农村信用社发展相关的各个方面，通过扩大会议范围来促进其核心职能的发挥。再次，明确董事会会议流程。任何事情的有效执行都离不开其充分的准备工作，而要想使得董事会会议更加高效，明确其会议流程是必不可少的，最好是具体到每一个详细环节，规划好每一个事项的讨论时间，尽可能收集多方意见，如果有必要还可以召开预备会议。最后，完善董事会决议执行情况的反馈机制。相关负责人应该在每次董事会会议召开之前，向董事会报告上一次董事会决议的执行情况，来保证董事会决议的严肃性。

2. 有效增加监事会会议次数

召开监事会会议是监事会履职的最主要方式，也是监事会成员履职积极性的一个表现。从前文实证中可知，监事会会议次数的增加有利于农村商业银行分支机构数的增加，有利于农村商业银行包容性发展，并最终促进其金融服务能力的提升。但从实践中了解到，单纯地增加监事会会议次数并不一定会增强监督效果，特别是强制性地增加监事会会议次数，往往会适得其反，造成监事会成员的反感情绪，所以用了"有效增加"几个字，具体来说包括以下几个方面。

首先，农村信用社可以通过多种机理方式来调动监事会成员的积极性。可通过薪酬激励、股权激励或者其他激励方式，让监事们能够主动地去关心农村信用社的经营状况，及时发现农村信用社内部的财务或管理问题，从而通过召开监事会会议的方式去解决问题。这样一来，监事会会议次数的增加才能产生真正的效用。其次，建立监事会的责任制约机制。建立监事会的责任制约机制也是一种调动监事会成员履职积极性的方式，比如监事如果因为玩忽职守或怠慢职务而损害了公司或第三方的利益，受损者有权追究其民事责任，并要求补偿，这样会对监事的行为产生一定的约束作用，保证其职能的有效发挥。

（三）完善董事会专门委员会设置

从本节的实证研究中可知，农村商业银行董事会下设的专门委员会的个数与其服务能力不显著相关。但从实际可知，专门委员会的存在确实有利于董事会职能的发挥。因而，本节从以下几个方面提出完善农村信用社相关专门委员会的建议。

1. 设立审计委员会

董事会下设的审计委员会主要负责解决农村信用社在控制体系方面存在的困

难，从而有效地加强内外部审计对农村信用社的监管作用。审计委员会的成员应由会计领域的外部独立董事来担任，以此来保障审计委员会的专业性和独立性。

2. 设立风险管理委员会

银行是从事高杠杆、高风险业务的金融机构，合理地分析、计量、控制风险对于银行而言至关重要，因而有必要在董事会中下设专门的风险管理委员会，协助董事会对农村信用社日常面临的风险进行评判与控制。风险管理委员会的成员也应由外部独立董事来担任，而且还要明确委员会的工作职责，如委员会要定期评估农村信用社的风险状况、监督管理高管层在风险控制方面的工作是否到位、提出风险控制建议等。

3. 设立"三农"金融发展委员会

虽然农村信用社进行了改制，但其还是发放"三农"贷款的主要金融机构之一。"三农"贷款相比于其他贷款具有天然的弱质性，即风险较大。因而，农村信用社有必要设立"三农"金融发展委员会，主要负责监督管理农村信用社内部关于"三农"方面业务的执行和评价工作，进而有效地加强农村信用社服务"三农"的能力。

此外，农村信用社还可设立负责关联交易与控制的专门委员会，以防止信贷分配过程中所做的决策由某个人或控股股东独自把持，最终导致董事会执行效率的降低。

（四）确保监事会的独立性

监事会履职的根本前提是确保监事会的独立性。如果监事会能够在法律上具有独立的地位，那么监事会就能够实现自身的独立性，进而有效地发挥监督职能。目前，我国农村信用社的监事会并没有得到充分的独立地位，因而监事会的监督职能被制约。为了提高监事会的监督效率，农村信用社从以下几个方面出发提升监事会的独立性。

1. 实现监事会成员的独立性

监事会成员的独立性是实现监事会独立性的一个重要前提，为实现农村信用社监事会成员的独立性，应做到以下两点：第一，农村信用社必须采用纯粹的市场化用人机制，杜绝"人情监事"的存在；第二，提高监事长的地位，使其能够与董事长及行长平级，这样有利于监事会对董事会和高管层进行监管。

2. 确保监事会职权的独立性

我国出台的《公司法》虽然明确规定了监事会具有独立的监督职权，但是在如何行使独立的监督职权上，并没有进行具体的说明和安排。因此，农村信用社应当在符合《公司法》的基础上，明确规定监事会如何具体行使独立的监督职权，如规定监事会有权对农村信用社的财务进行定期检查、规定监事会有权直接处理行长、董事长损害农村信用社利益的行为、规定监事会有权出席董事会会议并提出监督意见等。

3. 确保监事会薪酬的独立性

目前在我国的农村信用社中，监事会的薪酬发放主要是由高管层决定，这势必会影响到监事会行使监督职能的独立性、公平性和公正性。为解决这一问题，农村信用社可以将部分薪酬直接交由监事会进行独立支配，进而增强监事会的独立性；或者将薪酬标准的制定权交由股东大会，由股东大会下设的薪酬委员会针对监事会成员的薪酬标准做出提案，并交由股东大会决议。

（五）健全外部监事制度

本节中关于外部监事的研究结果再次肯定了大部分学者的见解，即外部监事人数的增加有利于提高农村信用社的治理效率，进而对金融服务能力产生正向作用。但在具体的改进措施上，农村信用社不应该仅仅着眼于提高外部监事人数，而应该不断完善其外部监事制度。

首先，农村信用社可以通过适当减少股东监事或职工监事人数的方式，来侧面提高外部监事占比，合理配置监事会成员规模，避免其规模过大而造成人才资源的浪费。其次，那些尚未设置外部监事的农村信用社要积极引入外部监事，并且利用市场竞争机制来选聘人才，在全面考量备选人的专业知识、操作技能、工作经验等各方面的能力后，选聘出最符合农村信用社发展要求的外部监事，使其能在监事会中充分发挥作用。最后，农村信用社应该赋予外部监事相应的责任与义务，最好是以书面的形式明确其每一项权利和义务，以此来提高其履职的独立性和有效性。

（六）协调独立董事和监事会关系

对于独立董事与监事会之间职能的重叠、交叉等一系列问题，学术界目前存在着四种较为普遍的观点：第一种，取消独立董事制度，保留和完善监事会制度；第二种，舍弃监事会制度，采用独立董事制度；第三种，综合使用监事会和独立董事制度，使得监事会和独立董事制度相互补充，共同行使监督职能；第四种，由公司的意志自由决定选择监事会制度还是独立董事制度。本节认为第三种观点值得借鉴，原因是实证结果显示，就农村信用社的财务绩效（ROA/ROE）来看，监事会能够对其产生显著的正向促进作用，独立董事并未对其产生影响，但与此同时，独立董事的存在确实能够有效地降低农村信用社的运营成本。因此，对于农村信用社而言，有必要同时设置监事会和独立董事，实现监事会和独立董事在制度功能上的互补与合作，从而提高监督效率。

1. 细化监事会与独立董事的职能范围

为实现监事会和独立董事制度的互补与合作，农村信用社就必须明确规定监事和独立董事各自的职能范围，避免职能冲突，造成"双重监管"的局面。具体而言：第一，对监事会和独立董事职权种类的界定要有所侧重，监事会注重"事中、事后、外部"监督，独立董事则注重"事前、内部"监督；第二，独立董事由于受到时间、个人精力等因素的限制，主要是运用专业知识进行有效监督，而监事会则主要负责农村信用社的日常监督；第三，监事会监督职能的发挥主要是以合法性为主、妥当性为辅，与监事会不同，独立董事的监督主要是以妥当性为主，在发现董事会有侵害农村信用社利益的行为时，独立董事应及时告知监事会，由监事会对董事会的违规行为进行监督检查。因此，就职能范围的细化来说，在农村信用社中监事会的监督职责主要是检查财务状况、对董事会和高管层的履职情况进行监督检查、罢免或者起诉损害农村信用社利益的人员、组织召开临时股东大会等；独立董事的监督职责主要是集中在重大关联交易的审批、财务的控制、内部董事的提名、管理层薪酬的决定等方面。

2. 确定监事会与独立董事监督职能的主次

目前，我国的农村信用社并没有对监事会和独立董事监督职能的主次进行区分。但为更好地发挥监事会和独立董事的监督职能，农村信用社应明确二者的主次。

根据实证结论本书认为，在目前阶段，农村信用社还应以监事会监督为主，独立董事配合监事会行使职权。一方面，本节的实证结果充分证明了农村商业银行中监事会的有效性，而独立董事在履责时更愿意从事容易的工作，甚至存在"花瓶董事"之嫌，因此将监督职权的重心置于监事会更为合理；另一方面，监事会长期存在于我国的农村信用社中，相关的立法和部门设置都比较完善，而独立董事制度则来源于国外，是否适应我国的农村信用社的发展还有待检验。

3. 建立监事会和独立董事的磋商协作机制

除了上述细化监事会和独立董事职能范围和确定二者职能主次之外，农村信用社还应建立监事会和独立董事之间的磋商协作机制。具体包括以下几种方式：第一，定期组织召开监事会成员和独立董事之间的会议，在会上，监事会成员和独立董事可以进行信息的交流等；第二，独立董事可以建议监事会审议某一财务事项，也可以调阅、使用监事会的财务审计报告等；第三，在农村信用社的股东人会中专门设立一个部门，这个部门的主要职责就是解决监事会和独立董之间的职能冲突，出现职能冲突局面时，由该部门决定由谁行使监督职能。

# 第四节　优化高管激励方式，提升服务"三农"经营效率的策略

高管层激励作为公司治理的重要方面，对改制后农村商业银行的可持续发展至关重要。目前，农村信用社高管激励中缺乏有效的长期激励机制，存在激励严重不足和约束疲软乏力等问题，均未引起足够的重视，这些问题都严重制约着农村信用社经营效率的提高。因此，进一步揭示高管激励中存在的突出问题，提出高管激励方式优化的策略重点，进而对提升农村信用社服务"三农"的经营效率具有现实意义。

## 一、策略要解决的问题

### （一）农村信用社高管持股比例不够合理

高管激励包括高管薪酬激励和高管持股激励等方式，其作为公司治理的重要组成部分，对农村信用社的可持续发展至关重要。一个有效的激励与约束机制，能够对高管人员起着良好的激励和约束作用，促进农村信用社绩效的提高，实现健康、持续发展。然而我国农村信用社高管激励具有以下特点：

（1）在高管薪酬方面，不同地域的高管薪酬差异较大，东、中、西部地区呈现依次递减的趋势；不同产权模式的农村信用社高管薪酬也有较大差异，农村商业银行高管薪酬一般高于农村信用社*。目前，农村商业银行经营绩效优于没有改制的农村信用社*，因此可以认为农村信用社的高管货币薪酬与其经营绩效是挂钩的，这符合薪酬激励的基本原理。

（2）在高管持股方面，农村信用社高管持股比例总体呈下降趋势，东部地区高管持股比例相较于其他地区较低。从不同产权模式看，农村信用社*高管持股比例远高于农村商业银行。这初步表明高管持股比例未对经营绩效起到正向影响。再次表明高管持股的激励作用不明显。由于目前农村商业银行经营绩效优于没有改制的农村信用社*，所以可以得出农村信用社*的高管持股激励与其经营绩效没能很好地挂钩，这有违薪酬激励目标。

综上所述，我国农村信用社高管激励中的股权激励机制尚不完善，对农村服务"三农"的有效性尚需提升。

### （二）高管股权激励对服务"三农"的影响

1. 高管股权激励对农村商业银行金融服务能力影响的理论分析

从理论上讲，农村商业银行高管持有股份，拥有一定的剩余索取权，是对经

理人人力资本不可替代的肯定，能够使高管与股东的目标和利益趋于一致，使高管的经营行为更注重长期效益，是缓解委托代理矛盾的重要措施。自 2003 年各地区的农村信用社联合社，农村合作银行、农村商业银行入股组建了省联社，高管聘任全部由省联社提名任命，并不能代表股东的真实意愿。在这种情况下，高管持有股份在一定程度上能缓解农村商业银行股东和高管之间的矛盾。高管持股的农村商业银行改善经营、提高可持续性发展的积极性更高，并且高管持股比例越高，这种效果可能越显著。因此，高管持股比例越高，越有利于农村商业银行盈利能力的增强、经营风险的降低，提升农村商业银行可持续性。但就农村商业银行的服务包容性而言，高管出于盈利最大化的目的，可能会缩减对农户的服务范围，对服务包容性产生不利影响。由此提出以下假设：

H1：高管持股比例对农村商业银行可持续性有显著的正向影响。

H2：高管持股比例对农村商业银行服务包容性有显著的负向影响。

2. 高管股权激励对农村商业银行金融服务能力影响的实证分析

（1）样本选择及数据来源。基于数据的可得性，在信息披露健全的 56 家农村商业银行中剔除年报中高管股权激励信息不全的样本，本节选取 2011～2015 年全国范围内的 18 家农村商业银行作为研究对象。高管持股信息及金融服务能力数据等，均通过手工方式从农村商业银行官方网站披露的年度报告中收集整理，最终获得 61 个有效面板数据。因为这些样本农村商业银行在时间跨度当中在统计上没有发生重大事件，因此本书在回归分析过程中将 2011～2015 年的数据合并为横截面数据进行分析。

（2）变量选取。本书中的被解释变量是农商行的金融服务能力。如前文定义，将金融服务能力定义为保障自身可持续发展、扩大金融服务包容度、提升金融服务质量的能力，即可持续性要素、服务包容性要素和服务质量要素的综合。但由于服务质量这一维度难以将其进行量化，因而此处采用可持续性和服务包容性来表示服务能力。鉴于数据的可得性，可持续性用总资产收益率和不良贷款率进行衡量，服务包容性用其分支机构网点数进行衡量。本部分的解释变量为高管股权激励，采用高管持股比例衡量。考虑到农村商业银行所在地的经济发展水平、农村商业银行的资产规模及流动性比率会在一定程度上对其服务能力产生影响，所以本书的控制变量最终确定为农村商业银行所在地的 GDP、农村商业银行自身的资产规模（LNSIZE）及流动性比率（LIQUID）。具体的定义如表 7－11 所示。

（3）模型设计。为检验高管股权激励对农村商业银行金融服务能力的影响，本书构建如下模型：

$$SC = \alpha_0 + \beta_1 SP + \beta_i CONTROL_{it} + \varepsilon_t$$

表 7 - 11　变量指标的定义

| 变量类型 | 变量名称 | 变量符号 | 变量定义 |
|---|---|---|---|
| 被解释变量 | 总资产收益率 | ROA | 净利润/平均资产总额 |
| | 不良贷款率 | NLR | 不良贷款总额/贷款总额 |
| | 分支机构数 | N_branches | 农村商业银行的分支机构网点数的对数 |
| 解释变量 | 高管持股比例 | SP | 高管持有股份总额占总股本的比例 |
| 控制变量 | GDP | LNGDP | 农村商业银行所在地生产总值的对数 |
| | 资产规模 | LNSIZE | 农村商业银行资产规模的对数 |
| | 流动性比率 | LIQUID | 贷款总额与存款总额之比 |

在上述模型中，SC 表示农村商业银行的金融服务能力，用总资产收益率（ROA）、不良贷款率（NPL）和分支机构数量（N_branches）来衡量。SP 代表农村商业银行高管持股比例，作为上述模型中的解释变量。CONTROL 代表控制变量，用农村商业银行所在地 GDP、农村商业银行资产规模（LNSIZE）及流动性比率（LIQUID）来衡量。

（4）实证检验及结果分析。本书以稳健标准误为依据，分别对 ROA、NLR 和 N_branches 进行回归分析，最终得到回归分析结果如表 7 - 12 所示。

表 7 - 12　实证回归分析结果

| | ROA | NLR | N_branches |
|---|---|---|---|
| SP | - 0.0319938 <br> ( - 1.40) | - 0.2963842 <br> ( - 2.83)*** | - 0.0349795 <br> ( - 1.83)* |
| LNGDP | - 0.5843038 <br> ( - 1.62) | - 1.188162 <br> ( - 2.06)** | - 0.8363571 <br> ( - 2.72)*** |
| LNSIZE | - 0.1925395 <br> ( - 2.01)** | - 0.3670311 <br> ( - 1.19) | 0.5778957 <br> (7.36)*** |
| LIQUID | - 0.0082945 <br> ( - 1.92)* | - 0.0077308 <br> ( - 0.58) | — |
| _cons | 9.531167 | 17.64338 | 10.32326 |
| R - squared | 0.1610 | 0.1569 | 0.5421 |
| F | 2.69 | 2.60 | 22.50 |
| P - value | 0.0403 | 0.0454 | 0.0000 |
| Observations | 61 | 61 | 61 |

注：***、**、*分别代表在1%、5%和10%水平下显著。

1）高管持股比例与 ROA 负相关，但并不显著。表明高管持股比例对农村商业银行盈利能力的影响并不显著，应探索更适合的长期激励方式。

2）资产规模与 ROA 在 5% 水平下显著负相关，表明其资产规模对农村商业银行盈利能力产生负向影响。

3）流动性比率与 ROA 在 10% 水平下显著负相关，表明流动性比率对农村商业银行盈利能力产生负向影响。

4）高管持股比例与 NLR 在 1% 水平下显著负相关。表明高管持股比例的增加，有利于降低不良贷款率，减少信贷风险，保障农村商业银行可持续性发展。

5）农村商业银行所在地的 GDP 与 NLR 在 5% 水平下显著负相关，说明当地经济势态良好有利于农村商业银行持续、健康发展。

6）高管持股比例与 N_branches 在 10% 水平下显著负相关，而且相关系数较大。这可能由于分支机构网点数的扩大带来盈利的同时也加大了经营风险。持有较多股份的农村商业银行高管，为了降低经营风险，倾向于采取保守的措施，即抑制分支机构数的扩大。

7）资产规模与 N_branches 在 1% 水平下显著正相关，表明资产规模越大的农村商业银行其增加分支机构数的动力越大。

8）所在地的 GDP 均与 N_branches 显著负相关，表明当地 GDP 的发展对分支机构数产生显著的负向影响，也表明随着经济的发展，互联网金融等新兴技术兴起，对传统柜面服务产生一定的冲击。

## 二、高管激励优化策略的重点

（一）提高高管持股比例同农村信用社经营绩效的联动关系

高管激励的目的是使高管与股东的目标和利益趋于一致，缓解委托代理矛盾。如果某项高管激励措施不能促使高管和股东利益的接近，则该项高管激励措施就是无效措施。农村信用社股东利益的保障主要表现为高的盈利能力和低的经营风险，其高管激励的目的也是要提高盈利能力、降低经营风险。然而，作为农村信用社高管激励手段的高管持股比例，同农村信用社的盈利能力和经营风险的相关程度很低。因此，应提高农村信用社高管持股比例同农村信用社经营绩效的联动关系是优化高管激励的重点之一。

（二）加强高管在职消费的监督力度

高管在职消费是激励高管尽职的又一手段。但前文研究结果表明，高管在职消费的激励效会受到股东监管的制约，即股东对高管的监督作用越强，高管的在职消费的激励效率越高。因此，通过监督的最大化来减少农村信用社高管在职消费的自娱成分，最大限度地激励农村信用社高管努力做好经营管理工作是高管激励优化策略的又一重点。

### 三、优化策略

#### (一) 探索更适合的长期激励方式

完善农村信用社高管激励机制，不应只注重短期激励，还应考虑短期激励与长期激励的相互结合，而且要保证高管决策行为与农村信用社的长远利益相一致。目前大多数企业把股权激励作为高管的长期激励手段。然而，就本部分实证结果看，高管持股比例对农村商业银行盈利能力的影响并不显著。因此，农村信用社应探索除股权激励之外更适合的高管长期激励方式，如实施高管绩效薪酬延期支付。

首先，对于尚未对高管绩效薪酬实施延期支付的农村信用社，应建立起对高管绩效薪酬采取延期支付的高管薪酬激励机制。据调研，已经实施延期支付的农村信用社延期支付的比例仅为20%，应适当提高延期支付的比例，才能真正起到延期支付的作用。其次，实施中长期激励的农村信用社高管延期支付薪酬的兑换期限一般为三年，这样的时间设置有一定的局限性。如果农村信用社三年间各项经营指标正常，那么将每年延期支付的薪酬支付给高管，但风险在短时间内不可观测，具有时滞性，这依然不能对高管的长期经营行为进行有效制约，农村信用社三年之后的风险和绩效无法保证。因此，本书认为，短短三年对高管的约束作用不强，应将部分薪酬延长到足以让农村信用社的风险和绩效充分体现时再予以兑现。让高管对农村信用社的长期表现负责，这样才能有效避免农村信用社高管为了追求短期的盈利，采取高风险性行为，保障农村信用社的持续稳定发展。因此，应延长农村信用社高管延期支付薪酬的兑换时间。

#### (二) 突出考核高管的风险控制水平

良好的高管薪酬考核体系不应仅仅关注盈利性指标，还必须包括风险控制水平这一信息。农村信用社在制定高管薪酬考核体系过程中应纳入安全性指标（不良贷款率）等，并持续加强风险控制的激励效率。而且不同于其他金融机构，农村信用社服务于"三农"，而"三农"相对来说其收益最小，风险最大。因此，在考核农村信用社高管的绩效时，不应仅以盈利性为考核指标，还应将风险性指标作为考核的重要指标。农村信用社只有在控制风险、安全经营的前提下，才能稳定持久发展、保证长期的利润。

#### (三) 合理利用高管在职消费

由前文实证结果可知，高管在职消费对农村信用社盈利能力有显著正向影响，且股权集中度越高，高管在职消费对农村信用社盈利能力的正向影响越显著。此研究结论可以在农村信用社进行股份制改革过程中加以借鉴。比如，对高管给予一些非货币性的隐藏福利将会间接地刺激其经营管理工作的积极性，尤其是股权集中度高的农村信用社，股东对管理层的监督作用强，高管的在职消费更多地表现为效率观，发挥正向激励作用。适当的在职消费对提高农村信用社盈利能力有积极的正向影响，是高管薪酬管制下的替代性激励，但必须平衡好高管货币薪酬和高管在职消费这两种激励方式的作用。通过监督最大化减少农村信用社高管在职消费的自娱成分，最大限度地激励农村信用社高管做好经营管理工作，提升农村信用社绩效。

## 第五节　优化外部治理，提升服务"三农"质量的策略

高效的外部治理是对农村信用社内部治理的有效补充，能帮助内部治理更好地实现经营目标。但我国农村信用社面临的外部治理环境是不健全的，这将限制农村信用社服务"三农"质量的提升。基于此，本部分首先分析农村信用社外部治理环境中存在的问题，在问题的基础上找出改进策略的重点，进而提出优化农村信用社外部治理，提升服务"三农"质量的优化策略。

### 一、策略要解决的问题

（一）农村信用社外部治理缺乏健全的市场机制

发达的外部治理可以通过以下四条主要路径提升农村信用社的金融服务能力：①激励机制，即外部治理通过一系列外部市场（包括控制权市场、经理人市场等）促进金融机构内部治理完善，进而影响农村信用社金融服务能力；②保障机制，即健全的法律法规能够帮助金融机构股东投资回报有保障、治理主体关系协调、抗风险能力提高，进而提升金融机构的金融服务能力；③竞争机制，即外部治理中的产品市场竞争机制能够促进金融机构内部产品创新，进而提升其金融服务能力；④通过减少政府不合理的干预提升金融机构的金融服务能力。虽然我国农村信用社面临的外部治理环境不够健全，但其仍可以通过外部市场化程度、服务法律法规健全程度、产品市场竞争度和政府干预等途径影响农村信用社的金融服务能力。

然而我国农村信用社与上市商业银行、国外小型金融机构相比，其外部治理机制具有以下特点：①缺乏股票价格治理机制。我国大多数农村信用社没有上市交易，因此在股票价格上反映出一些负面效应，如内部治理机制不完善、经营效

率低下等。②缺乏强制性信息披露机制。一方面，我国法律法规不强制要求农村信用社进行信息披露；另一方面，我国农村信用社的外部审计主要由当地的一些独立性较弱的会计师事务所进行。这明显不利于农村信用社信息的有效、全面披露。③缺乏评级机构和债权人的外部监督。一方面，由于农村信用社对外几乎不发行债券，所以一般不进行信用评级，也没有大的债权人的外部监督；另一方面，农村信用社的储户都是一些农户或者小型机构，因此监管者缺乏监督农村信用社的动机。④缺乏经理人市场。农村信用社缺乏健全的经理人市场，其经理人的聘任多来源于行政任命，因此经理人努力经营农村信用社、最大限度满足股东利益、积极进行产品创新以防止被更换的原动力就不存在，行政任命的经理人将更热衷于政治寻租事件、特权消费、建造个人帝国或管理防御等。⑤要接受省协会的领导和管理。农村信用社除受监管机构监督外，一般还受到省联社的外部监管。省联社既不是具有独立法人地位的农村信用社的大股东，也不是《公司法》《商业银行法》等法律法规支持的监督机构。但是，省联社有权利监督农村信用社贷款、风险控制和任免人员等，这在现代公司治理中是独特的现象。

综上所述，我国农村信用社的外部治理并不像西方发达国家一样依赖健全的市场机制（控制权市场、经理人市场、债券市场、强制信息披露等），而是以政府监督、政府干预等市场化程度较低的形式出现，这样的现状严重制约了农村信用社公司治理的完善。因此，农村信用社优化外部治理，首要解决的问题就是健全其外部市场机制。

（二）不健全的外部治理机制对农村商业银行金融服务能力的影响

1. 外部治理对农村商业银行金融服务能力影响的理论分析

（1）外部市场化程度的刺激作用。市场化程度高的地区一般比较容易变换和更替公司的控制权和经理层人员。因此，一方面，当外部主体认为公司潜在价值并未得到充分挖掘时，市场化程度高的地区会有更多的途径抢夺公司的控制权，并对公司的治理安排进行重新整合，以实现公司潜在价值的最大化；另一方面，市场化程度高的地区会有更健全的经理人市场，在这样的市场上，评判经理人员人力资本价值的指标包括其所经营企业的业绩好坏、对股东的负责任程度，这些指标也决定了他们在经理人市场上的薪资和就业机会。经营业绩好且对股东负责的经理人的薪资会高，其人力资本价值将得到增值；经营业绩不好的经理人薪资很低或者会被解雇，其人力资本就会贬值。因此，如果农村商业银行所在区域的市场化程度高，将有利于农村商业银行金融服务能力的提升。基于此，提出假设 H1：

H1：农村商业银行外部市场化程度高有利于提升其金融服务能力。

（2）法律法规的保障机制。法律法规一方面为公司治理的建立和运作提供了基本的框架和参考，另一方面通过对违规行为的惩罚保证了良好公司治理的实现。具体来说，健全的法律法规能够保障股东投资回报、协调治理主体关系、提高抗风险能力。现行的公司治理法规能够得到适当的应用，农村商业银行股东的投资将能受到有效的保护，治理主体的关系将会协调，抗风险能力也能有所提高，从而使得农村商业银行的资本存量以及负债业务有所增加。农村商业银行负债业务的完善和资本存量的增加将为企业提供雄厚的实力，在各种监管制度健全的前提下，其金融服务能力必将得到提升。基于此，提出假设 H2：

H2：农村商业银行外部法律法规完善有利于其金融服务能力的提升。

（3）产品市场的竞争机制。芝加哥学派认为，产品市场竞争将驱逐竞争力不强的公司，因此如果管理者不愿意被解雇、股东也期望最大化投资收益，那么企业将有足够的动力去优化自己的产品、推销自己的产品以增加利润。当农村商业银行面临的金融产品市场是自由竞争市场、充分竞争市场时，农村商业银行要想立于不败之地，必须从以下几个方面入手：第一，不断创新金融服务产品和金融服务方式，如创新信用评估手段来降低运营成本、发掘潜在客户，这个过程称为竞争机制中的竞争效应；第二，在竞争过程中，农村商业银行不仅要创新，还要不断学习其他发展好的金融机构的先进金融产品、运营模式及管理经验等。通过学习、完善自身，提高其金融服务能力，这一过程称为竞争机制中的学习效应。无论是竞争效应还是学习效应最终都会提高农村商业银行的金融服务能力。基于此，提出假设 H3：

H3：农村商业银行所在地区产品市场化程度高有利于其提升金融服务能力。

（4）政府的干预机制。地方政府对农村商业银行存在着广泛的行政干预。首先，地方政府想通过行政干预农村商业银行在其辖区内增加贷款规模，甚至从农村商业银行直接贷款，目的在于加快地方基础设施建设，对中小企业的投资环境进行改善。其次，地方政府为维护地方利益，对银行机构进行行政干预来维护债权的情况时有发生。最后，由于党管干部引发的党委会决定农村商业银行的人事任免制度，这会造成董事会研究通过的事项还要在党委会重复决策或使得党委会替代了高级管理层进行决策等现象的发生。以上这些行为都不利于农村商业银行金融服务能力的提升。基于此，提出假设 H4：

H4：农村商业银行所在地区政府干预程度高不利于其金融服务能力的提升。

2. 外部治理对农村商业银行金融服务能力影响的实证分析

（1）样本选择及数据来源。基于数据的可得性，在信息披露健全的 56 家农村商业银行中剔除年报中外部治理及金融服务能力信息不全的样本，本节选取 2011～2014 年全国范围内的 36 家农村商业银行作为研究对象。外部治理信息及金融服务能力数据等，通过手工方式从农村商业银行官方网站披露的年度报告以及《中国统计年鉴》《中国分省份市场化指数报告》中收集整理。

（2）变量选取。农村商业银行要在保障自身可持续发展的基础上，为适应农村经济体的多元化金融服务需求，而不断扩大金融服务范围。因此，本书选取农村商业银行金融服务能力指标为资产收益率（ROA）、个人贷款占比（PPD）和农村商业银行分支机构数量（BN），其中资产收益率反映农村商业银行可持续经营能力（即资产收益率越高，农村商业银行可持续经营能力越强），个人贷款占比反映农村商业银行金融服务的深度（即个人贷款占比越大，农村商业银行服务深度越深，也就是说，农村商业银行服务穷人的能力越强）和分支机构数量（分支机构数量越多，服务范围越广）。

我国农村商业银行面临的外部治理环境相对国外发达市场来说是严重不足的，照搬国外文献中的外部治理指标将很难分析外部治理对我国农村商业银行的影响。因此本书采用樊纲给出的我国各省区市场化指数作为我国农村商业银行的外部治理的代理指标。$EG_{it}$ 中包含的变量有市场化指数（MI）、法律制度环境指数（LSI）、产品市场指数（PMI）和政府与市场关系指数（GAMI）。其中，市场化指数反映农村商业银行外部市场化程度，其数值越高，说明市场化程度越高；法律制度环境指数反映农村商业银行外部法律制度环境完善程度，其数值越高，说明法律制度环境越完善；产品市场指数反映农村商业银行所在地区产品市场化程度，其数值越高，说明产品市场化程度越高；政府与市场关系指数反映农村商业银行面临的政府干预程度，其数值越高，说明政府干预越少。

关于农村商业银行特征的变量包括：总股本（CAPITAL）（为了分析的需要，在回归过程中对总股本取自然对数处理）、不良贷款率（NPL）和农村商业银行的资产规模（SIZE）。宏观经济变量 $M_t$ 用当地 GDP 来反映（为了分析的需要，在回归过程中对总股本取自然对数处理），如表 7 – 13 所示。

表 7 – 13　变量定义及数据来源说明

| 变量 | 定义 | 数据来源说明 |
|---|---|---|
| ROA | 总资产收益率 | 农村商业银行相关年份年报 |
| PPD | 个人贷款占比 | |
| BN | 分支机构数量 | |
| MI | 市场化指数 | 《中国分省份市场化指数报告（2016）》王小鲁、樊纲、余静文著 |
| LSI | 法律制度环境指数 | |
| PMI | 产品市场指数 | |
| GAMI | 政府与市场关系指数 | |

续表

| 变量 | 定义 | 数据来源说明 |
|---|---|---|
| CAPITAL | 总股本的自然对数 | 农村商业银行相关年份年报 |
| NPL | 不良贷款率 | |
| SIZE | 总资产的自然对数 | |
| GDP | 当地人均 GDP | 相关年份《中国统计年鉴》 |

（3）模型设计。为了找到农村商业银行外部治理机制欠缺对其服务"三农"的影响，本书设计如下模型：

$$P_{it} = CONSTANT + \alpha'EG_{it} + \beta'MS_{it} + \varphi'M_t + \varepsilon_{it}$$

式中：$P_{it}$ 是农村商业银行 $i$ 在 $t$ 时间的金融服务能力指标；constant 表示常数项；$EG_{it}$ 是表示外部治理水平的指标；$MS_{it}$ 是农村商业银行的特征变量；$M_t$ 是宏观经济特征变量；$\varepsilon_{it}$ 为随机误差项。

（4）实证检验及结果分析。依据计量经济学中的"由大到小"的建模思路，以稳健标准误为依据，分别对 ROA、PPD 和 BN 进行回归分析。整个回归过程中首先用所有解释变量和控制变量对被解释变量进行回归，然后逐步剔除统计上不显著的变量和经济上不显著的变量进行回归，最终得到的回归分析结果如表 7 - 14、表 7 - 15 和表 7 - 16 所示。

表 7 - 14　ROA 回归分析结果汇总表

| | ROA（1） | ROA（2） | ROA（3） |
|---|---|---|---|
| MI | - 0.01<br>（- 0.38） | - 0.017<br>（- 0.7） | |
| LSI | - 0.0014<br>（- 0.09） | 0.002<br>（0.15） | |
| PMI | 0.13<br>（3.01）*** | 0.12<br>（2.98）*** | 0.09<br>（3.77）*** |
| GAMI | - 0.06<br>（- 1.00） | - 0.04<br>（- 0.77） | |
| CAPITAL | - 0.19<br>（- 2.32）** | - 0.12<br>（- 3.79）*** | - 0.1<br>（- 4.11）*** |
| NPL | - 0.12<br>（- 5.25）*** | - 0.11<br>（- 5.76）*** | - 0.11<br>（- 5.91）*** |

续表

| | ROA (1) | ROA (2) | ROA (3) |
|---|---|---|---|
| SIZE | 0.05<br>(0.53) | | |
| GDP | 0.04<br>(0.60) | | |
| _ cons | 1.12 | 1.43 | 1.19 |
| R – squared | 0.5484 | 0.5399 | 0.5197 |
| F | 7.83 | 10.06 | 17.04 |
| P – value | 0.0000 | 0.0000 | 0.0000 |
| Observations | 68 | 68 | 68 |

注：＊、＊＊、＊＊＊分别代表在1%、5%和10%水平下显著。

### 表7-15 PPD回归分析结果汇总表

| | PPD (1) | PPD (2) | PPD (3) |
|---|---|---|---|
| MI | 0.23<br>(0.15) | 0.398<br>(0.28) | 1.47<br>(1.1) |
| LSI | -0.52<br>(-0.56) | -0.56<br>(-0.62) | -1.23<br>(-1.45) |
| PMI | 1.06<br>(0.44) | 1.52<br>(0.67) | 2.26<br>(1.00) |
| GAMI | 4.91<br>(1.47) | 4.17<br>(1.41) | 2.91<br>(1.02) |
| CAPITAL | -1.1<br>(-0.24) | 0.68<br>(0.21) | |
| NPL | 0.56<br>(0.42) | | |
| SIZE | 6.53<br>(1.32) | 3.83<br>(1.16) | |
| GDP | -13.2<br>(-3.48)＊＊ | -12.48<br>(-3.9)＊＊＊ | -7.75<br>(-3.91)＊＊＊ |
| _ cons | 59.31 | 63.27 | 2.21 |
| R – squared | 0.3963 | 0.3898 | 0.3512 |

续表

| | PPD（1） | PPD（2） | PPD（3） |
|---|---|---|---|
| F | 4.23 | 5.48 | 6.71 |
| P – value | 0.0003 | 0.0001 | 0.0000 |
| Observations | 68 | 68 | 68 |

注：*、**、***分别代表在1%、5%和10%水平下显著。

表7 – 16　BN回归分析结果汇总表

| | BN（1） | BN（2） | BN（3） |
|---|---|---|---|
| MI | -32.3<br>(-0.2) | -72.6<br>(-0.52) | |
| LSI | -8.2<br>(-0.18) | 3.6<br>(0.09) | |
| PMI | 10.2<br>(0.2) | 8.3<br>(0.17) | |
| GAMI | -18.1<br>(-0.2) | 10.2<br>(0.14) | |
| CAPITAL | -69.1<br>(-0.98) | | |
| NPL | -25.6<br>(-0.81) | | |
| SIZE | 317.4<br>(3.59)*** | 275.1<br>(8.26)*** | 258.9<br>(8.63)*** |
| GDP | 71.5<br>(0.93) | | |
| _ cons | -1532.9 | -1096.5 | -1418.6 |
| R – squared | 0.5687 | 0.5490 | 0.4949 |
| F | 9.96 | 17.53 | 74.46 |
| P – value | 0.0000 | 0.0000 | 0.0000 |
| Observations | 68 | 68 | 68 |

注：*、**、***分别代表在1%、5%和10%水平下显著。

从表7 – 14、表7 – 15和表7 – 16可以看出，外部市场化程度、法律制度环境、政府干预程度对农村商业银行ROA、个人贷款数量及农村商业银行分支机构数量均不产生影响。产品市场竞争程度对农村商业银行 ROA 有正向影响，即外部产品市场竞争程度越大，农村商业银行的总资产收益率越高；但产品市场竞争程度对农村商业银行个人贷款数量和分支机构数量均不产生影响。也就是说，当农村商业银行面临的产品市场竞争程度加剧时，其并没有增加对个人的金融服务，也没有扩大分支机构数量，而是通过选择收益率更高的项目（如增加对大客户的贷款等）提升自身收益。

## 二、策略的重点

通过对农村商业银行外部治理存在问题的分析，以及外部治理缺失对农村商业银行服务能力影响的研究，得出外部治理优化策略的几个重点方面：

（一）提高外部市场化程度

提高外部市场化程度包括提高金融产品市场化程度和提高经理人市场化程度两个方面。

（1）当农村信用社面临的金融产品市场的市场化程度较高时，农村信用社要想获得优势，必须从以下两个方面做出努力：第一，不断创新金融服务产品和金融服务方式，如通过创新信用评估手段来降低运营成本、发掘潜在客户（我们将这个过程称为竞争机制中的竞争效应）。第二，不断学习其他发展优良的金融机构先进的金融产品、运营模式及管理体制等（我们将这一过程称为竞争机制中的学习效应）。

（2）在经理人市场化程度高的地区，评判经理人员人力资本价值的指标包括经营企业的业绩好坏、对股东的负责任程度等。这些指标也决定了他们在经理市场上的薪资和就业机会，经营业绩好且对股东负责的经理人的薪资会高，其人力资本价值将得到增值；经营业绩不好的经理人的薪资很低或者会被解雇，其人力资本就会贬值。职业经理人为了自身人力资本价值的提升，会通过不断努力工作来提高农村信用社的金融服务能力。因此，提高农村信用社外部市场化程度是农村信用社外部治理优化策略的重点之一。

（二）避免地方政府对农村信用社的行政干预

地方政府对农村信用社进行广泛行政干预，主要是出于以下几个目的：一是想通过行政干预农村信用社在其辖区内增加贷款规模，甚至从农村信用社直接贷款，从而加快地方基础设施建设，对中小企业的投资环境进行改善。二是地方政府对银行机构进行行政干预来维护债权，从而维护地方利益。三是由于党管干部引发的党委会决定农村信用社的人事任免制度，这会造成董事会研究通过的事项还需要在党委会重复决策，或使得党委会替代了高级管理层进行决策等现象的发生。在上述目的引导下，地方政府对农村信用社的干预，首先会限制农村信用社服务对象的选择，其次会影响农村信用社的贷款质量，最后有可能影响农村信用社自主经营的能力。因此，避免地方政府对农村信用社的行政干预是农村信用社外部治理优化策略的又一重点。

### 三、优化策略

#### （一）健全农村金融市场产品竞争机制

产品市场竞争程度越充分，农村信用社的高管面对竞争充分的产品市场，越有动力不断地改善其经营管理的方式和开发出新产品。本书主要从以下几个方面提出健全农村金融市场产品竞争机制的策略。

（1）完善竞争机制。农村金融产品竞争市场的健全除了需要完善金融市场体系外，还需要促进农村金融机构的充分竞争。目前农村金融产品市场的竞争源主要包括：农村信用社、邮政储蓄银行及各大国有商业银行的县域分支机构等。相比于城镇地区，农村地区的金融机构网点较少，金融产品的创新程度也较低，竞争程度较为薄弱，这就必然会导致农村地区的金融服务缺失、服务水平滞后、服务价格偏高等，这些问题大大限制了农村信用社普惠金融目标的实现。为了让更多的金融机构有机会参与到农村金融市场的产品竞争中，首先，政府应该积极引导新型的金融机构进入农村金融市场，如新兴的村镇银行、农村资金互助社及小额贷款公司等，进而遏制农村金融市场中出现垄断局面；其次，政府应鼓励各农村金融机构发挥创新精神，开发新型金融产品，提高自身的竞争力，适度扩大金融服务范围，让农村金融机构充分发挥其主体功能。通过竞争机制的完善，刺激农村信用社不断提升其竞争力，从而提升金融服务能力。

（2）规范市场竞争行为。我国农村金融机构的发展往往并不是由市场推动的，相反主要借助政府的扶持，这个过程实质上是把政治权利引入经济领域，因而这种方式容易加剧寻租行为，滋生更多的腐败。再者，各金融机构在产品竞争的过程中出于各种目的难免会产生违反市场竞争机制的行为，这就需要政府和金融机构自身对不正当竞争行为进行规范管理。在规范农村金融产品市场竞争行为时，各级政府要明确不能过分干预农村金融机构所经营的业务尤其是贷款发放的自主权，明确规范市场竞争行为，保护各金融机构的合法权益。在此前提下，规范市场竞争行为的措施主要包括打击不正当竞争、限制垄断、鼓励竞争等。在短期内各级政府和金融机构可以采取一定的措施对不正当竞争行为进行严厉打击，从而促进各农村金融机构的有效竞争。例如，借助《金融行为处罚办法》加大对违法违规案件的惩处力度或者通过不断提高农村金融机构从业人员依法经营意识来促进公平竞争等。长期来说，政府可以通过制定或修订《反不正当竞争法》和《反垄断法》来维护农村金融产品市场的公平，以法律法规的形式促进产品市场竞争环境的改善，以减少农村金融市场产品竞争性不足问题的产生。但需要注意的是，在制定产品市场竞争的相关法律法规时应做到统筹兼顾相关法律法规，如《公司法》《公司治理准则》等，从而更好地发挥市场竞争机制的积极影响，实现农村信用社金融服务能力的进一步提升。

（二）建立农村金融机构经理人市场

经理人市场是经理人员人力资本实现自由流动的市场，经理人市场会对经营者产生激励和约束作用。如果农村信用社拥有健全的经理人市场，经理人出于自身人力资本价值提升的目的也会努力经营农村信用社、最大限度满足股东利益、积极进行产品创新，进而提升其金融服务能力。

从农村信用社的现状来看，调查发现，目前并没有形成职业经理人市场，主要表现：第一，现行农村信用社管理制度下，农村信用社的高管人员几乎全部是省联社直接任命，其高管主要接受省联社的考核评估，而不是股东的考核评估，所以不能保证股东的利益。第二，按照省联社的要求，农村信用社的高级管理人员之间进行定期交流，使决策者在经营管理中存在一个暂时的心理。各地省联社统一规定农村信用社的董事长不论经营能力和业绩水平如何都要定期在各地进行互换交流。虽然这种做法能有效防止内部人控制和防范操作风险，但在一定程度上也会使高级管理人员在工作中有临时的心理，更注重追求短期利益最大化而忽视农村信用社可持续发展机制的建立。第三，由于农村信用社经营管理水平低于国有商业银行，难以吸引优秀的高级管理人员。

因此，农村信用社要建立培育经理人市场，改革高级管理人员选拔任免方式。

（1）推动经理人市场建设，建立健全经理人的信用制度。一方面，通过营造公平竞争的经理人市场环境，打破政府对经理人市场分化的格局，加大经理人人力资源开发投入，通过制度规章引导经理人行为，要不断提高农村信用社经理人资源供给的质量和数量；另一方面，在农村信用社内部建立健全经理人引进机制，完善内部制度，使得内外部机制都合理运行。

（2）加大经理人市场化选聘，发挥外部经理人市场的积极效应。省联社要减少行政干预的行为，降低上级委派和直接任命的比例，按照"公开招聘、层层选拔、公正公平、能者优先"的原则，以现有岗位竞聘、客户经理制为基础，增加经理人市场化选聘比例，尽量从经理人市场中直接选拔适合农村信用社经营发展的经理人人选。

（三）创新农村金融市场中的政府监管方式

政府监管就是利用法律、经济和行政手段，加强对农村信用社的监督管理，促使其提升风险防范能力，实现农村信用社可持续发展。因此，要根据农村信用社的特殊性及改革发展的需求，不断创新政府监管理念、改变政府监管方式。

（1）创新政府监管理念。农村信用社作为政府政策支持下服务"三农"发展的农村金融机构，很长时间的发展受到政府的过度干预，特别是资金的流向，造成了农村信用社不能充分发挥其资金的配置作用。政府监管机构要积极鼓励农村信用社开展业务探索，将激励监督理念引入监管工作中。另外，政府监管部门要逐步从合规监管转向风险监管，以监管结算风险和操作风险为重点，不仅要加强对贷款风险的监督，还要加强对资产赎回、资本拆解和投资项目等风险的监督。因此，政府必须迅速转变角色，创新监管理念，从而更好地推动农村信用社的发展。

（2）改变政府监管方式。由于政府地位的特殊性，导致其在履行监管职责时往往以行政管理代替法律监管，手段较为单一。因此，政府应考虑引进多元化、差异化的监管方式，采用先进的科学监督机制提高监管措施的及时性和真实性。第一，采用信息化网络监测工具。运用地方政府机构的内部监管网络，对农村信用社的市场准入、退出机制进行监管，并对高级管理人员履职情况进行网络监督和业绩评价，集中管理并资源共享非现场监督和现场监督的信息，形成合力监管，扩大监督范围；第二，根据各农村信用社不同的地方条件实施差异化的监管方式。政府对当地农村信用社的监管应当区别于城市商业银行、政策性银行及外资银行，根据农村信用社的地区差异和产权制度的区域化改革，推行适合各类农村信用社的差异化监管方式。

# 第八章　完善公司治理，提升农村信用社金融服务能力策略的保障措施

第七章主要就如何完善公司治理进而提升农村信用社的金融服务能力制定了相关策略，但策略的实施必须要有外部条件的保障和支持。为了使策略得以较好实施，本章将从法律制度体系的完善、内外部激励约束机制的健全、利益相关者作用的发挥及金融生态环境的建设四个方面采取措施。

## 第一节　构建完善的法律制度体系

目前我国农村金融法律法规体系还不健全，这将直接影响农村金融机构改革的推进，导致农村金融机构无法合法稳健的运行，从而阻碍农村经济体制改革和农村经济的持续、快速、健康发展。因此，要确保农村信用社公司治理改革顺利完成，必须要有完善的法律制度体系作支撑。

### 一、加快推进农村信用社法律体系建设

农村信用社已成为农村金融市场的主力军，但目前还没有一部专门的法律对农村信用社的性质和内部治理结构等内容进行严格的界定。虽然我国已经出台了《农村专业合作经济组织法》《农村信用社管理规定》《农民专业合作社法》和《农村信用社县级联社管理规定》等法律法规，但在这些现行法律法规中，并未明确农村信用社的法律性质，因此，要加快推进农村信用社自身立法进程，构建一部属于农村信用社自己的法律法规。

（一）在立法上明确农村信用社的法人地位

有关农村信用社的法律性质，至今并无统一定论，这在一定程度上阻碍了农村信用社的发展。因此，应在立法上明确农村信用社的法人地位。

首先，从法律层面明确农村信用社经营的独立性。未经法律允许，任何单位、组织和个人都不能干预农村信用社日常的经营管理活动，农村信用社有权自

行做出经营管理决策。同时，要用法律的形式明确政府和农村信用社、省联社和农村信用社之间的关系，政府主要履行监管职能，对于农村信用社日常的经营管理活动，不能直接干涉；省联社履行行业管理职能和服务职能，为农村信用社提供便利。同时，农村信用社董事会成员、监事会成员和高级管理层人员要按照法律程序民主产生，不再由省联社直接任命。

其次，明确规定农村信用社的民事责任。从农村信用社发展的历史情况来看，国家政府一直是农村信用社最后的保障，对农村信用社的行为负责，这在很大程度上是出于维护农村金融市场稳定的考虑。但是，随着县域经济的不断发展，农村信用社的经营状况不断好转，理应成为自主经营、自担风险的市场主体。因此，在今后公司治理改革的进程中，不仅要从法律层面进一步明确界定国家政府与农村信用社之间的资金关系，而且要从法律层面明确规定农村信用社的民事责任，使得国家政府仅对农村信用社履行扶持义务，对其经营亏损不再承担责任。

（二）健全农村信用社的法人治理结构

农村信用社的法人治理机构主要是由社员（代表）大会、董事会和监事会组成，实现经营管理中的决策、执行和监督职能。现阶段，农村信用社"三会"的作用并未有效发挥，只有通过健全法人治理结构，才能使得这三种职能相互制衡。

首先，农村信用社的最高权力机关是社员（代表）大会，必须要从法律层面明确其职权。社员（代表）大会的职权主要包括：制定和修改农村信用社章程；负责董事会和监事会成员的人事任免权；负责董事会和监事会的报告审议权；负责农村信用社的财务预算、决算、合并、分立、终止和清算方案的决定权。除了保障社员（代表）大会的权利，还要明确每一位社员的权利，主要有：确保每一位社员拥有一人一票的表决权，赋予一定比例数量的社员在特定情形下召集临时社员（代表）大会的权利，赋予一定比例数量的社员在特定情形下行使"股东代表诉讼"的权利，实现对高级管理人员的监督。

其次，农村信用社的经营管理和决策机关是董事会。董事长（理事长）是农村信用社的法定代表人，农村信用社的主任是由董事会直接聘任的金融专业人员，并对董事会负责，不难看出，这很容易产生内部人控制问题。因此，要在农村信用社法律法规中明确董事会的组成。同时，根据前文的研究结果，农村信用社中存在"花瓶"独立董事，因此要以法律的形式明确独立董事的监督职能。

最后，监事会是农村信用社的监督机构。我国农村信用社的监事会成员大都为内部员工，监督的意义不大。但从前文分析可知，监事会发挥的监督作用要远远大于董事会。因此，要在农村信用社法律法规中，以法律的形式明确监事会的监督职能范围，明确其对农村信用社人事权和财产权的监督职权，明确规定其地位与董事会相同，进而发挥好权力制衡的监督机制。

（三）优化农村信用社监管法规

随着改革的不断推进，农村信用社在监管方面表现出很多问题。例如，监管不明、监管手段不当等，这都会阻碍农村信用社前进的步伐。因此，需要进一步优化现有农村信用社的监管法律法规。

第一，明确监管主体的法律地位。由于历史原因，农村信用社在发展过程中一直受到多个监管主体的监督，这就造成了重复监管和越位监管的现象。因此，要以法律的形式明确各监管主体之间的权责关系。①银监会属于国家金融监管，履行主要监管职能，但不得干涉农村信用社的日常经营；②明确制定地方政府监管农村信用社的实施办法，减弱惯有的行政监管，加强法律层面的监管；③明确省联社作为行业自律协会的法律地位，建立相关追责制度，明确省联社的监管职责。

第二，完善市场准入监管制度。目前，中国人民银行主要是通过控制农村信用社的数量指标进而监管其市场准入。就其发展的现状来看，这种监管模式无法适应市场经济发展的需要，而且与农村信用社自身情况也不相符。因此：①改变监管理念。中国人民银行要从宏观上控制农村信用社的市场准入，根据各地经济发展的差异，由各地银监会适当调整农村信用社的数量指标，确保农村信用社在区域上的分布科学、合理。②监管部门要加强对农村信用社资金来源的合法性审查，减少农村金融市场的不稳定因素。③全面持续监管农村信用社高级管理人员的任职条件。一方面，要对拟任高级管理人员的材料进行全面、细致的审查。不仅要重视学历，而且也要重视拟任高级管理人员的人品、素质、思想道德及工作能力；另一方面，要加大对农村信用社高级管理人员的考核力度。监管部门要建立定期考核制度，认真、全面考察农村信用社高级管理人员的业务能力、个人品德，坚决不能采取"走过场"的形式。对于考核不合格的高管绝不手软，这样才能有效防止经营风险和道德风险的发生。

第三，健全市场退出监管制度。目前我国仅有《商业银行法》和《公司法》规定了商业银行的市场退出监管制度，尚未有专门的法律对农村信用社的市场退出进行规定。要解决农村信用社市场退出法律不健全的问题，可以通过建立存款保险制度来解决。①建立全国性的农村信用社存款保险体系，由国家政府和各地农村信用社共同发起设立。一方面方便国家政府的宏观调控，提升存款保险制度的权威性；另一方面也能够有效监管农村信用社。②设立特别救助基金。该基金设立的目的是帮助一些运营不下去的农村信用社消除自身危机，保证整个农村金融市场的稳定。③给予存款保险机构适当的监管权。存款保险机构可以定期对农村信用社进行现场检查，及时了解农村信用社每一阶段的运营状况，防止农村信用社风险大面积的扩散，对政府监管职能也是一种有效补充形式。

第四，实施风险监管。根据改革的要求，农村信用社*要逐步发展成为农村商业银行，而这一过渡时期的法律法规还不完备，在监管上还存在一些漏洞。因此，要在这一特殊时期，不断提高农村信用社的抗风险能力。一方面，农村信用社要树立全面的风险监管观念，加强对主要风险的监管力度，包括信用风险、操作风险和市场风险等，并将经营风险控制在能够承受的范围之内；另一方面，各地农村信用社要建立完善的授信管理制度，对各项贷款质量、大额授信、集团客户授信和行业集中度等风险进行重点监测，防范风险集中。

**二、健全金融消费者权益保护法律体系**

随着农村金融市场的迅猛发展，金融产品和服务不断丰富，各金融机构间的竞争日益激烈，但由于金融消费者自身专业知识的限制，金融消费者与农村信用社存在信息不对称的现象，导致金融消费者的权益受到一定程度的侵害，这无疑是农村信用社提升金融服务能力的绊脚石。目前，我国在金融消费者权益保护方面还没有出台专门的法律法规。因此，健全金融消费者权益保护法律体系对于提升农村信用社金融服务能力至关重要。

（一）明确农村信用社在金融消费者权益保护方面的义务与责任

明确农村信用社在金融消费者权益保护方面的义务与责任，是对金融消费者权益予以充分、有效保护的前提。

首先，农村信用社在向金融消费者提供金融产品和服务时，必须确保所提供的信息真实有效，确保消费者在交易时拥有绝对的知情权。农村信用社在向金融消费者销售金融产品时，有必要交代清楚金融产品的情况。这不仅可以确保消费者获得金融服务，而且可以确保消费者合理评估金融产品的风险，以便其作出合理的判断和选择。

其次，农村信用社在给金融消费者提供产品和服务时，要遵循诚实、公平、信用等原则，不能强制金融消费者接受其产品和服务，确保消费者拥有公平交易权，确保金融消费者可以根据自己的经验、喜好自主选择交易对象，不受他人不合理干预的影响。

最后，在购买金融服务的过程中，若金融消费者不是因为本人过失而遭受人身、财产损失时，农村信用社必须承担责任、予以赔偿，并保证在与消费者进行交易过程中严格保密消费者个人信息。

（二）完善金融消费者权益保护监管工作体系

为保证农村信用社积极履行其责任和义务，使得金融消费者的权益受到有效保护，我国有关部门应设立具有检查、执行和监督权的专门监管机构，这是保证有效实施金融消费者权益保护法律的关键。

首先，由于农村信用社是在政府支持下设立的，其与政府、国有企业紧密联系，所以借此便利性可以考虑在当地政府机构设立专门监管机构。这一方面能促使农村信用社积极履行义务，另一方面也使得消费者更加放心地在农村信用社中满足自身金融服务需求。

其次，在各地区中央银行内部成立金融消费者保护局或者金融消费者保护中心，并给予其执行、检查和监督的权利，加强对金融消费者的教育。

最后，设立中国金融消费者委员会。其一，利用多种途径保护金融消费者的合法权益；其二，监督农村信用社在给消费者提供服务时的经营行为。通过这两个方面的有效实施，可以在金融消费者教育、消费风险提示、处理金融消费者投诉等方面发挥积极作用。

（三）建立有效的金融消费者纠纷解决机制

目前，我国农村信用社在处理消费者投诉和解决纠纷等方面相对比较薄弱，因此为解决这一问题，应建立一套有效的金融消费者纠纷解决机制。

首先，农村信用社内部要建立消费者纠纷解决程序。在金融消费者的利益受到侵害时，消费者可以向农村信用社投诉，并与之协商，寻求最佳解决方案。

其次，建立一个自律性的协调机制。设立处理消费者投诉的机构，制定投诉处理规则和程序，为金融消费者解决利益侵害问题提供一个公正、高效的平台。

**三、完善文明诚信法律体系建设**

文明诚信是农村金融市场有序发展的重要保障，因此制定并完善文明诚信法律体系是健全农村信用社法律制度体系的一项重要内容。通过立法强化违约责任追究，提高失信成本，为农户、小微企业、涉农企业等市场主体提供伸张正义、惩罚失信者的法律保障。建立有利于保护守信者、打击失信者的信用准则，使得农户、小微企业、涉农企业等市场主体在维护正当权益上有法可依。

（一）建设农村信用社的文明诚信法律体系

农村信用社的文明诚信体现在面对农户、企业以及评级机构、监管机构等方面。面对农户和企业，农村信用社必须确保为消费者提供的金融服务及金融产品真实可靠，杜绝欺诈、骗取消费者利益等行为；面对评级机构、监管机构，农村信用社必须披露、提交真实的资料并积极配合监督检查，杜绝以获得高的信用评级或者顺利通过监管为目的，与相关人员勾结或拟造虚假资料的行为。为防止这类行为的发生，需要一定的保障措施。

首先，在建立文明诚信法律体系时，一方面，要加大力度完善信息征集体系，对于征集信息的范围要进一步明确，同时要制定相应的征集信息的方式，以此来确定评级部门等机构的执行方案；另一方面，还要规范农村信用社在权利、义务等方面的法律条文，使相关机构在征集信息的同时有一定的文明诚信立法保障。

其次，要明确中央银行的主体地位，保障相关部门按照法律义务提供相关数据，设置各类信息的收集标准及权限，保障信息采集后能够使用。另外，当地政府也应配合信用建设工作人员规定地方性规章制度及细节文件，强化信息采集的公开程度，减少风险，实行奖罚制度，快速提高信用体系征集数据的效率。

（二）建设金融消费者的文明诚信法律体系

文明诚信法律体系不仅仅针对农村信用社，同时也面向广大金融消费者。作为金融市场的主要参与者，金融消费者的行为也要受到同等程度的规范。

首先，金融消费者在自主决定参与金融交易或投资时，应确保所提交的所有信息真实、准确、可靠，杜绝以他人名义或填写虚假信息来获得农村信用社提供的金融服务的行为。

其次，金融消费者在参与金融活动时要遵守各方面的法律法规，杜绝以投机取巧等方式侵吞他人及农村信用社的利益。相关机构要建立严格的消费者行为规范，相关立法机关要明确对不文明行为的惩罚机制，相关监管机构要积极监督、审查消费者行为。

# 第二节　建立健全内外部激励约束机制

构建科学合理的激励约束机制，对董事会/监事会成员、高级管理人员、员工实施有效的激励约束，对农村信用社服务"三农"业务予以支持，对农村信用社的经营管理予以约束，将有利于理顺农村信用社经营者与各利益相关者之间的关系；有利于将高级管理层、员工的经营绩效、履职规范与薪酬有机挂钩，激发其工作积极性和创造性，全面提升农村信用社的经营效益与服务"三农"水平；有利于提高风险防控能力，克服短期行为，防止内部人控制，保障农村信用社安全稳健运行；有利于推动农村信用社加快向产权明晰、资本充足、治理完善、功能健全、效益良好的金融机构过渡。

因此，本节将从完善内部激励机制、发挥政策引导作用、优化内部约束机制和健全外部监管体制四方面提出农村信用社金融服务能力提升激励约束机制的保障措施。

### 一、建立完善的内部激励机制来调动员工的工作积极性

完善的内部激励机制主要是为农村信用社的员工、董事会成员、监事会成员和高级管理人员制定的。通过制定科学合理的激励机制，提高农村信用社员工的业务能力及经营管理水平，并最终提升农村信用社的金融服务能力。

（一）建立以经济激励为核心的基础层面激励机制

对于农村信用社的董事、监事和高级管理人员来说，有效的经济激励能使他们感到努力工作是值得的，会产生一种持久的工作动力来支撑其努力工作。因此，要构建农村信用社董事、监事和高级管理人员的经济激励机制。

首先，确立公平、科学的薪酬体系。农村信用社要坚持市场化的薪酬原则，改革现有的薪酬制度。对于董事、监事和高级管理人员的薪酬，要先由董事会提出方案，再由股东大会批准。而且要根据责任大小、工作难易程度、决策风险大小等因素，采取多元化的收入形式（即基本薪水＋奖金＋长期奖励＋福利和额外津贴），合理确定农村信用社董事、监事和高级管理人员的薪酬，实现董事、监事和高级管理人员利益、职责、风险相互对称的薪酬体系。

其次，建立完善的绩效评价体系。完善的绩效评价体系应当包括绩效评价指标、绩效评价标准和绩效评价方法三个基本方面。为此，农村信用社可以在借鉴国外和国有商业银行成熟经验的基础上，建立一套与自身特点相符的绩效评价体系。①农村信用社应该从每年各行总体目标的完成情况，和董事、监事及高级管理人员所在职位绩效目标的完成情况来进行考核。②在考核过程中，应该采取现场和非现场考核相结合的方式，由农村信用社股东大会领导人事和薪酬委员会对各董事和监事的具体情况进行考核，再由董事会组织实施对高级管理人员进行考核。③结合现场考核情况，由农村信用社人事和薪酬委员会给出关于董事和监事的奖励方案，上报股东大会获得通过；高级管理人员年度考核结果和奖励方案，要由董事会研究批准，向股东大会说明后，予以披露。

（二）建立以人力资本发展为核心的精神层面激励机制

农村信用社在建立对董事、监事和高级管理人员的激励机制时，不应该只注重经济激励，更应高度重视董事、监事和高级管理人员的精神激励。

首先，加大对农村信用社董事、监事和高级管理人员的培训激励。对农村信用社董事、监事和高级管理人员进行培训，是对其素质和潜能的开发。①农村信用社要建立对董事、监事和高级管理人员的培训激励管理系统，包括对董事、监事和高级管理人员培训战略的制定、培训政策的制定、培训方案的实施及对培训结果的考核等。②按不同级别和所属业务范围分别开展不同内容的培训班，如对高级管理人员可以开展侧重经营理念内容的培训班。③在条件允许的情况下，可

分批分方向地把一部分董事、监事和高级管理人员送到国外去学习、考察一些较为成熟的小型金融机构的治理机制和治理模式，开阔他们的思维。

其次，建立并落实农村信用社董事、监事和高级管理人员的声誉激励机制。良好的声誉激励机制会使农村信用社董事、监事和高级管理人员长期受益，而当前阶段农村信用社的声誉机制仅仅流于形式，并没有发挥出其应有的激励作用。因此，要建立农村信用社董事、监事和高级管理人员的声誉激励机制，即要改革已明显不适应农村信用社发展需要的用人管理制度，增强董事、监事和高级管理人员的职业化倾向。对于经营业绩好、负责任的董事、监事和高级管理人员，要延长其退休年龄；对于经营业绩一直很好的著名董事、监事和高级管理人员，甚至可以建议不设置退休制度。

（三）建立以长期激励为核心的产权制度层面激励机制

目前，农村信用社对董事、监事和高级管理人员实施的激励方式基本上以短期激励为主，如工资、奖金和福利等，因而会导致董事、监事和高级管理人员更加注重农村信用社的短期业绩。为了使各董事、监事和高级管理人员能够长远地为农村信用社的发展服务，农村信用社对董事、监事和高级管理人员应建立长期激励机制。

具体来说，一方面，在农村资本市场逐渐完善的基础上，对农村信用社的董事、监事和高级管理人员实行股权激励机制。也就是说，农村信用社要向董事、监事和高级管理人员提供一种股权激励，即在一定的期限内，农村信用社董事、监事和高级管理人员按照某一确定价格购买一定数量股份的权利，进而促使董事、监事和高级管理人员为实现农村信用社的经营目标而努力工作。另一方面，建立奖励董事、监事和高级管理人员的退休和医疗保险制度。即每年年终在对其业绩评价时，如果董事、监事和高级管理人员所在的农村信用社能够超额完成计划指标或每股利润有所增加，那么就相应地按比例或按一定标准奖励董事、监事和高级管理人员更多医疗、养老保险份额。如果农村信用社的经营状况一直较好且不断盈利，那么这种永久性福利所展现的长期激励强度就越大，董事、监事和高级管理人员就会更加注重农村信用社的长期经营效益。

## 二、发挥激励政策引导农村信用社服务"三农"的作用

农村信用社的改革和发展离不开一个良好的政策环境。但从现实情况来看，国家给予农村信用社的政策扶持和优惠尚且不足，这对农村信用社而言，会产生较大的政策风险，不利于其服务"三农"业务的开展。因此，要积极发挥国家政策对农村信用社的引导和激励作用，促使农村信用社获得更多的金融资源，进而不断增强农村信用社满足县域市场经济主体，尤其是贫困农户和小微企业金融

服务需求的能力。

（一）有效发挥财税政策的主导作用

中央财政部门和税收部门要不断完善和创新财税政策，不断扩大财政奖励和补贴范围，为农村信用社的持续发展提供动力支持。

首先，坚持税收减免政策。政府要长期坚持目前的税收减免政策，将涉农贷款比例高的农村信用社纳入优惠政策之中，提高这些农村信用社的盈利能力，创造更高的支农经济效益，增强其服务"三农"的能力。

其次，建立农产品价格保护和农业补贴制度。我国可以参照国际上比较成熟的办法和制度，对农业产业实施一定的保护，确保农业产业获得适度的利润。

再次，完善现有的农业信贷风险补偿制度。对于农村信用社发放的涉农贷款，政府要在减免营业税、利差补贴和呆账核销等方面实施优惠政策，帮助农村信用社降低农业信贷风险，从而扩大服务"三农"的范围。

最后，健全财政奖励补贴政策。通过对农村信用社实施涉农贷款增量奖励和定向费用补贴政策，鼓励农村信用社积极开展服务"三农"业务，进而保障农村信用社能够有效服务县域地区。

（二）积极发挥货币信贷政策的激励作用

中国人民银行要综合运用差别化的存款准备金率、再贷款、抵押补充贷款等多种货币政策工具，促使农村信用社加大对"三农"、小微企业的贷款投放力度，降低融资成本，提高农村信用社的金融服务水平，促进"三农"发展。

首先，坚持风险补偿原则，继续推进利率市场化改革。我国目前正在逐步推进利率市场化改革，农村信用社要按照市场利率来定价。但由于涉农贷款具有小额、分散、风险高的特点，因此农村信用社必须坚持利率覆盖风险原则，不能完全依靠国家政策的扶持。

其次，完善差异化的存款准备金政策。政府要将优惠存款准备金政策的实施与农村信用社现在的法人治理情况和涉农贷款比例挂钩。无论是农村信用社＊、农村合作银行，还是农村商业银行，只要其法人治理较为完善，并且涉农贷款达到一定比例，就可以给予其较低的存款准备金率。

再次，发挥支农再贷款政策的积极作用。一方面，对保持县（市）法人地位的农村信用社，继续执行利率优惠的支农再贷款政策；另一方面，对涉农贷款比例较高的农村信用社，要进一步加大支农再贷款支持力度。

最后，加强信贷政策评估的政策导向效果。政府部门要扎实开展信贷政策导向评估，加强评估结果与宏观审慎评估体系（MPA）、再贷款、再贴现、债券备案等的有机结合，不断增强评估工作的政策导向作用。

### 三、强化内部监管部门对农村信用社的有效监督

完善农村信用社公司治理，进而有效提升农村信用社的金融服务能力，就必须制定约束有力的规章制度，使得农村信用社内部形成相互监督的约束机制，降低农村信用社在经营过程中的风险，最终增强农村信用社的可持续发展能力。

（一）制定约束有力的规章制度

规章制度是指用人单位在组织劳动和劳动管理的过程中所制定的一切规定的总和，是企业内部的"法律"。农村信用社通过制定合理的规章制度，可以起到规范内部员工行为的作用。

首先，在农村信用社内部建立相互制约的组织架构。相互制约的组织架构需要体现农村信用社业务流程分离和职责分离的原则。要做到前台操作与交易、中台监控与管理、后台监督与评价三分离，建立岗位和业务流程之间的监督制约机制。农村信用社要按照柜台业务、授信业务、资金业务、中间业务、会计核算、计算机信息系统管理和内部监督与纠正等主要业务领域条线管理、分级负责的要求，设置相应部门和岗位。

其次，建立员工操守基金相关考核制度。省联社要督促当地的农村信用社按照银监会《银行业金融机构从业人员职业操守指引》等规定，探索并建立员工操守基金及相关考核制度。可以考虑从员工薪酬总额中提取一定比例作为操守基金，并实施操守考核制度，每年根据考核情况对操守基金数额作出调整，逐年累计，在该员工离职（任）后一定时期内根据每年的考核结果和风险释放情况予以兑现，进而提高员工对农村信用社的忠诚度，激励员工自觉遵守职业操守，促进农村信用社的持续健康发展。

最后，实行员工等级晋升和淘汰制度。将农村信用社员工的等级与其绩效挂钩，并根据绩效考核结果及时调整员工的等级，真正实现等级评定能上能下，打破"大锅饭"现象。同时，对考核结果不合格的员工，要予以警告提示，增强员工的危机感、紧迫感和责任感。

（二）确保农村信用社内部监督职能的有效发挥

在制定规章制度的基础上，农村信用社中的董事会、监事会等还必须充分发挥其监督和管理的职能。这样才能在农村信用社中真正建立起有效的内部约束机制。

首先，确保董事履行受托和看管职能。公司治理的实践表明，如果董事会中各董事相对独立且负责，那么就能促使农村信用社长期获益。因此，农村信用社各董事要履行好自己的受托职能和看管职能，充分发挥董事的监督和约束职能。比如，在农村信用社日常经营过程中，董事要监督高级管理人员是否正确行使其

权利，对不称职的高级管理人员予以解聘等。

其次，充分发挥监事会的监督作用。课题研究发现，我国农村信用社存在"双重监管"的问题，即同时存在独立董事和监事会对农村信用社进行监管。从研究结论看，独立董事基本处于"花瓶"地位，真正起到监督作用的是监事会。因此，要充分发挥监事会的监督作用。一方面，农村信用社要赋予监事会不受干扰的独立监督权，保障监事的独立性，使得监事拥有对高级管理人员的罢免权；另一方面，建立科学合理的监事选拔考核制度和责任追究制度，提高监事的业务水平。

再次，综合运用多种监督方式。就农村信用社现状而言，其监管方式较为单一，基本是通过召开会议等方式进行，这就限制了监管效率的充分发挥。因而，有必要引入多种监督方式并加以综合运用，进而拓展监督工作的深度和广度。具体可以从以下三方面入手：①充分利用内外部审计成果。一方面，监事会在开展监督工作中，充分利用外部和内部审计成果；另一方面，农村信用社的监事会要有对财务信息生成、加工和传递全过程的监督权，以便及时与内外部审计部门沟通。②建立监事会约谈制度。通过约谈的方式对农村信用社进行监督，在一定程度上能积极调动董事和高级管理人员的主动性，从而在一定程度上减轻监督行为的尖锐性。③深入开展调研活动。监事会一方面要及时审阅各类关于农村信用社经营管理方面的材料，另一方面要实地调查和了解基层支行的情况，对重要的问题或需要关注的事项，及时向董事会和高管层进行提示、征询及通报，将监事会的监督作用落到实处。

最后，加强对高级管理人员的履职监管。农村信用社的日常经营活动主要是由高级管理人员负责。故而，要加强对高级管理人员履职情况的考评和现场检查，一旦发现问题，要立即采取措施督促其整改。

### 四、加大监管主体和市场对农村信用社的外部监管力度

目前我国农村信用社点多面广，而且较为分散，国家部门和金融机构的人力、手段有限。在这样的情况下，只有不断优化农村信用社的监管体制，加大外部监管力度，才能切实提升农村信用社的金融服务能力。

（一）厘清各监管主体的职能范围

要建立一套科学、合理、有效的监管体制，就必须基于各监管主体的分工明确和相互配合，这样才能达到有效监管农村信用社的目的。

首先，银监会应该行使主要监管职能。一方面，完善监管联席会议机制。银监会要加强与省级、地市级政府的沟通，确保省联社对农村信用社的管理符合监管要求。另一方面，银监会要创新监管手段。通过文件规定、约见谈话、列席重

要会议以及建立定期交流机制等多种形式，加强窗口指导。同时，银监会还要深入开展现场检查，有效监督行业管理部门依法合规行使管理职能。

其次，地方政府应该减少对农村信用社的行政干预。国家应该规范地方政府的行为，实施省级地方政府逐渐退出对农村信用社的行业管理，使农村信用社实现独立自主经营。

最后，省联社应该弱化行政管理职能，强化其服务职能。在省级地方政府逐渐退出对农村信用社的行业管理后，省联社要开始向行业管理发展，尽可能地减少对农村信用社日常经营管理的干预。

（二）适当采取差异化的监管政策

在进行股份制改革的过程中，我国各地农村信用社 * 改制为农村商业银行的时间和条件不尽相同。因此，对全国各地的农村信用社，应该采取差异化的监管政策，以提高其金融服务能力。

首先，政府部门要以正向激励为导向，实施差异化监管政策，从业务和机构两个方面引导农村信用社更多地将贷款投向"三农"、小微企业及其他一些农村金融薄弱领域和群体。

其次，根据各农村信用社发展情况，实施差异化业务监管模式。如果农村信用社的法人治理结构较为完善、涉农贷款比例较高，那么对这类农村信用社就采取鼓励其拓展业务领域的方式，允许该类农村信用社在其他县（市）发展自己的业务；如果农村信用社的法人治理结构不完善、经营风险较大、评级较低，那么对这类农村信用社就要采取逐步升级的校正措施，直至其退出市场。

（三）健全农村信用社外部市场约束机制

农村信用社的外部市场约束主要是指参与市场的各利益相关主体，依据农村信用社某一阶段经营管理情况的好坏，进而采取相应的有利或者不利的行动，对农村信用社产生约束。前文已经就如何优化产品竞争市场、经理人市场进行了阐述，这里主要阐述如何完善和规范农村信用社现有的信息披露制度，进而强化市场对农村信用社的监督与约束。

首先，农村信用社在披露自身经营管理、财务报告等信息时，要坚持真实性、可靠性、相关性、有用性和中立性等原则。

其次，农村信用社要规范关于董事、监事和高级管理人员披露的内容。目前我国仅有不到50家农村信用社披露了有关董事会成员、监事会成员和高级管理人员的情况，而且披露的大多数信息并不全面准确。因此，农村信用社要规范现有的关于董事、监事和高级管理人员信息披露的内容。

最后，农村信用社要规范信息披露的方式。农村信用社要坚持强制披露和自愿披露相结合的原则，在披露强制性信息的基础上，提高自愿披露的水平，同时对非强制性披露的信息一一作出说明。

## 第三节　鼓励发挥利益相关者的作用

利益相关者是指股东、员工、债权人等可能对农村信用社的现金流量有要求权的人。这部分利益相关者会影响到农村信用社的经营，因而农村信用社有必要让利益相关者参与到公司治理之中，将他们的意见作为经营决策时需要考虑的因素。

### 一、积极行使股东权利

股东在农村信用社中持有股份，股东的决策影响着农村信用社的经营发展，反过来，农村信用社的发展也影响着股东的收益。因而，农村信用社要鼓励股东积极行使自己所拥有的权利，切实关心其自身的利益。

（一）增加各地区股东的自主权

股东的权利能否得到有效行使，要看股东是否拥有足够的自主权。股东只有在了解自身拥有哪些权利，并且有充分自主权的基础上，才能够积极地行使自身的权利。

首先，公布股东所拥有的权利。农村信用社的股东中有一部分是农民，受到文化程度较差的影响，这部分股东有可能并不知道自身所拥有的权利。为解决该问题，农村信用社应公布各类各级股东所拥有的权利，并确保通知到每一位股东。在了解自身所拥有权利的基础上，农村信用社的股东才能积极且正确地行使自己的权利。

其次，减少省联社的干预。当前，农村信用社管理层任免、费用审批均由省联社负责。实际上省联社对各地的实际情况并不了解，难免制定的经营决策不符合当地农村信用社的情况，进而损害股东的利益，影响股东权利的发挥，最终阻碍到农村信用社的发展。因此，为保证股东能够积极行使自身的权利，政府应该进一步弱化省联社的管理职能，减少省联社对各地区农村信用社经营活动的干预。同时，赋予农村信用社股东更多的自主权。这样，不仅可以调动农村信用社股东行使权利的积极性，也保证股东大会所做出的决议更符合各地区农村信用社的经营发展。

（二）有效发挥国有股的引导和扶持作用

目前，我国农村信用社的国有股股东主要是国有企业和地方政府，国有股股东有可能会出于政治目的参与到农村信用社的经营决策中，进而影响农村信用社服务"三农"目标的实现。与此同时，国有股东的存在也会阻碍其他股东权利的有效发挥，降低其他股东行使权利的积极性。因此，农村信用社要想解决国有股权过多渗入农村信用社而产生的负面问题，充分调动所有股东行使权利的积极性，就有必要发挥国有股的引导和扶持作用。

首先，发挥国有股的外部监管作用。由前文的研究结论可知，目前还未改制的农村信用社的股权较为分散，这便会导致股东与管理层之间产生较为严重的代理冲突问题。此时，国有股东（主要指地方政府股东）应发挥其所拥有的外部监管作用，在问题发生时及时通知农村信用社的管理层，并通过召开股东大会等方式解决该问题。

其次，发挥国有股的政策性作用。农村信用社的服务对象多为县域地区的农民和企业，风险性较大，需要国家和政府的政策性支持。农村信用社中的国有股股东（主要指地方政府股东）更加了解农村信用社的发展状况，知道农村信用社需要什么样的政策性支持。此时，农村信用社中的国有股股东（主要指地方政府股东）就可以利用自身所特有的资源和信用融资为农村信用社提供政治赞助，例如，农村信用社中的国有股股东可以与当地政府部门协商，通过政策支持、专业指导和税收优惠等"扶持之手"来帮助农村信用社更好地服务县域居民和企业。

## 二、加强董事会监管作用的发挥

为进一步提高董事会的效率，调动董事会成员参与公司治理的积极性，农村信用社还应建立科学有效的评价机制，对董事会是否发挥作用，以及发挥作用的好坏进行评价，这样将有利于农村信用社对董事会的成员进行评估，进而适时对董事会的规模、结构等进行调整，强化董事会监管作用的有效发挥。

（一）内部评价机制

关于农村信用社董事会的内部评价，可以采用自我评价的方式，也可以采用集体评价的方式，又或者是采取两者相结合的方式。目前，大多数农村信用社采取的方式均是将两者相结合。董事会的内部评价工作可以交由专门的委员会负责，也可以聘请专门的中介机构进行。

首先，确立评价范围。董事会内部评价主要评价的是董事会的规模设置和构成是否科学合理、董事会是否实现了独立性、董事会是否认真履行监管职能、董事会会议是否有效、董事会成员的职业道德素养是否符合要求、董事会是否代表利益相关者的利益等。

其次，保证评价的科学性。农村信用社应在董事会中设立专门的评价机构对董事会的工作进行评估，或者是将评价的工作直接交由薪酬与提名委员会进行。评价机构要对每一位董事会成员都进行认真的评估，确认每位董事会的成员是否完成了他们各自在年初设立的目标。评估工作完成后，评价机构要将评估的结果进行分类整理并报告董事会。此外，董事会还应该根据外部环境的变化不断审议评价程序与方法。

（二）外部评价机制

农村信用社要在借鉴国外董事会外部评价机制的基础上，充分结合我国的法律、制度等实际情况，制定能够对农村信用社进行有效评价的外部评价机制。外部评级的工作，农村信用社可以聘请专门的中介机构负责。

首先，遵循系统性、规范性、科学性及可比性的原则。专门的中介机构在结合农村信用社实际董事会治理状况的基础上，充分吸收国内外有关董事会外部评价机制的经验，设计出一套具有科学性、系统性、可比性、规范性及现实性等特点的评价指标体系，形成一整套具有农村信用社特色的董事会治理评价体系。

其次，评价内容要全面。国外董事会的外部评价机制主要是制定外部评价体系，农村信用社可以采用制定外部评价体系的方式对董事会进行有效的外部评价。一般而言，外部评价体系中的评价指标，主要包括董事会的独立性、董事会运作的主动性、董事会的履职情况及董事会规范性等第一层级指标。每个第一层级指标又可以细分为第二层级指标，如第一层级的董事会独立性指标可以细分为第二层级指标：独立董事的独立性、外部董事比例、两职合一性、独立董事比例等。

### 三、有效发挥内部员工的监督作用

农村信用社的员工是其内部的利益相关者，有学者认为，农村信用社的内部员工比外部股东更具有信息优势。让员工利用该信息优势参与农村信用社的公司治理，能够有效提高农村信用社的监督管理效率。因此，有效发挥农村信用社内部员工的监督作用，对提高农村信用社的金融服务能力至关重要。

（一）提高农村信用社员工职业素养

农村信用社面向客户的服务基本都是通过员工办理，员工的办公效率直接影响到农村信用社的服务效果。员工效率首要体现在员工的职业素养方面，农村信用社应该从以下几个方面来提高员工的素养。

首先，进行定期培训。农村信用社的主要服务对象是县域中的居民和企业，客户信息的获取和更新工作较为繁重。因此，农村信用社更应该通过定期培训的方式，加大对员工职业素养的培训和金融知识的教育工作，进一步规范农村信用社金融服务的过程，增强员工的风险防范意识。

其次，开展业绩考核。农村信用社可以采用定期考核员工业绩的方式，考察定期培训的方式是否使员工的职业素养得到有效提升。对于素养提高程度很大的员工，农村信用社可以给予适当的奖励；对于素养提高较慢甚至没有提高的员工，农村信用社要给予惩罚。

最后，培育新型人才。随着互联网技术的普及，网上银行和手机银行等新型业务方式得到大力推广。为适应互联网金融的发展，农村信用社要大力培育新型人才，普及金融高新科技在农村信用社经营管理及服务中的应用，从而提高农村信用社整体的服务质量。

（二）赋予员工参与公司治理的权利

农村信用社的内部员工作为其重要的资源和人力资产的所有者，与农村信用社之间具有人力资本契约。因此，农村信用社应该赋予员工参与公司治理的权利，使其能够参与到农村信用社的公司治理中。

首先，农村信用社的员工应该具有剩余索取权，即员工按劳动合同和其他规定得到工薪报酬、奖金等权利。

其次，农村信用社的员工应该具有剩余控制权，即农村信用社对员工切身利益进行重大决策时，员工享有一部分剩余控制权。

再次，农村信用社的员工应该具有监督权，即员工有权利了解农村信用社当前关于经营决策方面的真实信息，这样才能保证员工有效行使监督职能。最后，农村信用社的员工应该具有管理权，即从人力资产所有者的角度上说，员工应享有自主管理、提供合理化的建议、共同决策等管理权。

（三）建立员工委员会

农村信用社可以参考上市公司建立员工委员会的方式，在农村信用社中设立专门的职工委员会。员工对农村信用社公司治理、发展经营等方面的意见，都可以通过员工委员会与农村信用社的管理层进行沟通，方便农村信用社及时发现并处理隐患、突发问题，降低农村信用社的经营风险。为保证农村信用社的员工委员有效发挥其作用，员工委员会应履行以下职责。

首先，定时召开委员会会议。通过召开委员会会议的方式，委员会成员可以就农村信用社的经营发展发表自己的意见，并与其他委员会成员就问题进行充分的交流。一般情况下，员工委员会应每月召开一次定期会议，如遇特殊情况，委员会可以召开不定期、临时或紧急会议。为使员工委员会有效地发挥作用，委员会成员应充分做好会前准备，按时完成既定的工作任务，并向委员会汇报工作的进展情况。

其次，公布委员会工作进展。员工委员会的书记员或负责人，可通过会议摘要或报告并公开张贴的方式，向员工公布委员会的工作进展。其中，公布的内容应包括会议总结，讨论通过的行动及既定行动计划的进展情况等。委员会委员可以利用其他各种合适渠道提供最新的信息，同时还可以鼓励其他员工参与委员会工作，使员工委员会成为管理层和广大员工之间有效的沟通渠道。

### 四、努力发挥债权人和其他客户的作用

农村信用社作为金融机构，高负债运营、提供各种金融业务等特点使其与众多债权/债务人及其他客户都有资金业务的发生，这些群体也就成为农村信用社重要的外部利益相关者。要想提高农村信用社的金融服务能力，充分运用公司治理机制，就必须积极鼓励这些外部利益相关者参与到农村信用社的公司治理之中，充分发挥债权人和其他客户的作用。

但是，目前农村信用社的利益相关者主要由社会公众所组成，这也导致这部分利益相关者不仅不具备信息优势，而且监管的积极性也不高，主要是通过间接的方式对农村信用社的经营发展产生影响。鉴于此，农村信用社应积极鼓励债权/债务人及其他客户参与公司治理。

首先，增加对外信息披露的渠道。因为农村信用社的这部分利益相关者群体大多为分散的个体，了解农村信用社经营发展相关信息的渠道非常有限。为让该部分利益相关者群体充分参与农村信用社的公司治理，农村信用社就应该通过年报、媒体等渠道向其披露自身公司治理状况，让该部分利益相关者群体能够实时了解农村信用社当前的运营状况。只有在充分了解农村信用社公司治理状况的基础上，债权人和其他客户才能有效地参与农村信用社的公司治理。

其次，建立良好的沟通机制。通过建立良好的沟通机制，这部分利益相关者可以在农村信用社出现问题时，及时避免与其继续发生业务关系，并且与农村信用社进行沟通，反映问题，而不是在问题发生后通过挤兑等行为来试图保护自己的利益。建立沟通机制的方式也可以在一定程度上加强对农村信用社的监督。

### 五、借助中介机构获得专业建议

农村信用社公司治理机制的充分发挥，不仅需要农村信用社自身治理架构的有效运作，同时也需要借助同行业的中介机构，对农村信用社的治理提供专业且合理的建议。

（一）增强审计的真实性

我国的审计中介机构，如审计事务所、会计事务所等，要依法对农村信用社的经营财务报表和报告进行公开经济审计。以此来确保农村信用社所公布的财务信息完整、真实、有效，增强农村信用社的信息透明度。引导社会公众做出正确的判断，以免造成不必要的经济损失。

首先，坚决杜绝因人员操作、系统操作、外部干扰、道德缺失等因素所造成的违规行为，确保农村信用社在账务信息方面的真实性。其次，坚决杜绝发放超权、超额、超限贷款的违规行为，确保农村信用社在信贷管理方面的真实性。最后，坚决杜绝擅自修改数据、虚报假账的违规行为，确保农村信用社在上报数据方面的真实性。

（二）发挥舆论监督作用

农村信用社除了要借助审计中介机构增强信息的真实性外，还要借助政府、新闻媒体等中介机构，发挥舆论监督的作用，加强自身的信息透明度。

首先，督促信息透明。政府监管部门有权利通过多种渠道，要求农村信用社做到信息透明，也就是说，农村信用社要及时、真实地公布自身的财务报表、经营发展状况、人事、薪酬、基建制度的安排等，进而增强农村信用社的信息透明度，有利于全员对农村信用社的监督。

其次，加大宣传、曝光力度。对于农村信用社好的一方面，如积极开展服务"三农"工作，新闻媒体要予以鼓励宣传；对于农村信用社不好的一方面，如违规违法行为，新闻媒体要给予批评曝光。这样才能形成社会对农村信用社的强大威慑力，充分发挥新闻媒体对农村信用社的舆论监督作用。

最后，建立社会举报制度。社会举报制度的建立，有利于通过社会公众的视野，捕捉农村信用社的违法、违规行为，并及时予以举报，增强社会公众对农村信用社的监督积极性。

# 第四节　加快推进金融生态环境建设

农村金融生态环境是指农村金融市场主体与其外部环境之间相互依存、相互影响、相互制约等一系列关系的总和。随着我国农村金融制度的不断改革，对农村金融生态环境的要求越来越高，但由于受到我国农村经济发展水平较低和农村金融生态环境弱化的制约，农村金融举步维艰，农村金融机构（主要是农村信用社）的金融服务能力总体水平偏低。为保障农村信用社公司治理改革的顺利进行，进而更好地服务于"三农"，本节主要从经济基础、信用环境、政府政策及社会公众素养四方面提出优化农村信用社金融生态环境建设的对策建议。

## 一、夯实农村金融生态环境的经济基础

农村地区经济基础的提升是构建良好金融生态环境的保障。长期以来，我国

农村地区相比城市地区的经济发展落后，原因在于：农村地区的产业单一，主要以农业发展为主；农村地区的经济发展方式落后，以粗放式发展为主，导致资源利用效率低；农村地区发展散乱，缺乏有序的市场体系。因此，夯实农村金融的经济基础需要做好以下几个方面的工作：调整农村经济结构、转变农村经济发展模式及加速农村经济市场化进程。

（一）调整和优化农村经济结构

优化农村的经济发展结构，是现阶段实现我国农村经济快速发展的首要任务，而战略性调整经济结构则是完成这一首要任务的基础，具体可从推进农业产业化、优化农村产业结构这两方面进行。

首先，推进我国农业产业化是调整农村经济结构的基础性工作。我国现阶段的农业发展主要存在经营规模小、农业生产以短期利益为导向、生产水平较低等问题。要推进我国农业产业化，需要做好以下几点：第一，立足于现有的特色化产业，通过给予财政补助、设立扶持基金等具体措施帮扶一批潜力较大的龙头企业及其上下游供应链企业，努力打造特色农业品牌，形成示范效应；第二，依据特色产业的发展需求，在优势产业地区修建特色农产品的生产、加工、存储所需的硬件设施，发挥品牌集群效应和规模效应，帮助农户尽快踏上农业产业化之路，并让农户在农业产业化进程中获得越来越高的收益。

其次，现阶段我国农村产业结构如下：第二、第三产业对县域农村国民生产总值的贡献率持续下降，农业结构单一化。为了满足优化农业产业结构的需要，要大力发展第二、第三产业。因此，我国优化农村产业结构的主导方向是保持第一产业稳定发展，加速助推第二产业，大力促进第三产业。具体而言：第一，巩固第一产业的基础地位，坚定执行协同推进原则，促使农、林、牧、渔业实现平衡发展；第二，通过实施优惠政策鼓励农副产品加工业快速发展，为农产品找寻新的利润增长点，同时引导企业加快改革速度，积极创新技术，有效提升第二产业的经济效益；第三，尽力拓展市场范围、激发市场活力以加快物资流通，系统建设农村物流体系，创新对外销售网络，培育适应市场竞争的创新型主体。同时，调整农村企业发展格局，鼓励有条件的乡镇发展高新技术产业，协同推进农村企业发展与城镇化建设，助力第三产业快速发展。

（二）转变农村经济发展方式

目前，我国农村经济仍属于粗放式发展，经济发展缓慢，农民收入低，农业产业化程度低，农业资源利用效率低，农产品价格易受到自然灾祸的影响，农村环境污染严重。这些因素都在一定程度上阻碍了农村生态环境的优化。因此，必须要转变农村经济发展方式，加速推进农业现代化，从而优化农村金融生态环境。

首先，转变发展观念。我国传统农业始终将农副产品产量最大化作为长期发展目标，更将其视为农村经济进步的标志。但当前我国农村耕地急剧减少，农业资源受限严重，面对这种情况，农村经济发展需要更新思路，朝着农业现代化、农业生产工业化、农业经济市场化的目标迈进。及时调整农村经济发展理念，确保从思想观念上更新农业发展方向，摆脱资源依赖性的农村经济发展方式，促使农村经济增长模式向集约化转型，规范农村经济内外部环境协调发展，实现农村经济效益和社会效益双赢。

其次，提升农业科技实力。转变农业经济发展方式的战略核心是发展农业高新技术，通过科技创新提高农业生产力水平，从而振兴农业经济。提升农业科技水平主要从以下几个方面入手：第一，开展农民科技文化培训活动，加大农业科技信息宣传力度，提高农民科技文化技能，开发和培养一批优秀的农业科技人才；第二，鼓励农业院校和科研院所成立一批农业高新技术研究重点实验室，有条件的地方建立农业高新技术应用示范区，为农业高新技术的研究和应用提供良好的平台；第三，注重农业高新技术与基础技术的结合，建立稳定的农业科技体系，同时，注重农业科技发展政策的相关研究，为提升农业科技实力具体方案的有效实施提供保障，推动我国的高产、特色、优质农业之路向前发展。

（三）加快农村经济的市场化进程

推动农村经济的市场化进程，有利于激发农村生产要素活力，提高资源利用率，巩固农村集体经济的发展，营造新的经济增长点。因此，市场化改革是农村经济发展的必经之路，更是发展农村经济和提高农民收入水平的主要途径。

首先，加快农村市场主体的培育。农村经济市场主要包括农户、农村集体、涉农小微企业等利益关联体，但其作为农村金融市场的中坚力量，文化素质普遍较低，市场拓展能力较弱，如果能将这些市场主体培养成为成熟、独立的个体，对于推进农村经济市场化改革有着不可替代的作用。因此，要通过开展培训课程向农民传递市场理念、价格走势、竞争机制等内容，突破封闭自守的小农观念，树立开放合作的商品经济观念，鼓励农户走出小而全的经营现状。与此同时，要注重市场主体的可持续发展，要以充分利用当地资源优势为目标，培育可持续发展潜力较大的市场主体，落实相关扶持政策，为农村经济市场化提供基础保障。

其次，健全农村市场体系。加快农村市场化进程的另一重要任务是建立完备的农村市场体系。由于我国现有的农村市场体系不够完善，城乡市场无法实现无缝对接，这在一定程度上阻碍了各种农业资源的融合及市场机制的正常运行。要健全农村市场体系，要求政府部门采取措施稳定市场秩序，通过官方文件的形式促使正常交易公开化和透明化，防止地区性垄断情况出现，实现市场交换的公平公正。同时加快农副产品流通体系、农村社会保障体系等的建设，构建一个功能齐全的农村市场体系。

## 二、加强农村金融的信用体系建设

良好的信用环境是农村信用社有效支农、持续发展的前提。目前，我国农村信用体系不完善对农村金融生态环境的优化造成了很大的困扰。因此，要建立和完善农村信用体系，创造良好的农村信用环境，就要从构建农村社会信用系统及加大对农村地区的社会信用教育两方面着手。

（一）构建农村社会信用系统

信用是市场经济发展的基础，信用体系建设不足是农村金融生态环境持续恶化的一个主要原因。因此，要优化农村金融生态环境，一项重要的任务就是加快农村信用系统建设。

首先，因地制宜地建立一批经营规范的征信机构。《人民银行法》授权于央行来统管全国的征信业，央行自然应该负责建设农村征信机构。中国人民银行应该借鉴城市社会信用体系建设的经验，在经济情况较好的县域设立一批组织制度健全、产品设置科学化的征信机构，并引导部分信誉较高的征信机构拓宽业务覆盖范围，尽可能延伸至偏远农村地区；对于经济情况较差的区域，要结合小微企业及农户的实际情况开展征信机构试点工作，监督其开展正规化经营。

其次，制定科学的信用评价机制。科学合理的农村社会信用系统可以降低放贷者与贷款者之间的信息不对称，减少不必要的经济损失，从而优化农村金融生态环境。制定科学的信用评价机制要做好以下几点：第一，统一信用信息评分标准，依据具体情况适度创新，避免信用信息评价出现差错，不断提高信用信息评价的科学性和权威性；第二，加大信用评分的具体应用，并通过信用评级与融资优惠条件挂钩的方式激励金融主体减少道德风险，促使农户积极配合征信工作；第三，由政府带头推动信用乡镇、信用村的建设，并对信用评级良好的乡镇给予一定的惠农政策，发挥其引领示范作用；第四，建立政府、银行、保险等相关机构的信息共享平台，并与农村金融机构体系进行对接，进而扩充社会信用数据量，实现信用信息高效共享。

（二）加大对农村地区的社会信用教育

目前，我国农村地区的民众普遍存在信用意识缺失的问题，因此需要加大农村地区信用教育力度。

首先，开展多种形式的信用宣传，借助各种媒介传递"诚实守信"的道德价值观，提升信用培育的普及率。比如，在邮储、农村信用社等与农户接触较多的金融机构进行显示屏、发传单等各种形式的信用宣传。

其次，支持政府机构开辟信用多元化建设，通过提高区域信用普及程度创造诚实守信的社会氛围。

再次，注重学校、家庭及社会等各方面道德教育的相关联系，将其进行有机组合，形成系统性教育体系，保证农村民众从少年时期就树立起诚实守信的信用意识观念。

最后，尽快完善农村地区征信立法，出台配套的《征信管理条例》，通过征信工作的开展进一步强化农民群众的信用意识。

### 三、发挥政府在农村金融生态环境中的主导作用

政府作为农村金融生态环境的创建者与领导者，在优化农村金融生态环境中起着主导性作用。具体而言，政府要充分发挥培育市场主体、健全市场规则、完善市场体系等具体职能，通过政策支持、组织协调、工作部署等具体措施，切实加强对农村金融工作的领导和支持，建立与农村市场经济相适应的农村金融生态环境。

（一）对农村信用社实行扶持性财政政策

作为社会主义国家，政府在优化资源配置与资金预算方面扮演着重要角色。农业经济的发展离不开金融的支持，而农村金融的发展也离不开政府的支持。农村信用社作为农村金融市场的中坚力量，肩负着服务"三农"的重任，这就使得政府的政策照顾与扶持对其尤为重要。政府可通过对涉农贷款提供利息补贴、为涉农企业提供政策性担保、降低营业税率、为农村信用社的空白乡镇网点提供土地等具体措施为农村信用社提供政策支持。同时放松对农村信用社的利率干预，对农村信用社与其他金融机构的存款准备金和再贷款实施差别优惠政策，增强农村信用社的放贷能力，使其更好地支持县域经济发展。

（二）向农村低收入群体和弱势群体提供财政贴息

我国的偏远农村地区还存在许多低收入人群，要推进城镇化进程，就必须解决弱势群体的生活困难问题。

首先，政府直接对贫困户进行资金援助，使其基本生活得到保障。

其次，政府对农村金融机构给予利息差额补贴或者利率优惠政策，鼓励金融机构向弱势群体提供低息贷款。

最后，成立专项扶持基金，培养弱势群体进行独立生产的能力，从根本上解决贫困问题。

（三）鼓励农村小型金融机构发展

我国农村金融市场存在一定的垄断特征，使得农村金融产品市场竞争力不足，这使得农村信用社缺乏创新动力。因此，要鼓励农村小型金融机构蓬勃发展，激发农村金融市场的竞争活力。农村小型金融机构的诞生就是为了填补现有

农村金融体系的空缺，也是为了更好地服务"三农"。由于农村信用社土生土长于农村地区，对农户和涉农企业较为了解，更容易获取客户的最新金融服务需求，所以能在一定程度上满足逐渐多样的农村金融服务需求。然而小型金融机构作为一种新型的农村金融组织机构，它会使得农村信用社在农村金融市场的垄断地位受到威胁，迫使其加快产品与服务创新，从而推动整个农村金融市场向前发展，最终更好地服务县域经济发展。

首先，完善小型金融机构市场准入许可制度，出台扶持性鼓励政策，为其发展壮大营造一个良好的环境。

其次，通过电视广告、新闻媒体等渠道加大对农村小型金融机构经营理念的宣传，向农民介绍其金融产品，提高农民对小型金融机构的认可度。

最后，农村小型金融机构要通过设置合理的薪酬激励方案、制定规范的业务操作流程等完善其内控机制，实现可持续发展。待农村小型金融机构发展壮大之后，必将发挥其应有的潜力，为农村金融环境的改善贡献重要力量。

### 四、提高社会公众的金融素养

提高社会公众的金融素养，一方面有利于农村信用社业务的开展，另一方面有利于提高社会公众的风险防范意识，降低金融风险案件的发生。这对于完善农村金融生态环境的建设，提高农村信用社金融服务能力尤为重要。

（一）加强金融知识普及教育

农村信用社的客户群体普遍存在文化水平偏低的现象，因此迫切需要扩大农村地区金融知识普及力度。

首先，农村信用社利用电视媒体、杂志刊物等渠道，通过图画、文字相结合的方式有效普及金融基础知识。

其次，定期发布普惠金融白皮书，提高公众对普惠金融的了解程度，以便更好地监督农村金融机构。

最后，针对贫困人群、残疾劳动者、创业学生等开展专项教育活动，或者借助高校等平台开设金融知识公共课，普及基础金融知识，建立金融知识教育发展长效机制，为农村信用社扩大服务覆盖面做好基础思想工作。

（二）培育公众金融风险意识

随着我国农村地区金融业不断地发展，金融案件爆发的频率有所增加，尤其是在互联网金融领域。因此，为建造良好规范的金融环境，农村信用社在普及金融知识的同时还要注重通过各种新闻信息媒介播放金融风险宣传片，增强公众的金融风险防范意识。其中，在进行宣传教育工作时，应重点披露金融消费者权益的相关信息，引导金融消费者依据自身的真实风险承受能力选择适合自己的金融产品，减少农村信用社的经营风险。

（三）保障公众金融素养提高的有效性

金融知识普及教育工作的实施效果需要进行有效的定期评估，农村信用社可以结合自身情况，综合使用定性分析和定量分析的方法，科学设定评价指标，建立标准化的金融知识普及有效性的评估体系，对各项金融知识普及项目的有效性定期进行跟踪调查和评价，对于实施效果好的普及方式和方法予以保留，对实施效果较差的方式方法要及时改进。通过开展金融知识普及有效性评估工作，农村信用社可以及时了解农村地区居民对金融知识的接受程度，进而推出适合的新型金融产品和服务。

# 第九章 研究结论及研究展望

## 第一节 研究结论

在党中央、国务院强调金融服务乡村振兴的宏观背景，以及农村信用社当前金融服务能力难以满足县域经济主体需求的现实情况下，本书从农村信用社金融服务能力现状调查及综合评价、公司治理视角下农村信用社金融服务能力提升策略制定基础、公司治理视角下农村信用社金融服务能力提升策略制定及公司治理视角下农村信用社金融服务能力提升策略保障措施四方面，研究基于公司治理视角下的农村信用社金融服务能力提升策略。

### 一、农村信用社金融服务能力现状调查及综合评价

从可持续性、服务包容性和服务质量三方面对农村信用社服务县域经济状况进行实地调研；接着基于层次分析法，从可持续性、服务包容性和服务质量三个维度共15个指标对农村信用社金融服务能力进行综合评价。研究调查发现：

（1）农村信用社金融服务难以满足县域经济发展的需求，其公司治理架构发挥的作用不大。

（2）总的来说，农村商业银行的金融服务能力水平高于农村信用社*，即农村信用社*改制为农村商业银行的方向是正确的，但改制后的农村商业银行有"脱农化"倾向。

### 二、基于公司治理视角，农村信用社金融服务能力提升策略制定基础

首先，从公司治理的内部治理和外部治理两个方面出发，分别对股权结构、董监事会、高管激励、市场竞争机制，以及中介机构与农村信用社金融服务能力之间的关系做了实证检验。实证检验结果表明：

（1）在公司治理结构方面，农村信用社尚需进一步优化股东持股比例。

（2）在公司治理机制方面，农村信用社需进一步协调独立董事和监事会的高效配合机制，加速完善农村金融市场的外部竞争机制。

（3）在高管激励方面，由于在股权集中度较高和股权制衡度较高的情况下，货币薪酬激励和在职消费激励等短期激励手段对农村信用社金融服务能力的提升是有效的，而股权激励这种长效激励手段对农村信用社金融服务能力的提升效果不佳，因此需要积极探寻更有效的长期激励措施。

其次，分析内部治理对农村信用社金融服务能力影响的直接路径、外部治理对农村信用社金融服务能力影响的间接路径，以及公司治理对农村信用社金融服务能力的制约路径。分析结果表明：

（1）农村信用社内部治理可以通过保障股东投资回报、协调农村信用社内部利益集团关系、提高农村信用社抗风险能力三条途径影响农村信用社金融服务能力。

（2）外部治理可以通过激励机制、监管机制和竞争机制三条路径间接影响农村信用社金融服务能力。完善的外部治理应该包括完善的控制权市场、产品市场、经理人市场，以及健全的法律支持下有效的政府监管、繁荣的中介机构市场、正确价值导向的社会舆论监督和社会伦理道德等。

（3）农村信用社股东"搭便车"、内部人严重控制的现状使得农村信用社的经营策略容易以经理人等内部人的偏好为方向。

（4）农村信用社独立董事和监事会的"双头"监管模式实际是独立董事和监事会"双不管"状态，这种状态导致农村信用社缺乏内部监管，不利于其金融服务能力提升。

（5）从高管的股权激励来看，有的农村信用社高管持股比例较低，未能起到激励作用；有的农村信用社高管持股比例过高，会导致"内部人控制"的局面，进而制约农村信用社金融服务能力的提升。

（6）农村金融市场不发达的控制权，使得管理层减小了潜在的外部威胁，其工作积极性很难充分发挥，进而限制了农村信用社金融服务能力的提升；农村信用社不发达的经理人市场，导致农村信用社经理人努力工作的动力不足；产品市场竞争不充分的局面使得农村信用社失去产品创新的内在动力；农村信用社不强制要求中介机构参与管理的现实，导致农村信用社缺乏信息披露途径、市场约束较弱、服务质量难以得到市场监管。

**三、基于公司治理视角，农村信用社金融服务能力提升策略制定**

从策略制定的目标、策略制定的原则、策略制定的依据和构成出发，有针对性地讨论了优化股权结构策略、优化董监事会策略、优化高管激励方式策略及优化外部治理策略需解决的问题及策略重点，最终提出完善公司治理提升农村信用社金融服务能力的策略：

（1）通过构建相对集中的股权结构、引入更多的民营股、增加股权的稳定性和多样性，以提升农村信用社金融服务的能力。

（2）通过确定合理的董监事会规模、确保董监事会会议有效、完善董事会专门委员会、建立独立董事和监事会的磋商协作机制，以提升农村信用社金融服务决策监督的有效性。

（3）通过探索实施高管绩效薪酬延期支付等长期激励方式、突出考核高管的风险控制水平、最大化监督高管在职消费的合理利用情况，以提升农村信用社金融服务的经营效率。

（4）通过完善农村金融控制权市场、农村金融机构经理人市场、农村金融产品竞争机制，健全法律支持下有效的政府监管及中介机构监管、正确价值导向下积极的社会舆论监督和社会伦理道德监督等，以提升农村信用社金融服务的质量。

### 四、基于公司治理视角，提升农村信用社金融服务能力策略的保障措施

从构建完善的法律制度体系、建立健全内外部激励约束机制、鼓励发挥利益相关者作用和加快推进金融生态环境建设等方面提出提升农村信用社金融服务能力策略的保障措施：

（1）在构建完善的法律制度体系方面，需要加快推进农村信用社法律体系建设、健全金融消费者权益保护法律体系、完善农村信用社及金融消费者的文明诚信法律体系建设。

（2）在建立健全内外部激励约束机制方面，需要建立完善的内部激励机制来调动员工的工作积极性、发挥激励政策引导农村信用社服务"三农"的作用、强化内部监管部门对农村信用社的有效监督、加大监管主体和市场对农村信用社的外部监管力度。

（3）在鼓励发挥利益相关者的作用方面，保障农村信用社股东积极行使权力、加强董事会监管作用的发挥、有效发挥内部员工的监督作用、努力发挥债权人和其他客户的作用、借助中介机构获得专业建议。

（4）在加快推进金融生态环境建设方面，需要夯实农村金融生态环境的经济基础、加强农村金融的信用体系建设、发挥政府在农村金融生态环境中的主导作用、提高社会公众的金融素养。

## 第二节　研究展望

总体而言，本书已基本实现了预期的研究目标，并有一定程度的创新性及理论意义和实践意义。但是，基于公司治理视角提升农村信用社金融服务能力是一个复杂的动态过程，由于时间和水平有限，本书还存在一定的局限性，这些局限性为今后的研究指明了重要方向。

第一，由于在微观数据获取上的限制，本书在讨论高管激励对农村信用社服务能力提升的影响时仅用了陕西省的数据，因此得出的结论存在地方局限性。今后可考虑在数据可获性的前提下扩大样本容量，完善高管激励对农村信用社服务能力提升影响的研究结论。

第二，本书讨论了内部治理和外部治理对农村信用社金融服务能力提升的影响，分别找到了内部治理、外部治理对农村信用社金融服务能力的路径。然而现实中，内部治理和外部治理还具有协同配合的作用，协同配合度高可能会加速农村信用社金融服务能力的提升，协同度低可能会制约农村信用社金融服务能力的提升。但是，由于时间的限制和数据获取的限制，这一工作并未在此次研究中体现。在未来的研究中，可以加强对农村信用社内外部治理协调机制的深入研究。

第三，本书在研究公司治理对农村信用社服务能力影响过程中主要采用传统 OLS 方法进行实证分析，忽略了空间效应和动态效应。未来研究可以进一步引入空间与动态研究技术，尝试从空间与动态视角全面分析公司治理视角下农村信用社金融服务能力提升问题。

# 附件1：县域金融服务需求调查问卷

## 县域居民金融服务需求调查问卷

尊敬的受访者：

您好！我们是西安理工大学的学生，在此想对县域居民金融服务需求进行调查研究，本问卷采用不记名方式填写，所得数据只作课题组研究之用。感谢您的协助与支持。

**一、基本信息**

1. 您的年龄____岁，家庭人口数____人

2. 您的文化水平

A. 本科及大专以上      B. 高中（中专）     C. 初中

D. 小学      E. 其他

3. 您从事的行业

A. 传统农业（种养殖业）   B. 非农行业      C. 农业＋非农业

4. 家庭年总收入

A. 3 万元以下      B. 3 万～5 万元      C. 5 万～10 万元

D. 10 万元以上

5. 您一般选择以下哪家银行办理业务（可多选）

A. 农村信用社      B. 农村商业银行      C. 邮政储蓄银行

D. 中国农业银行

（选择后跳转至相应选项下的问题，如选 A，则跳转至 A. 农村信用社下的问题）

  A. **农村信用社**

（1）您在农村信用社办理业务时，通常选择以下哪种方式（可多选）

A. 柜面服务　　　　　　　B. 电话银行　　　　　　　C. 自助银行（ATM）

D. 网上银行　　　　　　　E. 手机银行

（2）该网点是否设置顾客对本次服务自助评价设备

A. 是　　　　　　　　　　B. 否

### B. 农村商业银行

（1）您在农村商业银行办理业务时，通常选择以下哪种方式（可多选）

A. 柜面服务　　　　　　　B. 电话银行　　　　　　　C. 自助银行（ATM）

D. 网上银行　　　　　　　E. 手机银行

（2）该网点是否设置顾客对本次服务自助评价设备

A. 是　　　　　　　　　　B. 否

### C. 邮政储蓄银行

（1）您在邮政储蓄银行办理业务时，通常选择以下哪种方式（可多选）

A. 柜面服务　　　　　　　B. 电话银行　　　　　　　C. 自助银行（ATM）

D. 网上银行　　　　　　　E. 手机银行

### D. 中国农业银行

（1）您在中国农业银行办理业务时，通常选择以下哪种方式（可多选）

A. 柜面服务　　　　　　　B. 电话银行　　　　　　　C. 自助银行（ATM）

D. 网上银行　　　　　　　E. 手机银行

## 二、居民金融服务需求

1、您的金融服务需求主要包括（可多选）

A. 融资需求（即贷款需求）　　B. 投资需求　　　　C. 存款需求

D. 其他需求

（选择后跳转至相应选项下的问题，如选 A，则跳转至 A. 融资需求下的问题）

### A. 融资需求

（1）您的资金缺口（即：您希望获得多少借款）为

A. 0　　　　　　　　　　　　B. 小于 1 万元　　　C. 1 万 ~ 5 万元

D. 5 万 ~ 10 万元　　　　　　　E. 10 万 ~ 15 万元　F. 15 万 ~ 20 万元

G. 20 万元以上

（2）您申请贷款的主要用途是（可多选）

A. 购买种子化肥等　　　　B. 购买农机等　　C. 购买牲畜

D. 做生意　　　　　　　　E. 婚丧嫁娶　　　F. 大病医疗

G. 修建房屋　　　　　　　H. 子女上学　　　I. 其他

（3）如果贷款，您一般选择的融资渠道是（可多选）

A. 金融机构（银行）　　　B. 亲朋好友　　　C. 高利贷

D. 其他渠道

如果选"A. 金融机构（银行）"，则金融机构是（可多选）

A. 农村信用社　　　　　　B. 邮政储蓄银行

C. 商业银行（中行、工行、建行等）

（4）您觉得农村信用社能否满足融资需求

A. 能　　　　　　　　　　B. 部分满足　　　C. 不能

如果选"C. 不能"，原因是（可多选）

A. 当地没有农村信用社　　B. 离该机构网点较远

C. 提供的贷款服务不合适　D. 信誉、服务态度不好

E. 对该机构不了解　　　　F. 其他

**B. 投资需求**

（1）您的投资需求主要是（可多选）

A. 黄金　　　　　　　　　B. 股票　　　　　C. 债券（国债等）

D. 保险　　　　　　　　　E. 基金　　　　　F. 信托

G. 其他

（2）您觉得农村信用社能否满足投资需求

A. 能　　　　　　　　　　B. 部分满足　　　C. 不能

如果选"C. 不能"，原因是（可多选）

A. 投资渠道单一　　　　　B. 离该机构网点较远

C. 其他金融机构的金融产品更好

D. 提供的金融产品不合适　E. 对该机构不了解

F. 其他

**C. 存款需求**

（1）您的存款需求主要是（可多选）

A. 活期存款（随时存取、转账）

B. 定期存款　　　　　　　　C. 定活两便存款

（2）您觉得农村信用社能否满足存款需求

A. 能　　　　　　　　　　B. 部分满足　　　C. 不能

如果选"C. 不能"，原因是（可多选）

A. 存款种类单一　　　　　　　B. 离该机构网点较远

C. 其他金融机构的存款种类更好

D. 提供的存款业务不合适　　E. 对该机构不了解

F. 其他

### D. 其他需求

（1）除了以上的需求，您的金融服务需求还包括（可多选）

A. 转账　　　　　　　　　B. 兑换外币　　　C. 信息咨询

D. 内部机构环境　　　　　E. 服务态度

（2）您觉得农村信用社能否满足其他金融服务需求

A. 能　　　　　　　　　　B. 部分满足　　　C. 不能

如果选"C. 不能"，原因是（可多选）

A. 当地没有农村信用社　　　　B. 离该机构网点较远

C. 提供的金融服务不合适　　　D. 提供的金融产品不合适

E. 对该机构不了解　　　　　　F. 其他

# 涉农企业金融服务需求调查问卷

尊敬的受访者：

您好！我们是西安理工大学的学生，在此想对涉农企业金融服务需求进行调查研究，本问卷采用不记名方式填写，所得数据只作课题组研究之用。感谢您的协助与支持。

## 一、基本信息

1. 企业营业收入

A. 50 万元以下          B. 50 万 ~ 500 万元          C. 500 万 ~ 2000 万元

D. 2000 万元以上

2. 企业开户行（可多选）

A. 农村信用社          B. 邮政储蓄

C. 商业银行（中行、建行、工行等）

## 二、企业金融服务需求

1、企业的金融服务需求主要包括（可多选）

A. 融资需求          B. 保险需求          C. 支付结算需求

D. 其他需求

（选择后跳转至相应选项下的问题，如选 A，则跳转至 A. 融资需求下的问题）

### A. 融资需求信息

1. 企业的资金缺口率

A. 较低（10% 以下）          B. 低（10% ~ 20%）

C. 一般（20% ~ 30%）          D. 较高（30% ~ 40%）

E. 高（40% 以上）

2. 企业每年平均申请贷款的金额为

A. 10 万 ~ 50 万          B. 50 万 ~ 100 万          C. 100 万 ~ 500 万

D. 500 万 ~ 1000 万          E. 1000 万元以上

3. 企业申请贷款的主要用途（可多选）

A. 固定资产    B. 维持正常生产    C. 技术研发

D. 扩大生产规模    E. 其他

4. 如果贷款，企业一般选择的融资渠道是（可多选）

A. 金融机构    B. 内部融资    C. 发行股票或债券

D. 其他渠道

如果选"A. 金融机构"，则金融机构是（可多选）

A. 农村信用社    B. 邮政储蓄银行

C. 商业银行（中行、工行、建行等）

5. 企业觉得农村信用社能否满足融资需求

A. 能    B. 部分满足    C. 不能

如果选"C. 不能"，原因是（可多选）

A. 当地没有农村信用社  B. 离该机构网点较远

C. 提供的贷款服务不合适 D. 信誉、服务态度不好

E. 对该机构不了解   F. 其他

### B. 保险需求信息

1. 企业的保险需求主要是（可多选）

A. 农业保险    B. 财产保险    C. 人身保险

D. 责任保险    E. 信用保险    F. 其他

2. 企业觉得农村信用社能否满足保险需求

A. 能    B. 部分满足    C. 不能

如果选"C. 不能"，原因是（可多选）

A. 保险产品单一    B. 离该机构网点较远

C. 其他金融机构的保险产品更好

D. 提供的保险产品不合适

E. 对该机构不了解   F. 其他

### C. 支付结算需求信息

1. 企业的支付结算需求主要是

A. 票据结算（汇票、本票和支票）

B. 非票据结算（银行卡、汇兑、托收承付、委托收款结算等）

2. 您觉得农村信用社能否满足支付结算需求

A. 能    B. 部分满足    C. 不能

如果选"C. 不能"，原因是（可多选）

A. 支付结算种类单一　　　　B. 离该机构网点较远

C. 其他金融机构的支付结算业务更好

D. 提供的支付结算业务不合适

E. 对该机构不了解　　　　　F. 其他

### D. 其他需求信息

1. 除了以上的需求，企业的金融服务需求还包括（可多选）

A. 存款　　　　　　　　　B. 汇兑　　　　　　　C. 信息咨询

D. 证券委托交易　　　　　E. 内部机构环境　　　　F. 服务态度

2. 企业觉得农村信用社能否满足其他金融服务需求

A. 能　　　　　　　　　　B. 部分满足　　　　　　C. 不能

如果选"C. 不能"，原因是（可多选）

A. 当地没有农村信用社　　B. 离该机构网点较远

C. 提供的金融服务不合适

D. 提供的金融产品不合适

E. 对该机构不了解　　　　F. 其他

# 非涉农企业金融服务需求调查问卷

尊敬的受访者：

您好！我们是西安理工大学的学生，在此想对涉农企业金融服务需求进行调查研究，本问卷采用不记名方式填写，所得数据只作课题组研究之用。感谢您的协助与支持。

## 一、基本信息

1. 企业营业收入

A. 50 万元以下      B. 50 万 ~ 500 万元      C. 500 万 ~ 2000 万元

D. 2000 万元以上

2. 企业开户行（可多选）

A. 农村信用社      B. 邮政储蓄

C. 商业银行（中行、建行、工行等）

## 二、企业金融服务需求

企业的金融服务需求主要包括（可多选）

A. 融资需求      B. 金融产品需求（股票、债券等）

C. 其他需求

（选择后跳转至相应选项下的问题，如选 A，则跳转至 A. 融资需求下的问题）

### A. 融资需求信息

1. 企业的资金缺口率

A. 较低（10% 以下）      B. 低（10% ~ 20%）      C. 一般（20% ~ 30%）

D. 较高（30% ~ 40%）      E. 高（40% 以上）

2. 企业每年平均申请贷款的金额

A. 10 万 ~ 50 万元      B. 50 万 ~ 100 万元      C. 100 万 ~ 500 万元

D. 500 万 ~ 1000 万元      E. 1000 万元以上

3. 企业申请贷款的主要用途（可多选）

A. 固定资产      B. 流动资产      C. 维持正常生产

D. 技术研发      E. 扩大生产规模      F. 其他

4. 如果贷款，企业一般选择的融资渠道（可多选）

A. 金融机构          B. 内部融资          C. 发行股票或债券

D. 其他渠道

如果选"A. 金融机构",则金融机构是（可多选）

A. 农村信用社          B. 邮政储蓄银行

C. 商业银行（中行、工行、建行等）

5. 企业觉得农村信用社能否满足融资需求

A. 能          B. 部分满足          C. 不能

如果选"C. 不能",原因是（可多选）

A. 当地没有农村信用社    B. 离该机构网点较远

C. 提供的贷款服务不合适 D. 信誉、服务态度不好

E. 对该机构不了解          F. 其他

### B. 金融产品信息

1. 企业的金融产品需求主要是（可多选）

A. 股票          B. 债券          C. 保险

D. 汇票          E. 其他

2. 企业觉得农村信用社能否满足金融产品需求

A. 能          B. 部分满足          C. 不能

如果选"C. 不能",原因是（可多选）

A. 金融产品单一          B. 离该机构网点较远

C. 其他金融机构的金融产品更好

D. 提供的金融产品不合适

E. 对该机构不了解          F. 其他

### C. 其他需求信息

1. 除了以上的需求,企业的金融服务需求还包括（可多选）

A. 存款          B. 汇兑          C. 支付结算

D. 信息咨询          E. 证券委托交易        F. 内部机构环境

G. 服务态度

2. 企业觉得农村信用社能否满足其他金融服务需求

A. 能          B. 部分满足          C. 不能

如果选"C. 不能",原因是（可多选）

A. 当地没有农村信用社    B. 离该机构网点较远

C. 提供的金融服务不合适

D. 对该机构不了解          E. 其他

# 附件2：县域金融服务质量调查问卷

## 农村信用社服务质量调查问卷

尊敬的受访者：

您好！我们是西安理工大学的学生，在此想对农村信用社的服务质量进行调查研究，本问卷采用不记名方式填写，所得数据只作课题组研究之用。（请在表框中打钩，如果您完全同意打5分，完全不同意打1分，如果感觉适中，请在5分和1分之间选择最能代表您看法的分值。）

| 看法 | 分值 | | | | |
|---|---|---|---|---|---|
| ①大厅环境舒适整洁 | 1分 | 2分 | 3分 | 4分 | 5分 |
| ②服务人员仪表端庄、举止得体 | 1分 | 2分 | 3分 | 4分 | 5分 |
| ③ATM机方便地满足顾客需求 | 1分 | 2分 | 3分 | 4分 | 5分 |
| ④信用社能使您的个人隐私得到保障 | 1分 | 2分 | 3分 | 4分 | 5分 |
| ⑤信用社的信誉很好 | 1分 | 2分 | 3分 | 4分 | 5分 |
| ⑥服务人员很乐于帮助顾客 | 1分 | 2分 | 3分 | 4分 | 5分 |
| ⑦服务人员提供服务迅速，及时响应顾客需求 | 1分 | 2分 | 3分 | 4分 | 5分 |
| ⑧宣传资料美观大方、信息真实 | 1分 | 2分 | 3分 | 4分 | 5分 |
| ⑨服务人员有充足的专业知识能力 | 1分 | 2分 | 3分 | 4分 | 5分 |
| ⑩信用社的窗口服务类别标示清楚 | 1分 | 2分 | 3分 | 4分 | 5分 |
| ⑪存贷款手续简单方便 | 1分 | 2分 | 3分 | 4分 | 5分 |
| ⑫投资理财类金融产品齐全 | 1分 | 2分 | 3分 | 4分 | 5分 |
| ⑬收费合理透明 | 1分 | 2分 | 3分 | 4分 | 5分 |
| ⑭服务人员态度礼貌 | 1分 | 2分 | 3分 | 4分 | 5分 |

注：有形性为1，2，3；可靠性为4，5；响应性为6，7；保证性为8，9，14；移情性为10，11；产品与价格为12，13。

附：您的基本情况：

（1）您的性别（　　）A. 男　B. 女

（2）您的职业（　　）A. 企业工作人员　B. 公务员　C. 农民　D. 学生
E. 事业单位职员　F. 个体私营业者　G. 其他

（3）您的学历（　　）A. 初中以下　B. 高中或中专　C. 大专　D. 本科
E. 研究生及以上

# 农村商业银行服务质量调查问卷

尊敬的受访者：

您好！我们是西安理工大学的学生，在此想对农村商业银行的服务质量进行调查研究，本问卷采用不记名方式填写，所得数据只作课题组研究之用。（请在表框中打钩，如果您完全同意打5分，完全不同意打1分，如果感觉适中，请在5分和1分之间选择最能代表您看法的分值。）

| 看法 | 分值 | | | | |
|---|---|---|---|---|---|
| ①大厅环境舒适整洁 | 1分 | 2分 | 3分 | 4分 | 5分 |
| ②服务人员仪表端庄、举止得体 | 1分 | 2分 | 3分 | 4分 | 5分 |
| ③ATM机方便地满足顾客需求 | 1分 | 2分 | 3分 | 4分 | 5分 |
| ④银行能使您的个人隐私得到保障 | 1分 | 2分 | 3分 | 4分 | 5分 |
| ⑤银行的信誉很好 | 1分 | 2分 | 3分 | 4分 | 5分 |
| ⑥服务人员很乐于帮助顾客 | 1分 | 2分 | 3分 | 4分 | 5分 |
| ⑦服务人员提供服务迅速，及时响应顾客需求 | 1分 | 2分 | 3分 | 4分 | 5分 |
| ⑧宣传资料美观大方、信息真实 | 1分 | 2分 | 3分 | 4分 | 5分 |
| ⑨服务人员有充足的专业知识能力 | 1分 | 2分 | 3分 | 4分 | 5分 |
| ⑩银行的窗口服务类别标示清楚 | 1分 | 2分 | 3分 | 4分 | 5分 |
| ⑪存贷款手续简单方便 | 1分 | 2分 | 3分 | 4分 | 5分 |
| ⑫投资理财类金融产品齐全 | 1分 | 2分 | 3分 | 4分 | 5分 |
| ⑬收费合理透明 | 1分 | 2分 | 3分 | 4分 | 5分 |
| ⑭服务人员态度礼貌 | 1分 | 2分 | 3分 | 4分 | 5分 |

注：有形性为1，2，3；可靠性为4，5；响应性为6，7；保证性为8，9，14；移情性为10，11；产品与价格为12，13。

附：您的基本情况：

（1）您的性别（　　）　A. 男　B. 女

（2）您的职业（　　）　A. 企业工作人员　B. 公务员　C. 农民　D. 学生
E. 事业单位职员　F. 个体私营业者　G. 其他

（3）您的学历（　　）　A. 初中以下　B. 高中或中专　C. 大专　D. 本科
E. 研究生及以上

# 参考文献

[1] 王倩，曹廷求. 中小金融机构董事会特征与经营绩效研究——基于农村信用社的实证分析 [J]. 现代管理科学，2011 (4).

[2] [英] 亚瑟·梅丹. 金融服务营销学 [M]. 北京：人民大学出版社，2000.

[3] 朱发理. 提升金融服务水平的分析与思考 [J]. 当代经济，2008 (1).

[4] [美] 威廉·齐克蒙德. 客户关系管理 [M]. 北京：人民大学出版社，2010.

[5] 焦瑾璞. 推动微型金融持续发展，提高金融服务能力 [J]. 今日财富（金融发展与监管），2010 (6).

[6] Valentina Hartarska. Governance and Performance of Micrifinance Institution in Central and Eastern Europe and the Newly Independent States [J]. World Development，2005，10 (33)：1627–1643.

[7] 吴珍，王德岭. 对提升农村信用社服务能力的研究 [J]. 现代金融，2004 (7).

[8] 杨君玲. 关于增强农村金融服务能力的研究 [J]. 财经界（学术版），2010 (3).

[9] 王文莉，罗新刚. 农村信用社支农服务问题及其改革路径研究 [J]. 宏观经济研究，2013 (11).

[10] 耿利剑. 农村信用社支农服务问题及改进措施思考 [J]. 现代经济信息，2015 (10).

[11] 段晓红，王维坡. 如何增强农村信用社信贷支农的作用 [J]. 金融经济，2013 (2).

[12] 张大中，江筱莹. 农村信用社支农问题的思考 [J]. 中国商贸，2013 (15).

[13] 王文莉，张娜，孙倩. 农村信用社竞争力评价指标体系研究——以陕西省数据为例 [J]. 生产力研究，2016 (3).

［14］邵泽玲．提升农村信用社竞争力的措施研究［J］．中国管理信息化，2016（13）．

［15］师荣蓉，徐璋勇．农村信用社支农效率组合评价研究［J］．统计与决策，2013（5）．

［16］张元红．贫困地区农村信用社的经营状况与效率［J］．中国农村观察，2001（4）．

［17］褚保金，张兰，王娟．中国农村信用社运行效率及其影响因素分析——以苏北地区为例［J］．中国农村观察，2007（1）．

［18］谢志忠，刘海明，赵莹，黄初升．福建省农村信用社经营效率变动的测度评价分析［J］．农业技术经济，2011（6）．

［19］郑海荣．新时期提升企业社责任能力的路径选择探讨［J］．中国集体经济，2011（36）．

［20］Sarrma M，Pais J．Financial Inclusion and Development［J］．Journal of International Development，2011，23（5）：613－628．

［21］Morduch，Jonathan．"Does Microfinance Really Help the Poor？New Evidence from Flagship Programs in Bangladesh."Princeton University，Department of Economics，Princeton，N. J．，1998（1）：7－14．

［22］Beck Thorsten，Asli Demirgu－Kunt，and Maria Soledad Martinez Peria．Reaching Out：Access to and Use of Banking Services across Countries［J］．Journal of Financial Economics，2007，85（1）：234－266．

［23］Sarma Mandira．Index of Financial Inclusion，Indian Council for Research on International Economic Relations［D］．Working Paper，2008．

［24］Beck Thorsten，Demirgü－Kunt，A. & Honohan Patrick．Access to Financial Services：Measurement，Impact，and Policies［J］．The World Bank Research Observer，2009（24）：119－145．

［25］杜伟，熊学平，石礼娟．农村金融服务水平评价指标体系探讨［J］．中国农村金融，2011（1）．

［26］徐敏．农村金融服务水平的区域差异及影响因素分析［J］．西部金融，2013（3）．

［27］Kempson E. & Whyley C. Kept out or Opted out？Understanding and Combating Financial Exclusion［M］．The Policy Press，1999．

［28］Cebulla A. A Geography of Insurance Exclusion：Perceptions of Unemployment Risk and Actuarial Risk Assessment［J］．Area，1999，31（2）：111－121．

［29］Roe．Recording Mining Landscapes in the Yorkshire Dales：The Contribution of the Northern Mine Research Society［J］．Industrial Archaeology Review，2006，28（2）：7 – 14.

［30］高沛星．我国农村金融排斥的区域差异与影响因素［J］．农业技术经济，2011（4）：93 – 102.

［31］王修华，贺小金，徐晶．中国农村金融排斥：总体评价、地区差异及影响因素研究［J］．西部金融，2012（1）：75 – 83.

［32］许圣道，田霖．我国农村地区金融排斥研究［J］．金融研究，2008（7）：195 – 206.

［33］Parasuraman，A. L. L. Berry and V. A. Zeithmal Servqual：A Multiple – Item Scale for Measuring Consumer Perceptions of Service ［J］．Journal of Retailing，1988（64）：12 – 40.

［34］Pitt，L. F. ，and Watson，R. T. Longitudinal Measurement of Service Quality in Information System：A Case Study ［J］．Proceedings of the Fifteenth International Conference on Information Systems，1994（1）：419 – 428.

［35］罗小舟，康玉俍．乡村银行金融服务质量现状与建议［J］．中国金融,2009（9）．

［36］焦瑾璞，黄亭亭．中国普惠金融发展进程及实证研究［J］．上海金融，2015（4）．

［37］潘博．浅谈如何提升我国商业银行金融服务能力［J］．北方经贸，2014（2）．

［38］Caprio，G. ，L Laeven and R. Levine. Governance and Bank Valuatio ［J］．Journal of Financial Intermedation，2007（16）：584 – 617.

［39］李维安，曹廷求．股权结构、治理机制与城市银行绩效——来自山东、河南两省的调查证据［J］．经济研究，2004（12）．

［40］王文莉，赵芸．农村信用社内部公司治理对绩效影响的研究——以陕西省调研数据为例［J］．宏观经济研究，2014（8）．

［41］曹廷求，段玲玲．治理机制、高管特征与农村信用社经营绩效——以山东省为例的实证分析［J］．南开管理评论，2005（4）．

［42］Haw，I. ，S. S. M. Ho，B. Hu，D. Wu. Concentrated Control，Institutions，and Banking Sector：An International Study ［J］．Journal of Banking and Finance，2010（34）：485 – 497.

［43］赵尚梅．城市商业银行股权结构与绩效关系及作用机制研究［J］．财贸经济，2012（7）．

［44］祝继高，饶品贵，鲍明明．股权结构、信贷行为与银行绩效——基于

我国城市商业银行数据的实证研究 ［J］．金融研究，2012（7）．

[45] 章小萍．商业银行股权结构与绩效的实证研究——基于我国上市银行的分析 ［J］．商场现代化，2012（15）．

[46] Pinto, A. P. S. & Augusto, M. G. Are There Non – linear Relationships between Ownership Structure and Operational Performance? Empirical Evidence from Portuguese SMEs Using Dynamic Panel Data ［J］．International Journal of Business Administration, 2014, 5（3）：7 – 14.

[47] Demsetz, Harold. The Structure of Ownership and the Theory of the Firm ［J］．Journal of Law and Economics, 1983（26）：375 – 390.

[48] 宋秋红．股份制商业银行的股权结构与银行绩效的实证研究 ［J］．企业家天地，2007（3）．

[49] 胡艳华．中小投资者利益保护与股权结构的关系研究 ［D］．浙江理工大学博士学位论文，2010.

[50] 王文莉，孙倩，胡平仍．农村信用社最优股权结构问题研究——基于双重委托代理理论的实证分析 ［J］．宏观经济研究，2015（11）．

[51] 周月书，韩乔．农村商业银行股权结构、信贷行为与经营绩效——以江苏省为例 ［J］．中国农村观察，2016（1）．

[52] 朱红军，汪辉．"股权制衡"可以改善公司治理吗？——宏智科技股份有限公司控制权之争的案例研究 ［J］．管理世界，2004（10）．

[53] La Porta, R, F. Lope – de – Silanes and A. Shleifer. Government Ownership of Banks ［J］．Journal of Finance, 2002（57）：265 – 230.

[54] Levine, R. The Corporate Governance of Banks：A Concise Discussion of Concepts and Evidence ［D］．Working Paper, 2003.

[55] Berger A. N., G. R. G. Clarke, R. Cull, L. Klapper and G. F. Udell. Corporate Governance and Bank Performance：A Joint Analysis of the Static, Selection, and Dynamic Effects of Domestic, Foreign, and State Ownership ［J］．Journal of Banking and Finance, 2005（29）：2179 – 2221.

[56] Micco, A., U. Panizza and M. Yanez. Bank Ownership and Performance：Does Politics Matter? ［J］．Journal of Banking and Finance, 2007（31）：219 – 241.

[57] 巴曙松，刘孝红，牛播坤．转型时期中国金融体系中的地方治理与银行改革的互动研究 ［J］．金融研究，2005（5）．

[58] Khanna, T., Business Groups and Social Welfare in Emerging Markets：Existing Evidence and Unanswered Questions ［J］．European Economic Review, 2000（44）：748 – 761.

［59］刘元，黎涛，甘煜. 城市商业银行的战略转型与定位回归［J］. 中国金融，2005（21）.

［60］刘家松，聂宝平. 商业银行境外引资、股权结构与经营绩效——基于2007~2015年62家商业银行的经验证据［J］. 会计研究，2016（10）.

［61］黄晓梅，农村信用社股权结构对绩效影响的实证分析［J］. 开发研究，2012（6）.

［62］何靖，何广文. 农村商业银行股权结构与其经营风险、经营绩效关系研究［J］. 农业经济问题，2015（12）.

［63］王文莉，王秀萍. 高管激励与农村信用社绩效关系研究——基于股权集中度的调节作用［J］. 经济论坛，2018（10）.

［64］Lipton，M，Lorsch，J. A Modest Proposal for Improved Corporate Governance［J］. Business Lawyer，1992，48（1）：59–77.

［65］张露. 商业银行的公司治理能改善银行绩效吗？［D］. 华东交通大学硕士学位论文，2014.

［66］Ruhul Salim. Does Corporate Governance Affect Australian Banks' Performance？［J］. Journal of International Financial Markets，Institutions and Money，2016（43）：113–125.

［67］席艳玲，吴英英. 董事会特征、公司治理与银行绩效——基于我国14家商业银行面板数据的实证分析［J］. 现代管理科学，2012（9）.

［68］王瑞平. 董事会特征对农村商业银行业绩影响的实证研究——基于2009~2011年17家农村商业银行数据［D］. 西南财经大学硕士学位论文，2013.

［69］Toru Yoshikawa，Phillip H. Phan. The Performance Implications of Ownership—Driven Governance Reform［J］. European Management Journal，2003，21（6）：698–706.

［70］王倩，曹廷求. 中小金融机构董事会特征与经营绩效研究——基于农村信用社的实证分析［J］. 现代管理科学，2011（4）.

［71］王文莉，赵芸. 农村信用社内部公司治理对绩效影响的研究——以陕西省调研数据为例［J］. 宏观经济研究，2014（8）.

［72］Parimal S. Bhagat，Jerome D. Williams. Leveraging Relationships in Marketing［J］. Journal of Relationship Marketing，2002（6）：7–14.

［73］明洋，郑伟. 农村信用社股份制改革中的产权、治理和管理体制分析［J］. 西南金融，2011（8）.

［74］Perrault E. Why Does Board Gender Diversity Matter and How Do We Get

There? The Role of Shareholder Activism in Deinstitutionalizing Old Boys' Networks [J]. Journal of Business Ethics, 2015, 128 (1): 149 – 165.

[75] Chapple L., Humphrey J. E. Does Board Gender Diversity Have a Financial Impact? Evidence Using Stock Portfolio Performance [J]. Journal of Business Ethics, 2014, 122 (4): 709 – 723.

[76] 王明杰, 朱如意. 上市公司女性董事对公司绩效影响研究 [J]. 统计与决策, 2010 (1): 145 – 147.

[77] 李维安, 牛建波, 宋笑扬. 董事会治理研究的理论根源及研究脉络评析 [J]. 南开管理评论, 2009 (1).

[78] Noel W. Leung, Mei – Ai Cheng. Corporate governance and firm value: Evidence from Chinese state – controlled listed firms [J]. China Journal of Accounting Research, 2013, 6 (2): 89 – 112.

[79] 李维安, 张双亚. 如何构造适合国情的公司治理监督机制——论我国监事会的功能定位 [J]. 当代经济科学, 2002 (3).

[80] 许廉甫. 农村商业银行公司治理问题研究 [J]. 武汉金融, 2013 (1).

[81] 高雷, 宋顺林. 公司治理与公司透明度 [J]. 金融研究, 2007 (11).

[82] 张兰. 农村信用社公司治理改革与效率研究 [D]. 南京农业大学博士学位论文, 2007.

[83] 张振新, 杜光文, 王振山. 监事会、董事会特征与信息披露质量 [J]. 财经问题研究, 2011 (10).

[84] 刘名旭. 监事会、公司治理与公司绩效——基于民营上市公司的研究 [J]. 华东经济管理, 2007 (10).

[85] 汪三贵, 李莹星. 中国西部地区农村信用社的治理结构、行为与业绩研究 [J]. 农业经济问题, 2004 (6).

[86] 马宇, 许晓阳, 韩存, 张广现. 经营环境、治理机制与农村信用社经营绩效——来自安徽省亳州市的证据 [J]. 金融研究, 2009 (7).

[87] 何婧, 何广文. 农村商业银行股权结构与其经营风险、经营绩效关系研究 [J]. 农业经济问题, 2015 (12).

[88] Ashbaugh, H. and Warfield, T. Audit as a Corporate Governance Mechanism: Evidence from the German Market [J]. Journal of International Accounting Research, 2003 (2): 1 – 21.

[89] Leutz C. and Verrecchia R. The Economic Consequences of Increased Dis-

closure [J] . Journal of Accounting Research, 2000 (38): 91 – 135.

[90] Kuhner, C. Financial Rating Agencies: Are They Credible? ——Insight into the Reporting Incentives of Rating Agencies in Times of Enhanced Credit Risk [J] . Schmalenbach BusinessReview, 2001 (53): 2 – 26.

[91] De Young, R. , Flannery, M. , Lang, W. , and Sorescu, S. The Information Content of Bankexam Ratings and Subordinated Debt Prices [J] . Journal of Money, Credit and Banking, 2001 (4): 900 – 903.

[92] Boot, A. , Milbourn, T. and Schmeits, A. Credit Ratings as Coordination Mechanism [D] . Working Paper, 2004.

[93] Mukhopadhyay, B. Moral Hazard with Rating Agency: An Incentive Contract Approach [D] . Working Paper, 2003.

[94] Valentina Hartarska. The Impact of Outside Control in Microfinance [J] . Managerial Finance, 2009, 12 (35): 975 – 989.

[95] 王建军, 岳崇. 农村信用体系建设的思考 [J] . 金融实务, 2006 (4) .

[96] Chaves, R. and Gonzalez – Vega, C. Principles of Regulation and Prudential Supervision and their Relevance for Microenterprise Finance Organizations, in Otero, M. and Rhyne, E. (Eds), The New World of Microenterprise Finance: Building Healthy Financial Institutions for the Poor [M] . Kumarian Press, West Hartford, CT.

[97] Rhyne, E. Mainstreaming Microfinance: How Lending to the Poor Began, Grew and Came of Age in Bolivia [M] . Kumarian Press, Hartford, CT, 2001.

[98] Dewatripont, M. and Tirole, J. The Prudential Regulation of Banks [M] . MIT Press, Cambridge, MA, 1994.

[99] Van Greuning, H. , Galardo, J. and Randhawa, B. A Framework for Regulating Microfinance institutions [D] . The World Bank Policy Research Working Paper, 1999.

[100] Hardy, D. , Holden, P. and Prokopenko, V. Microfinance Institutions and Public Policy [J] . Journal of Policy Reform, 2003 (6): 147 – 158.

[101] Stigler, G. The Economic Theory of Regulation [J] . Bell Journal of Economics and Management Science, 1971 (2): 3 – 21.

[102] Dichter, T. W. Appeasing the Gods of Sustainability: the Future of International NGOs Inmicrofinance [C] //in Hulme, D. and Michael, E. (Eds), NGOs, States and Donors: Too Close for Comfort?, International Political Economy Series, St. Martin's Press in Association with Save the Children [M] . New York, NY, 1997.

［103］西顺，朱锋，王萍. 农村信用社改革发展的回顾与展望——以山东省为例［J］. 山东社会科学，2012（1）.

［104］Barth, J. R. , Caprio, G. and Levine, R. Bank Regulation and Supervision: What Works Best? ［J］. Journal of Financial Intermediation, 2004（13）: 205 - 207.

［105］Valentina Hartarska. The Impact of Outside Control in Microfinance［J］. Managerial Finance, 2009, 12（35）: 975 - 989.

［106］Shleifer, A. and R. W. Vishny. A Survey of Corporate Governance［J］. Journal of Finance, 1997, 52（2）: 737 - 783.

［107］Worthington, S. Shares and Shareholders: Property, Power and Entitlement: Part 1［J］. Company Lawyer, 2001（22）: 307 - 314.

［108］Ireland, P. Company Law and the Myth of Shareholder Ownership［J］. Modern Law Review, 1999（62）: 32 - 57.

［109］Goergn, M. and L. Renneboog. Corporate Governance and Shareholder Value［C］// in D. Lowe and R. Leiringer（eds）, Commercial Management of Projects: Defining the Discipline［M］. Blackwell Publishing, 2006.

［110］Marc Goergn. 公司治理［M］. 北京: 机械工业出版社，2014.

［111］Cadbury, A. Report of the Committee on the Financial Aspects of Corporate Governance［M］. London: Gee & Co. Ltd. , 1992.

［112］李维安，牛建波 等. 公司治理［M］. 北京: 北京大学出版社，2011.

［113］Hart, O. , The Market Mechanism as an Incentive Scheme［J］. Bell Journal of Economics, 1983（1）: 366 - 689.

［114］崔岩. 利用会计中介组织加强农村财务监督［J］. 伦贝尔学院学报，2014（6）.

［115］Morck R, A. Shleifer, Vishny. Management Ownership and Market Valuation - An Empirical Analysis［J］. Journal of Financial Economics, 1988（20）: 1 - 21.

［116］Jensen, M. C. & Meckling, W. H. Theory of the firm: Managerial Behavior, Agency Costs and Ownership Structure［J］. Journal of Financial Economics, 1976, 3（4）: 309 - 360.

［117］Hicks, J. , A Theory of Economic History［M］. Oxford: Clarendon Press, 1969.

［118］Diamond, D. W. Financial intermediation and delegated monitoring［J］. Review of Economic Studies, 1984（51）: 393 - 414.

［119］Franks, J. and C. Mayer. Owership and Control of German Corporations ［J］. Review of Financial Studies, 2001 (14): 943 –977.

［120］Lucian A. Bebchuk & Mark J. Roe. A Theory of Path Dependence in Corporate Ownership and Governance ［R］. 1999.

［121］上官飞, 舒长江. 基于因子分析的中国商业银行绩效评价［J］. 经济问题, 2011 (1).

［122］肖斌卿, 李心丹, 颜建晔. 商业效率与社会效率: 替代还是互补? ——基于农村商业银行的面板数据检验［J］. 复旦学报, 2017 (5).

［123］李志彤, 张成虎, 张瑞君. 商业银行经营绩效的经验分析［J］. 金融管理, 2004 (8).

［124］黄莹. 我国农村金融服务水平及其经济福利效应研究［D］. 华中农业大学硕士学位论文, 2013.

［125］姜雪. 我国农村金融服务水平的测度及其影响因素分析［D］. 哈尔滨商业大学硕士学位论文, 2015.

［126］杨军, 张龙耀, 马倩倩, 黄馨谊. 县域普惠金融发展评价体系研究——基于江苏省52个县域数据［J］. 农业经济问题, 2016, 37 (11).

［127］于晓虹, 楼文高, 余秀荣. 中国省际普惠金融发展水平综合评价与实证研究［J］. 金融论坛, 2016, 21 (5).

［128］陈太玉. 海南省农村金融服务能力的现状评价与改进建议［J］. 海南金融, 2011 (2).

［129］赵征, 尹碧波. 金融服务质量模型优化与实证研究［J］. 北京航空航天大学学报, 2017, 30 (1).

［130］张达. 提升农村信用社金融服务质量的研究［J］. 现代国企研究, 2016 (11).

［131］朱若絮. 我国商业银行竞争力研究——基于因子分析法的实证研究［D］. 西南财经大学硕士学位论文, 2012.

［132］阎亚军, 郭凌. 我国农村信用社核心竞争力提升的影响因素研究——以广东省为例［J］. 农业技术经济, 2012 (12).

［133］葛永波, 赵国庆, 王鸿哲. 村镇银行经营绩效影响因素研究——基于山东省的调研数据［J］. 农业经济问题, 2015, 36 (9).

［134］张竞丹. 普惠金融评估框架思考［J］. 工作论坛, 2016 (7).

［135］肖翔, 张韶华, 赵大伟. 金融包容指标体系的国际经验与启示[J]. 上海金融, 2013 (8).

［136］刘波, 王修华, 彭建刚. 金融包容水平与地区收入差距——基于湖南

省 87 个县（市）2008～2012 年的经验数据［J］. 当代财经，2014（11）.

［137］杨俊仙，张娟. 山西省农村普惠金融水平测度与评价［J］. 经济师，2015（1）.

［138］霍健，王兴盛. 普惠型农村金融服务体系的构建与发展［J］. 青海金融，2013（3）.

［139］王修华，陈茜茜. 农户金融包容性测度及其影响因素实证分析——基于 19 省份的问卷调查数据［J］. 农业技术经济，2016（1）.

［140］张竞丹. 普惠金融评估框架思考［J］. 工作论坛，2016（7）.

［141］中国人民银行清远市中心支行课题组. 县域金融服务水平评估体系设计及应用研究［J］. "三农"金融，2012（7）.

［142］Jensen, M. C. & Meckling, W. H. Theory of the Firm：Managerial Behavior, Agency Costs and Ownership Structure［J］. Journal of Financial Economics, 1976, 3（4），309－360.

［143］Hall, B. J. & Liebman, J. B. Are CEOS Really Paid Like Bureaucrats?［J］. The Quarterly Journal of Economics, 1998, 113（3）：655－689.

［144］Ganarella, G. & Gasparyan, A. New Insights into Executive Compensation and Firm Performance：Evidence from a Panel of "hew economy" Firms, 1996－2002［J］. Managerial Finance, 2008, 34（8）：540－550.

［145］Ang J. S., Cole R. A., Lin G. W. Agency Cost and Structure［J］. Journal of Finance, 2010（1）：81－106.

［146］刘善敏，林斌，聂毅俊. 投资者关系管理与股权融资成本——来自公司网站投资者关系管理的实证发现［J］. 财经研究，2008（5）.

［147］Grove H, Patelli L, Victoravich L M, et al. Corporate Governance and Performance in the Wake of the Financial Crisis：Evidence from US Commer－Cial Banks. Corporate Governance：An International Review, 2011, 19（5）：418－436.

［148］孙世敏，柳绿，陈怡秀. 在职消费经济效应形成机理及公司治理对其影响［J］. 中国工业经济，2016（1）.

［149］陈冬华，陈信元，万华林. 国有企业中的薪酬管制与在职消费［J］. 经济研究，2005（2）.

［150］傅硕，汪祥耀. 所有权性质、高管货币薪酬与在职消费——基于管理层权力的视角［J］. 中国工业经济，2013（12）.

［151］王曾，符国群，黄丹阳，汪剑锋. 国有企业 CEO "政治晋升"与"在职消费"关系研究［J］. 管理世界，2014（5）.

［152］Cai, H., H. Entertainment. Fang, and L. C. Xu. Eat, and Travel Costs of Chinese Drink，Firms［J］．Firms and Government：An Investigation of Corruption Journal of Law and Economics，2011（1）：55 –78．

［153］Fan，J. T. J. Wong，and T. Zhang. Politically Connected CEO's Corporate Governance，and Post – IPO Performance of China's Newly Partially Privatized Firms［J］．Journal of Financial Economics，2007（84）：330 –357．

［154］周玮，徐玉德，李慧云．政企关系网络、在职消费与市场化制度建设［J］．统计研究，2011（2）．

［155］Hart，O. D. Financial Contracting［J］．Journal of Economic 2001，39（4）．

［156］卢锐，魏明海，黎文靖．管理层权力、在职消费与产权效率——来自中国上市公司的证据［J］．南开管理评论，2008（5）．

［157］Hartzell J C，Starks L T. Institutional Investors and Executive Compensation［J］．The Journal of Finance，2003，58（6）：2351 –2374．

［158］孙永祥，黄祖辉．上市公司的股权结构与绩效［J］．经济研究，1999（12）．

［159］陈冬华，梁上坤．在职消费、股权制衡及其经济后果——来自中国上市公司的经验证据［J］．上海立信会计学院学报，2010（1）．

［160］马占新等．数据包络分析及其应用案例．第1版［M］．北京：科学出版社，2013．

［161］谢志忠，刘海明，赵莹，黄初升．福建省农村信用社经营效率变动的测度评价分析［J］．农业技术经济，2011（6）．

［162］师荣蓉．中国农村信用社支农效率及其区域差异研究［D］．西北大学博士学位论文，2013．

［163］孟晓霞，曹洪军，焦勇．我国农业生产技术效率评价研究——基于修正的三阶段 DEA 模型［J］．财经问题研究，2016（4）．

［164］黄惠春，杨军．县域农村金融市场结构与农村信用社绩效关系检验——基于 GMM 动态面板模型［J］．中国农村经济，2014（8）．

［165］陈震，丁忠明．高管报酬契约与心理契约互补效应研究——基于我国上市公司的经验分析［J］．商业经济与管理，2010（12）．

［166］卢锐，魏明海，黎文靖．管理层权力、在职消费与产权效率——来自中国上市公司的证据［J］．南开管理评论，2008（5）．

［167］Ang J. S. ，Cole R. A. ，Lin G. W. Agency Cost and Structure［J］．Journal of Finance，2010（1）：81 –106．

［168］王满四．上市公司负债融资的激励效应实证研究——针对经理人员工

资和在职消费的分析［J］．南方经济，2006（7）．

［169］李寿喜．产权、代理成本和代理效率［J］．经济研究，2007（1）．

［170］罗进辉，万迪防．大股东减持对管理者过度在职消费行为的治理研究［J］．证券市场导报，2009（6）．

［171］方明，洪或．上市公司股权激励与盈余管理的相关性研究［J］．财会通讯，2010（8）．

［172］陈德萍，陈永圣．股权集中度、股权制衡度与公司绩效关系研究——2007～2009年中小企业板块的实证检验［J］．会计研究，2011（1）．

［173］杨林．公司股权结构、高管团队认知多样性与创业战略导向关系研究［J］．科研管理，2014（5）．

［174］师荣蓉，徐璋勇．基于随机边界分析的农村信用社利润效率及其影响因素研究［J］．中国软科学，2011（9）．